Hemos apreciado mucho todo lo que han escrito en este libro. Es una guía muy completa que cubre todas las áreas esenciales. Este libro es muy útil para comprender la complejidad de un equipo multicultural, el reto de dirigir un equipo de este tipo y cómo una organización puede reestructurar, apoyar y ayudar a los implicados, ya sean líderes, miembros o mentores/entrenadores. El libro ofrece muchos buenos ejemplos; está muy bien escrito y presentado, y es muy "carnoso".

CHIEW YOKE y PHAIK SEE LEE, Directores Regionales de Asia-Pacífico,
CME Internacional

El capítulo sobre el conflicto es, en gran medida, la mejor presentación que he visto de las formas interculturales de tratar los conflictos. Un material muy necesario.

Formador ministerial con la Sociedad Misionera Eclesiástica,
Oriente Medio

Creo que es el mejor libro que he leído sobre el tema, porque está al día, con muchas referencias a las investigaciones más recientes y al tanto de toda la teoría más reciente. La bibliografía es una mina de oro. Al mismo tiempo, es muy práctico. Hay muchos consejos y reflexiones para los jefes de equipo. También es realista en cuanto al dolor y la dificultad de establecer equipos multiculturales que sean realmente sinérgicos.

JULYAN LIDSTONE, Jefe de zona, Operación Movilización, Asia
Occidental y Central Dirigir equipos multiculturales

DIRIGIR EQUIPOS MULTICULTURALES

POR EVELYN Y RICHARD HIBBERT

visit us at missionbooks.org

Dirigir Equipos Multiculturales

Spanish Edition Copyright @ 2025 por Evelyn y Richard Hibbert
English Edition Copyright © 2014 por Evelyn y Richard Hibbert

Todos los derechos reservados. Queda prohibida la reproducción total o parcial de este libro, su almacenamiento en un sistema de recuperación de datos o su transmisión de cualquier forma o por cualquier medio -electrónico, mecánico, fotocopia, grabación u otros- sin la autorización previa por escrito del propietario de los derechos de autor, excepto en el caso de citas breves utilizadas en relación con artículos y reseñas en revistas o periódicos.

Las citas de las Escrituras marcadas "NVI" están tomadas de LA SANTA BIBLIA, NUEVA VERSIÓN INTERNACIONAL®, NVI® Copyright © 1973, 1978, 1984, 2011 by Biblica, Inc.® Usadas con permiso. Todos los derechos reservados en todo el mundo.

Publicado por William Carey Publishing
10 W Dry Creek Circle
Littleton, CO 80120 | www.missionbooks.org

William Carey Publishing es un ministerio de la
Frontier Ventures
Pasadena, CA | https://www.frontierventures.org/

Impreso en todo el mundo

29 28 27 26 25   1 2 3 4 5   IN

ISBN: 978-1-64508-649-9 (paperback)
           978-1-64508-651-2 (epub)

Library of Congress Catalog Number: 2024952438

CONTENIDO

Prefacio..vii

Agradecimientos... xi

Capítulo 1: El reto de dirigir equipos multiculturales 1

Capítulo 2: Cómo afectan las diferencias culturales a los equipos........19

Capítulo 3: Una visión de la comunidad multicultural 45

Capítulo 4: Crear una comunidad multicultural saludable..............67

Capítulo 5: Aclarar el objetivo y el enfoque del equipo 91

Capítulo 6: Apreciar personalidades, funciones y
dones de los miembros del equipo 111

Capítulo 7: Gestión de conflictos en equipo..........................135

Capítulo 8: Cualidades del carácter que hay que cultivar 163

Capítulo 9: Habilidades en las que trabajar 183

Capítulo 10: Cómo pueden las organizaciones apoyar
a los Jefes de equipo..................................197

Apéndice 1: Preguntas para el debate sobre el liderazgo................213

Apéndice 2: Identificar sus suposiciones y expectativas................215

Apéndice 3: Inventario de jefes de equipos multiculturales............219

Bibliografía..221

PREFACIO

Hace más de veinticinco años comenzamos nuestra búsqueda de un equipo multicultural sinérgico. Desde entonces, hemos formado parte de muchos grupos que se autodenominaban equipos, pero sólo dos lograron la sinergia: uno multicultural y otro monocultural. Hemos visitado, entrenado y asesorado equipos, y enseñado sobre equipos en muchos países y contextos diferentes de todo el mundo. Los equipos altamente eficaces, monoculturales o multiculturales, son la excepción más que la regla en todos los contextos que hemos visto. Los equipos multiculturales de alto rendimiento son muy raros, pero no tienen por qué serlo.

Hay asombro y alegría en formar parte de un equipo que logra sinergias. Quieres levantarte cada mañana y estar con tus compañeros. Confiamos en que juntos podemos superar los obstáculos. Hay expectación por lo que seréis capaces de conseguir juntos. Hay seguridad al sentir que tus compañeros de equipo te apoyan al cien por cien y siempre te respaldarán ante los demás. Hay alegría en ver crecer y desarrollarse a cada miembro del equipo, y un placer genuino y continuo en descubrir los diferentes puntos fuertes que cada miembro aporta al equipo. Formar parte de un equipo que se convierte en lo que un equipo debe ser es un privilegio impresionante. Muy pocos equipos alcanzan este estado de sinergia, pero está al alcance de la mayoría. Alcanzar la sinergia en equipos multiculturales exige un compromiso disciplinado con la construcción de relaciones, especialmente durante la formación del equipo, y una perseverancia tenaz a través de las grandes tormentas que surgen.

Este libro está diseñado para ayudar a los líderes y a las organizaciones a que sus equipos sean altamente eficaces. Hemos desarrollado las ideas de este libro reflexionando sobre nuestras experiencias y estudiando lo que otros han escrito en muchos campos del conocimiento humano. Estos campos incluyen los estudios interculturales, la antropología cultural, la misionología, los negocios, la gestión, los estudios organizativos, los estudios sobre la paz y los conflictos, la blancura y los estudios indígenas, el multiculturalismo, la educación y la justicia social. A veces los cristianos pueden pensar que no necesitan aprender de los campos de estudio seculares. Pero muchas personas han dedicado muchos años a investigar y reflexionar sobre la interacción humana en muchos contextos diferentes y han adquirido conocimientos que pueden ayudarnos a comprender las dinámicas interpersonales e interculturales que se dan en el hervidero de un equipo multicultural. Tanto los líderes de equipos multiculturales como los miembros de sus equipos deben aprender continuamente, y tenemos mucho que aprender de la investigación en estas áreas.

Si usted no es cristiano o trabaja en una organización laica, creemos que los principios descritos en este libro sobre cómo facilitar el trabajo en equipo reflexivo, una comunidad sana y buenas relaciones se aplican a todos los equipos. Puede que los debates bíblicos y teológicos sobre la comunidad multicultural no le parezcan tan relevantes, pero el énfasis en las relaciones y la equidad en las estructuras organizativas humanas es esencial para todos los equipos, al igual que las ideas relativas a las diferencias interculturales. Como parte de la investigación en la que se basa este libro, entrevistamos a miembros de equipos, líderes y supervisores de agencias misioneras cristianas y organizaciones seculares. Nuestros entrevistados destacaron cualidades de carácter como la humildad y la paciencia, que preocupan tanto a los supervisores, líderes y miembros de equipos no cristianos como a los cristianos.

Este libro comienza describiendo cómo es un equipo sano y lo amplía a los equipos multiculturales considerando cómo afectan las diferencias culturales a los equipos multiculturales y cómo es una comunidad multicultural sana. A continuación, explora las implicaciones de la comprensión de estas ideas para los líderes de equipos multiculturales, incluidas las cosas que el líder debe hacer para establecer el equipo, construir una comunidad de equipo sana, equilibrar las personalidades y los papeles en el equipo y gestionar los conflictos. A continuación, se describen las características y competencias de los buenos líderes de equipos multiculturales y se exploran las formas en que los líderes pueden desarrollarlas. El libro concluye con recomendaciones para las organizaciones sobre cómo seleccionar y formar a líderes de equipos multiculturales y cómo desarrollar y fortalecer equipos multiculturales.

Recomendamos la aventura de formar parte de un equipo multicultural a todo aquel que quiera experimentar la maravilla de la sinergia que puede desarrollarse cuando personas de orígenes muy diversos aprenden a apreciarse y a trabajar juntas. Sin embargo, ¡prepárate para un viaje lleno de baches! Y sólo emprenda el viaje si está convencido de que merece la pena llegar al destino, ya que se necesitará mucho compromiso y perseverancia para conseguirlo. Los equipos multiculturales son maravillosos, pero también son un trabajo duro.

AGRADECIMIENTOS

No podríamos haber escrito este libro sin la ayuda de varios grupos de personas. En primer lugar, queremos dar las gracias a nuestros compañeros de equipo que trabajaron con nosotros en Oriente Medio, Bulgaria, Inglaterra y Australia. Nos habéis dado el privilegio de experimentar lo que es lograr juntos más de lo que jamás podríamos haber logrado por nuestra cuenta. Este libro es el resultado de vuestra lucha con nosotros para descubrir cómo trabajar juntos en equipos multiculturales.

Gracias también a todas las personas a las que hemos entrevistado sobre sus experiencias de trabajo en otros equipos multiculturales. Ustedes nos han dado la esperanza de que los equipos multiculturales pueden funcionar y ser una experiencia profundamente enriquecedora. Sus experiencias y puntos de vista han constituido una parte esencial de este libro. Gracias especialmente por estar dispuestos a compartir las dificultades y el dolor que experimentaron en el proceso.

Un grupo de personas muy ocupadas, con muchos años de experiencia en el trabajo y la dirección de equipos multiculturales, sacaron tiempo de sus ajetreadas vidas para revisar el primer borrador de este libro. Sus comentarios y sugerencias han hecho que el producto final sea mucho mejor de lo que habría sido de otro modo. Muchas gracias. Uno de este grupo de revisores nos recordó que trabajar en un equipo multicultural es una experiencia transformadora. Incluso cuando es difícil, podemos confiar en que el Espíritu de Dios actúa en nosotros para moldearnos a imagen de Jesús.

Por último, queremos dar las gracias a todos los que han creído en nosotros y nos han animado a lo largo de los años. Sin su aliento no habríamos intentado esta tarea. Gracias especialmente a Elizabeth Hentschel, que realizó algunas de las entrevistas mientras visitaba diferentes equipos por todo el mundo.

CAPÍTULO 1

EL RETO DE DIRIGIR EQUIPOS MULTICULTURALES

Dirigir un equipo multicultural es una gran aventura. Pero también es una tarea compleja que implica enormes desafíos. En los últimos veinte años, a medida que nuestras funciones han pasado de ser líderes de equipos misioneros a consultores y formadores de equipos misioneros, hemos conocido a muchos líderes de equipos multiculturales que luchan contra esos retos. Un líder nos dijo: "He estado en ... varios equipos multiculturales y en al menos dos de ellos, si se hiciera la pregunta: '¿Valen la pena los equipos multiculturales? daría un inequívoco no como respuesta". Otro líder admitió: "En cierto momento de la dirección de nuestro equipo empecé a dudar del valor real de los equipos multiculturales. Parecía tanto trabajo duro con poca recompensa en términos de eficacia ministerial".

Estos dos líderes no son los únicos que se preguntan si el esfuerzo que suponen los equipos multiculturales merece la pena. A pesar de estas preguntas y dudas, las organizaciones, incluidas las agencias misioneras y las iglesias, siguen reclutando y formando equipos multiculturales, ya sea intencionadamente o por necesidad. ¿Merecen realmente la pena los equipos multiculturales? Sí. Necesitamos las respuestas creativas a problemas complejos que los equipos multiculturales son capaces de generar. Necesitamos el estrecho compromiso mutuo que ofrecen los equipos multiculturales eficaces para poder hacer frente a las exigencias del ministerio en nuestro mundo en rápida evolución. Y necesitamos modelos prácticos y bíblicos de armonía intercultural en un mundo roto por las tensiones interétnicas.

Los equipos ministeriales multiculturales suelen enfrentarse a retos en las áreas de comunicación, toma de decisiones y gestión de conflictos. En nuestras entrevistas con equipos de plantación de iglesias en una gran agencia misionera internacional, los miembros del equipo informaron de que sus líderes eran especialmente débiles a la hora de aclarar las expectativas y las funciones de los miembros del equipo y de afrontar los problemas. Tanto ellos como sus líderes sentían la necesidad de recibir más apoyo y formación en estas áreas. El capítulo 10 abordará la cuestión de cómo pueden las organizaciones apoyar más proactivamente a sus líderes y equipos.

La investigación sobre equipos multiculturales sugiere que estos equipos tienen el potencial de ser excepcionalmente eficaces, pero también de experimentar graves conflictos. En nuestra propia investigación sobre equipos multiculturales de plantación de iglesias, descubrimos algunas relaciones seriamente dañadas y muchos miembros del equipo que sentían que el estilo de liderazgo de su líder estaba obstaculizando la eficacia de su equipo.[1] Lorraine Dierck, una misionera en Tailandia que estudió los equipos misioneros multiculturales en ese país, descubrió que dos de los doce equipos de su investigación se desintegraron debido a conflictos interculturales.[2]

El fracaso de un equipo ministerial puede ser una experiencia devastadora. Aunque el conflicto crónico no siempre conduce a la disolución del equipo, inevitablemente daña las relaciones. Los trabajadores cristianos que no están preparados para el conflicto en las relaciones de equipo esperan que la unidad y la armonía sean relativamente sencillas. Rara vez es así. Los conflictos y los malentendidos son normales entre las personas en todos los contextos, pero en la interacción intercultural se amplifican enormemente. Los líderes de equipo deben ser hábiles en la gestión de los conflictos interculturales en sus equipos, y el capítulo 7 aborda esta cuestión.

Una de las principales causas de conflicto en los equipos multiculturales son las diferencias entre los valores culturales de sus miembros. Paul Hiebert definió la cultura como "el sistema parcialmente integrado de ideas, sentimientos y valores codificados en patrones aprendidos de

---

[1] Richard Hibbert, "Enhancing WEC Church Planting Teams: A Study of the Factors Influencing Their Effectiveness" (DMin diss., Columbia International University, 2002), 167, 169.

[2] Lorraine Dierck, "Teams That Work: Leadership, Power, and Decision-making in Multicultural Teams in Thailand" (tesis doctoral, Biola University, 2007), 9.

comportamiento, signos, productos, rituales, creencias y visiones del mundo compartidos por una comunidad de personas."[3] La cultura afecta a todas las dimensiones de la experiencia humana. Se nos inculca desde que nacemos y afecta profundamente a la forma en que interactuamos con otras personas.

Una de las funciones más poderosas de la cultura es que define para los miembros de cada grupo cultural lo que es correcto y aceptable y cómo deben hacerse las cosas. Como nuestra cultura es tan fundamental para lo que somos, nos cuesta entender y aceptar que lo que nos parece obvio es sólo la perspectiva de nuestra propia cultura. Esta actitud se denomina etnocentrismo. Una de las consecuencias del etnocentrismo es que juzgamos como equivocadas a las personas que se comportan o piensan de forma diferente a nosotros. Cuando las cosas nos parecen "mal" nos sentimos mal. Queremos arreglar esas cosas para no sentirnos mal nunca más. Sentimos la necesidad de que el mundo esté "bien" y no podemos dejar las cosas en lo que nos parece un estado "incorrecto".

Un ejemplo de valor cultural que varía de una cultura a otra es la orientación al tiempo. Cuando trabajábamos en Oriente Medio, un compañero de trabajo estadounidense nos invitó a cenar. Para la mayoría de los australianos suele ser aceptable e incluso considerado llegar hasta media hora tarde a un compromiso de este tipo. Cuando llegamos media hora tarde, se puso furioso por lo que consideraba nuestra pecaminosa falta de puntualidad. En cambio, para los anfitriones del país era normal llegar una o incluso dos horas tarde a una cita, y no esperarles pacientemente se consideraba extremadamente desconsiderado. Si tu equipo está formado por personas de muchas culturas diferentes con puntos de vista muy distintos sobre los límites razonables de la puntualidad, es muy probable que surjan conflictos importantes.

Los comportamientos externos están vinculados a valores culturales profundamente arraigados. En el ejemplo anterior, nuestro compañero de trabajo estadounidense creía que el tiempo es valioso y no debe malgastarse, mientras que los miembros de la cultura de acogida sostenían que las personas son lo más importante y que el tiempo es ilimitado, relativamente poco importante y no controlable. En ambos casos, los valores culturales influyeron mucho en el comportamiento y las emociones.

---

[3] Paul Hiebert, *The Gospel in Human Contexts: Anthropological Explorations for Contemporary Missions* (Grand Rapids: Baker Academic, 2009), 18.

Cuando las personas de otras culturas actúan de un modo que consideramos inapropiado, tendemos a emitir juicios negativos sobre ellas. No es raro que los cristianos de una cultura que trabajan con cristianos de otra cultura los juzguen como si ni siquiera fueran cristianos porque los ven comportarse de maneras que son inaceptables en su propia cultura. En un equipo ministerial multicultural, esto puede tener efectos devastadores.

Las diferencias en los valores culturales también significan que el buen liderazgo es percibido de manera diferente por personas de distintas culturas. Los líderes utilizarán de forma natural el modelo de liderazgo que les es familiar, aunque esto pueda resultar inapropiado o incluso ofensivo para los miembros del equipo de otras culturas, que esperan que sus líderes dirijan de forma que les resulte familiar. Dos dimensiones de la cultura descritas por Geert Hofstede que afectan especialmente a las opiniones de la gente sobre el liderazgo son la distancia de poder y el colectivismo.[4]

Una alta distancia de poder inclina a las personas a aceptar más las decisiones de un líder, mientras que las personas de culturas con baja distancia de poder tienden a esperar una participación más directa en la toma de decisiones. Si las diferencias en la distancia de poder no se comprenden y gestionan bien, pueden tener consecuencias negativas para los equipos multiculturales. Las culturas occidentales son, por lo general, culturas de baja distancia de poder, lo que se refleja en su fuerte énfasis en el liderazgo democrático. La mayoría de las culturas del mundo se sienten más cómodas con la distancia de poder alta. En las culturas de alta distancia de poder, los seguidores aceptan y esperan que sus líderes tengan más poder que ellos. A los líderes se les otorga un estatus superior, pero también se espera que sean conscientes de las necesidades de los individuos. Las culturas con gran distancia de poder atribuyen el estatus en función de la edad y la antigüedad social y esperan que sus líderes dirijan en lugar de discutir.

Las diferencias en la distancia de poder pueden causar tensiones en los equipos multiculturales. Los australianos, por ejemplo, tienen una distancia de poder relativamente baja, mientras que los chinos y los habitantes de la mayor parte de Asia tienen una distancia cultural mucho mayor. Peter,[5] un australiano de unos cuarenta años, se convirtió en

---

[4] Geert Hofstede, Gert Jan Hofstede y Michael Minkov, *Cultures and Organizations: Software of the Mind* (New York: McGraw-Hill, 2010).

[5] Aunque todos los ejemplos que se dan en este libro proceden de la vida real, los nombres y algunos otros detalles se han cambiado para preservar el anonimato.

el pastor principal de una iglesia multicultural con un gran número de miembros chinos. Durante sus primeras semanas en la iglesia, se esforzó por celebrar reuniones democráticas con el equipo ministerial, en las que hablaba poco e intentaba que todo el personal contribuyera a los debates para llegar a un consenso sobre la dirección de la iglesia. El co-pastor chino parecía retirarse cada vez más, y pronto se produjeron importantes tensiones en el equipo de liderazgo. El co-pastor chino esperaba que su líder fuera mucho más directivo en su liderazgo. En un equipo ministerial en Europa del Este, otro australiano fue nombrado líder de un equipo que incluía creyentes locales y misioneros asiáticos, todos mayores que él y procedentes de culturas de gran distancia de poder. A los pocos días quedó claro que había grandes tensiones en el equipo. Las discusiones fueron ineficaces y la tensión aumentó. En cada uno de estos casos, el líder era considerado demasiado joven por los miembros de su equipo de alta distancia de poder, y su enfoque no directivo reforzaba su falta de credibilidad. En ambos casos, los equipos fracasaron. El efecto de estas y otras dimensiones culturales en el liderazgo de equipos multiculturales se analiza con más detalle en el capítulo 2.

Muchos cristianos malinterpretan el concepto de unidad cristiana en el sentido de que significa no tener nunca desacuerdos y que todos tienen los mismos valores. Por ello, pueden tener dificultades para discutir sus reservas sobre los equipos multiculturales y pensar que la unidad cristiana significa que es inaceptable no estar siempre totalmente de acuerdo con sus compañeros de equipo.

No siempre podremos trabajar en armonía con otros cristianos que tienen valores culturales diferentes. Puede que algunas personas no sean capaces de hacer los compromisos necesarios para formar parte de un equipo multicultural eficaz. Una pareja de misioneros australianos fue asignada recientemente a trabajar en un equipo con coreanos para su orientación previa al campo. Se dieron cuenta de que no podían hacer frente a las diferencias de estilo de comunicación y valores culturales entre ellos y sus compañeros coreanos. Como resultado, decidieron no unirse a la agencia misionera y afirmaron que el esfuerzo de trabajar en equipos multiculturales fue una de las principales razones de su decisión. No se trataba de un fracaso, sino de un reconocimiento perspicaz de sus limitaciones personales. Los equipos multiculturales exigen compromisos por parte de todos los que los componen. Si no es posible que los miembros del equipo asuman esos compromisos, es totalmente aceptable que trabajen en otro contexto.

LA VISIÓN: UN EQUIPO MULTICULTURAL SANO

Los equipos multiculturales sanos son faros de esperanza en un mundo que lucha contra los conflictos interculturales, los prejuicios raciales y la desigualdad socioeconómica. Con el aumento de la migración y la gran diversidad de las ciudades internacionales, los equipos multiculturales son cada vez más comunes. Pero muchos lugares de trabajo y equipos siguen dominados por una sola cultura, y las personas de culturas minoritarias se ven a menudo obligadas a comprometer al menos algunos de sus valores y prácticas para sobrevivir y ganarse la vida. Los equipos multiculturales cristianos deberían ser diferentes.

A medida que el mundo se vuelve más y más complejo, necesitamos la capacidad de resolver problemas de forma creativa, una capacidad que los equipos multiculturales son capaces de proporcionar. Un equipo eficaz trabaja de tal manera que todo el equipo se construye y fructifica de una forma que habría sido imposible si cada individuo hubiera actuado de forma independiente. Esta dinámica se denomina sinergia. La sinergia surge del trabajo interdependiente de los miembros del equipo. Los miembros del equipo se necesitan mutuamente para lograr el propósito del equipo. Muchas situaciones del ministerio son extremadamente exigentes desde el punto de vista espiritual, emocional, psicológico y, a veces, físico. El apoyo de los miembros del equipo es inestimable. La sinergia y la interdependencia se ilustran en Efesios 4:1-16 y 1 Corintios 12:12-31, en los que los miembros del cuerpo de Cristo utilizan sus dones en beneficio de la iglesia y toda la iglesia crece para parecerse más a lo que Dios quiere que sea a medida que cada miembro realiza la labor que Dios le ha encomendado. La diferencia crea un caleidoscopio de experiencias humanas que enriquece a todos los miembros de un equipo multicultural y a quienes se benefician de su trabajo.

La Biblia presenta una imagen de personas de todas las culturas iguales pero diferentes. La historia de la Torre de Babel (Gn 11:1-9), la descripción de la venida del Espíritu Santo en Pentecostés (Hch 2:5-11), la enseñanza de Pablo de que los cristianos de diferentes orígenes son "todos hijos de Dios por la fe en Cristo Jesús" (Gal 3:26), y las descripciones de la multitud de toda tribu, pueblo, nación y lengua adorando en el cielo (Ap 5:6-14; 7:9-12) ponen de relieve esta realidad. A menudo, la unidad y la armonía cristianas se malinterpretan en el sentido de uniformidad. Sin embargo, en torno al trono del Cordero se celebra la diversidad de quienes han sido salvados para adorar a Dios por toda la eternidad. El reto para los cristianos que trabajan en equipos multiculturales es aprender en la práctica cómo la igualdad en la diversidad puede producir una sinergia creativa.

¿QUÉ ES UN EQUIPO?

Un buen equipo es aquel en el que uno quiere trabajar. Las relaciones son sanas, cada persona se siente segura y valorada, existe un sentimiento de identidad común y los miembros aprenden y crecen. Junto con estos indicadores relacionales de salud, el equipo avanza hacia sus objetivos y hay entusiasmo, alegría y expectativas de éxito generadas por una actividad creativa, corporativa y con propósito. Este es el tipo de equipo que este libro pretende ayudar a líderes y organizaciones a desarrollar. Puede definirse como un pequeño número de personas con habilidades complementarias que están comprometidas con un único propósito, entre sí, y con un enfoque de trabajo y unos valores comunes de los que se hacen mutuamente responsables.[6]

Un equipo es, pues, un grupo de personas comprometidas con una visión común y entre sí, que se responsabilizan mutuamente de la consecución de esa visión y que trabajan de forma interdependiente y de acuerdo con unos valores comúnmente acordados para llevarla a cabo.

No todos los grupos a los que se denomina equipo lo son. La palabra "equipo" suele utilizarse indistintamente para referirse a cualquier grupo de personas que trabajan juntas, pero muchos de estos grupos no reúnen las cualidades expuestas en la definición anterior. Esto puede causar confusión y frustración a los nuevos miembros del equipo, que tienen expectativas contradictorias de lo que es un equipo.

John y Mary eran jóvenes profesionales que se incorporaron a una gran organización misionera internacional que anunciaba su compromiso de trabajar en equipos multiculturales. Habían trabajado en equipos interdisciplinarios en sus profesiones seculares antes de convertirse en misioneros. Les apasionaban los objetivos de la organización y estaban deseando trabajar junto con compañeros de equipo muy comprometidos de otras naciones para plantar iglesias en una zona no alcanzada.

---

[6] Esta definición se ha desarrollado a partir de la proporcionada en Jon Katzenbach y Douglas Smith, *The Wisdom of Teams: Creating the High-performance Organization* (New York: HarperCollins, 1999), 45.

La organización seguía utilizando y promoviendo el lenguaje de equipo, pero en el contexto al que John y Mary fueron asignados, los individuos estaban dispersos por todo el país y perseguían sus propios objetivos con poca rendición de cuentas. Cuando John y Mary cuestionaron la falta de enfoque, cohesión y rendición de cuentas, se les explicó que este equipo era como un equipo de atletismo, en el que cada miembro tenía su propio ministerio individual que funcionaba independientemente de los demás, en contraste con un equipo de baloncesto, en el que todos los miembros trabajan de forma interdependiente hacia los mismos objetivos. Cuando John y Mary intentaron crear un equipo de baloncesto, entraron en conflicto con el resto del grupo, que se sentía amenazado por la rendición de cuentas que exigen este tipo de equipos. John y Mary acabaron dimitiendo, frustrados y desilusionados.

Cuando los individuos trabajan en paralelo en pos de objetivos individuales u organizativos, se habla de grupo de trabajo. En su libro *The Wisdom of Teams*, Jon Katzenbach y Douglas Smith definen un grupo de trabajo como aquel en el que

> [Los miembros interactúan principalmente para compartir información, mejores prácticas o perspectivas y para tomar decisiones que ayuden a los individuos a rendir dentro de su área de responsabilidad. Más allá de eso, no hay un propósito común realista o verdaderamente deseado de "grupo pequeño", objetivos de rendimiento incrementales o productos de trabajo conjuntos que exijan un enfoque de equipo o responsabilidad mutua.[7]

Los grupos de trabajo no tienen nada de malo. En muchas situaciones, un grupo de trabajo puede ser la mejor opción para trabajar juntos. Los equipos, sin embargo, se caracterizan por la sinergia y la interdependencia. Su tarea les obliga a trabajar juntos de forma interdependiente.

Este libro está dirigido a quienes deseen trabajar, apoyar o facilitar equipos de baloncesto, en los que todos se esfuerzan de forma interdependiente por hacer pasar el balón por el mismo aro. En un equipo de baloncesto no existe la gloria o la agenda individual. Los miembros del equipo piensan en términos de "nosotros" en lugar de "yo". El equipo logra o fracasa conjuntamente.

---

7 Katzenbach y Smith, 91.

INGREDIENTES CLAVE Y ETAPAS DEL DESARROLLO DE EQUIPOS

La característica más importante de un equipo es que se forma con un propósito específico. Un equipo gira en torno a ese propósito y debe disolverse una vez alcanzado dicho propósito. Si el grupo decide adoptar un nuevo enfoque, se convierte de hecho en un nuevo equipo, ya que la dinámica del equipo es inseparable de su visión y objetivos específicos. La sinergia de un equipo surge del trabajo conjunto en pos de un propósito común. La eficacia, el factor de predicción más potente del éxito de un equipo, está estrechamente relacionada con su propósito. La eficacia de un equipo es el grado en que sus miembros creen que su equipo es capaz de alcanzar su propósito.

Un equipo eficaz tiene tres ingredientes principales: objetivos claros, funciones equilibradas y relaciones sanas ("almas"). Estos ingredientes se describen en el cuadro siguiente.

OBJETIVOS	Compromiso compartido con una visión clara, objetivos y estrategias mutuamente acordadas.
FUNCIONES	Equilibrio de funciones y competencias, con comprensión y aprecio de las funciones y competencias de los demás.
ALMAS	Saludable en términos de atención, comunicación, resolución de conflictos y responsabilidad Altos niveles de confianza, apoyo y participación Interdependencia

Tabla 1: Ingredientes de un equipo eficaz

Los equipos pasan por distintas etapas, a las que pueden volver, antes de alcanzar una eficacia óptima. Se suelen denominar "formación", "tormenta", "normalización" y "rendimiento".[8] Estas etapas del desarrollo de un equipo se describen en la siguiente tabla:

---

8 Bruce Tuckman, "Developmental Sequence in Small Groups", *Psychological Bulletin* 63 (1965): 384–99.

ESCENARIO	CARACTERÍSTICAS
FORMACION	LA FASE DE LUNA DE MIEL Las expectativas no están claras. Los miembros tantean el terreno. A medida que exploran los límites del comportamiento aceptable del grupo, tienden a evitar los conflictos y a observar atentamente el comportamiento de los demás. Hay cortesía, formalidad y una sensación de incomodidad. Los miembros sienten expectación y optimismo, pero sólo tienen un apego tentativo al equipo. Se consigue poco en la tarea del equipo.
TORMENTA	CONFLICTO Las diferencias entre los miembros del equipo se hacen más evidentes y el equipo se esfuerza por negociarlas. Hay conflicto y polarización en torno a cuestiones interpersonales y un cuestionamiento del compromiso. Hay impaciencia ante la falta de progreso en la tarea, y algunos miembros pueden recurrir a intentar trabajar solos en lugar de con el equipo. Pueden surgir discusiones, competitividad y facciones.
NORMALIZAR	ACEPTACIÓN Los miembros empiezan a aceptar el equipo, sus valores fundamentales, sus propias funciones y a los demás miembros. Desarrollan normas para trabajar juntos, resolver conflictos y tomar decisiones. Se acuerdan normas y procedimientos, se establecen los valores fundamentales y se definen las funciones de los miembros. La competencia da paso a la cooperación. Hay más cordialidad y franqueza que en la fase de "tormenta".
REALIZACIÓN	TRABAJO SINÉRGICO Y EFICAZ La mayoría de los problemas sobre cómo trabajar juntos se han resuelto. Los papeles son más flexibles y funcionales, y la energía del grupo se canaliza hacia la tarea. Los miembros son tolerantes con los puntos fuertes y débiles de los demás y están satisfechos con los progresos. El trabajo se realiza con eficacia.

Tabla 2: Etapas del desarrollo del equipo (adaptado de Tuckman 1965)

Saber en qué fase de desarrollo se encuentra un equipo puede ayudarnos a comprender su dinámica. Por ejemplo, la falta de conflictos en la fase de formación de un equipo es un resultado natural de la incertidumbre de sus miembros respecto a los demás y de la falta de una interacción profunda entre ellos. Se puede animar a los equipos en fase de tormenta a que sepan que el malestar que experimentan es normal y que acabará reduciéndose a un nivel más manejable. El papel del jefe de equipo también debe modificarse en función de la fase en la que se encuentre el equipo, ya que las fases más tempranas requieren más dirección e intervención.[9]

Los equipos multiculturales tardan mucho más que los monoculturales en superar la fase de tormenta y alcanzar la fase de normalización. La diversidad tiene un efecto perjudicial sobre el funcionamiento del equipo en las primeras fases de formación y normalización. El periodo inicial de agitación al comienzo de un nuevo equipo multicultural es mucho mayor que en un equipo monocultural. Los equipos multiculturales necesitan sistemáticamente más tiempo para resolver problemas y tomar decisiones que los grupos homogéneos. Hay mayores dificultades iniciales en la resolución de problemas y mayor potencial de conflicto en la negociación de tareas y procesos. Los miembros del equipo suelen malinterpretar lo que dicen sus compañeros, lo que ralentiza el progreso del equipo. Negociar estos malentendidos y diferencias entre los miembros del equipo y trabajar para entenderse mutuamente lleva tiempo. Las diferencias deben afrontarse y resolverse, y los equipos que intenten evitar este proceso se encontrarán con problemas mucho mayores en el futuro y correrán el riesgo de fracasar.[10]

El acuerdo y la armonía perfectos no son realistas ni siquiera en los equipos monoculturales. En las organizaciones que valoran mucho la existencia de equipos multiculturales, los miembros del equipo pueden tender a evitar los conflictos y a hacer concesiones innecesarias por miedo a que se socave la unidad del equipo y a que éste no esté a la altura de las expectativas de la organización. No es posible ni útil evitar la fase de tormenta en la creación de equipos multiculturales.

Hay pocos recursos diseñados específicamente para ayudar a los equipos multiculturales a abordar los problemas relacionados con la cultura que surgen en la fase de tormenta. La inmensa mayoría de los libros sobre trabajo en equipo se escriben dando por supuesto que todos los lectores y miembros del equipo proceden de la misma cultura y que responderán de la misma manera que las personas de la cultura del escritor (que suele ser norteamericano o europeo). Sin embargo, es fundamental tener en cuenta el trasfondo cultural de los miembros del

---

9 Una herramienta para evaluar la fase en la que se encuentra un equipo puede encontrarse en Donald Clark, "Teamwork Survey," Big Dog and Little Dog's Performance Juxtaposition, 22 de agosto de 2010, http://www.nwlink.com/~donclark/leader/teamsuv.html.

10 Christopher Earley y Elaine Mosakowski, "Creating Hybrid Team Cultures: An Empirical Test of Transnational Team Functioning", *Academy of Management Journal* 43 (2000): 26-49.

equipo, porque la cultura afecta a todas las dimensiones de la experiencia e interacción de las personas con el mundo. La cultura de los miembros del equipo afecta a su concepto de lo que es un equipo, a su comprensión de la eficacia del equipo y a su forma de ver los objetivos.[11] Existe un consenso generalizado en que el aumento del número de culturas en un equipo conlleva un incremento de la diversidad y la complejidad del mismo. En consecuencia, el potencial de conflicto e insatisfacción personal también aumenta a medida que aumenta el número de culturas.

Las diferencias culturales no siempre se reconocen, ni siquiera en las organizaciones cristianas internacionales. A veces esto puede deberse al miedo a estereotipar a las personas de culturas minoritarias, pero la razón más común es la suposición inconsciente por parte de las personas de culturas más dominantes de que su forma de actuar es la "correcta". Para desarrollar equipos multiculturales sanos, hay que reconocer y valorar las diferencias culturales.

HACIA UNA TEORÍA DEL LIDERAZGO DE EQUIPOS MULTICULTURALES

Los equipos multiculturales son más complejos y difíciles de establecer que los monoculturales, principalmente por las diferencias de valores entre culturas. Las diferencias fácilmente visibles entre culturas, como las diferencias en los saludos y el guion lingüístico, son relativamente sencillas de describir, comprender y gestionar. Los valores, en cambio, son menos visibles, más difíciles de articular y están asociados a emociones fuertes. Los miembros de equipos multiculturales no suelen ser conscientes de sus valores más arraigados hasta que sus compañeros de otras culturas contravienen esos valores. Incluso entonces, un miembro del equipo cuyos valores han sido cuestionados suele ser incapaz de explicar lo que ha ocurrido, pero se siente confuso, enfadado o deprimido. Cuando las personas proceden de entornos culturales muy diferentes, algunas diferencias de valores son irreconciliables, a menos que los miembros del equipo estén dispuestos a hacer ajustes importantes.

Los valores culturales están profundamente arraigados en las personas a través de la familia y la escuela. Garantizan que todos los miembros de

---

11 Cristina Gibson y Mary Zellmer-Bruhn, "Metaphors and Meaning: An Intercultural Analysis of the Concept of Teamwork", *Administrative Science Quarterly* 46, n° 2 (2001): 274–303.

cada cultura sepan exactamente lo que se espera de ellos. Estos valores están en su mayoría implícitos en la cultura, lo que significa que la gente asume que su forma de hacer las cosas es "normal" y "correcta", en lugar de ser simplemente una expresión cultural de cómo puede interactuar la gente. En este libro utilizaremos el término "valores de equipo" para describir los valores según los cuales las personas de la comunidad de un equipo acuerdan interactuar entre sí. En un equipo monocultural, los valores del equipo están implícitos en gran medida y son compartidos por todos los miembros del equipo porque coinciden con sus valores culturales comunes. En un equipo multicultural, los valores del equipo deben negociarse, articularse explícitamente y acordarse.

Los jefes de equipo son seres humanos que disponen de recursos personales finitos de tiempo y energía. Cuando todos los miembros del equipo proceden de la misma cultura, todos comprenden los valores culturales de las relaciones, la comunicación, la toma de decisiones y la gestión de conflictos. Cuando se produce una disfunción en el equipo, la comprensión compartida de estos valores culturales por parte de los miembros del equipo significa que pueden tomar la iniciativa para ayudar a resolver la disfunción de forma comprensible para todo el equipo. Esto permite al líder centrar su tiempo y energía en la visión, los objetivos y la estrategia del equipo.

El diagrama siguiente (fig. 1) ilustra el proceso de formación de un equipo monocultural. El líder y los miembros del equipo proceden todos del mismo entorno cultural y no tienen que comprometer ningún valor cultural para trabajar juntos. Sus valores culturales compartidos de interacción les permiten encajar bien en una unidad de trabajo. El proceso de formación de un equipo es relativamente sencillo, ya que los miembros del equipo pueden ayudar al líder en el proceso de creación del equipo aplicando los valores culturales compartidos.

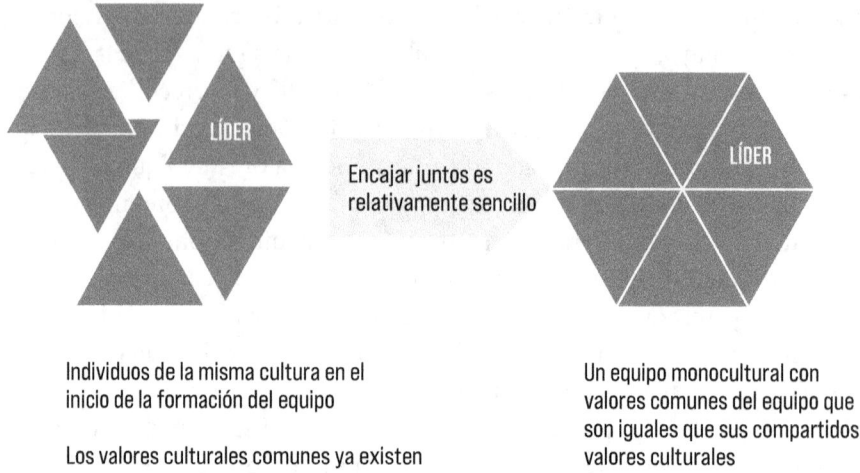

Figura 1: Formación de equipos monoculturales

Cuando en un equipo hay dos culturas (es decir, el equipo es bicultural), el líder tiene dos opciones. La primera es que el líder imponga al equipo los valores de la cultura dominante. Esto ocurre sobre todo en países u organizaciones donde una cultura ha dominado tradicionalmente, como un directivo europeo en una empresa europea que opera en un país asiático. La otra opción es la regla de la mayoría. Esto significa que los valores culturales de la mayoría son impuestos, normalmente por defecto y no por elección informada, por los miembros del equipo que son mayoría. Si el líder no pertenece a la cultura mayoritaria (por ejemplo, un estadounidense que dirige un equipo mayoritariamente coreano en un país africano), debe aprender, comprender y actuar de acuerdo con los valores culturales de la cultura mayoritaria para que el equipo sea eficaz. En este libro, nos referiremos a este enfoque del liderazgo como enfoque intercultural.

Si los miembros de ambas culturas de un equipo bicultural no consiguen ponerse de acuerdo sobre los valores comunes del equipo, puede surgir entre ellos la competencia y un sentimiento de "nosotros contra ellos". En esta situación, los líderes deben tomar la iniciativa de aprender las costumbres de la cultura desconocida y ayudar a cada grupo a adaptarse a las costumbres del otro. En el mundo real del tiempo y la energía finitos, esto significa que el líder intercultural tiene que invertir mucho más tiempo en gestionar la dimensión interpersonal del trabajo en equipo que el líder de un equipo monocultural.

El diagrama siguiente (fig. 2) ilustra el proceso de formación de un equipo bicultural, en el que todos los miembros proceden de un entorno cultural y el jefe del equipo, de otro. En esta situación, los miembros del equipo no tienen que comprometer ningún valor cultural para Individuos de una cultura y un líder de otra cultura al inicio de la formación del equipo trabajar juntos. El líder tiene que aprender los valores culturales de la cultura de los miembros del equipo y estar dispuesto a hacer importantes adaptaciones de sus propios valores y estilo de liderazgo para encajar bien con el resto del equipo. La facilidad para formar un equipo depende de la capacidad de adaptación del líder intercultural.

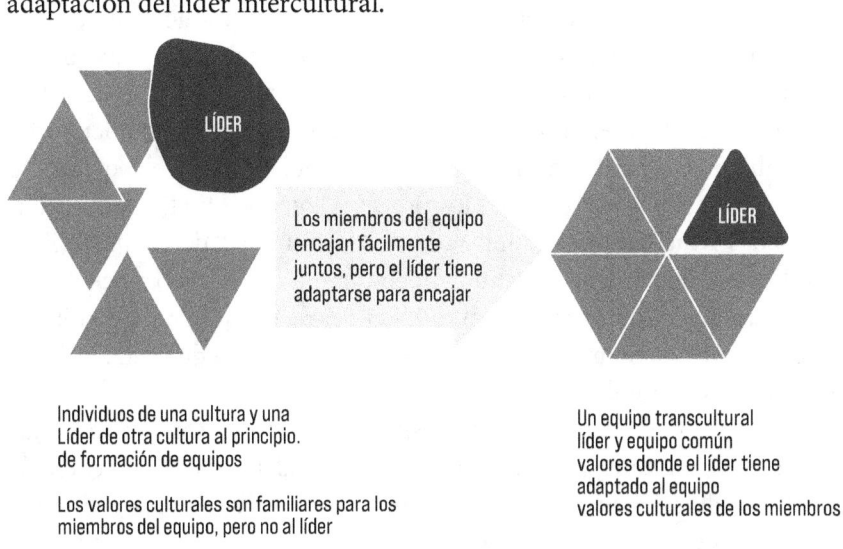

Figura 2: Formación de equipo cuando el líder es de una cultura y todos los miembros son de otra cultura

En un equipo multicultural, en el que los miembros proceden de más de dos culturas, no hay valores culturales que sean compartidos por todo el equipo. Como los miembros del equipo no suelen ser conscientes de la mayoría de sus valores culturales porque los tienen implícita y profundamente arraigados, hay que ayudarles a comprender sus propios valores aprendiendo a reflexionar sobre sus reacciones emocionales cuando estos valores han sido inadvertidamente transgredidos, confrontados o no respetados por sus compañeros de equipo. Esta reflexión debe ser facilitada intencionadamente por el líder o un entrenador de equipo, ya que rara vez se produce sin ayuda externa. Sin una formación o experiencia que sensibilice sobre las posibles áreas de conflicto de valores, el líder es incapaz de anticipar y preparar al equipo para el conflicto y sólo puede reaccionar después de que surjan los problemas. Este enfoque reactivo de los problemas suele desembocar en conflictos prolongados y a menudo agónicos, especialmente durante las primeras etapas de la vida del equipo.

Incluso cuando el líder tiene experiencia, la formación de un equipo multicultural lleva más tiempo que la de un equipo monocultural. El tiempo adicional y el conflicto, intrínsecos e inevitables en la formación de equipos multiculturales, surgen de la dificultad de establecer valores de equipo comúnmente acordados que rijan la forma en que los miembros del equipo interactúan y trabajan juntos. Estos nuevos valores de equipo serán específicos y exclusivos de cada equipo multicultural y sólo podrán establecerse mediante un complejo proceso de negociación. Esto significa que el tiempo y la energía limitados del jefe de equipo multicultural, especialmente durante las primeras etapas de la vida del equipo, se emplearán casi por completo en los procesos interpersonales de creación de buenas relaciones de equipo y de una comunidad de equipo sólida. Al líder del equipo le quedará muy poco tiempo o energía para centrarse en las tareas y los objetivos del equipo. El líder de un equipo multicultural debe invertir mucho más tiempo en construir el equipo que el líder de un equipo monocultural o intercultural.

El siguiente diagrama (fig. 3) ilustra el proceso de formación de un equipo multicultural. El líder y los miembros del equipo proceden de entornos culturales diferentes y no comparten valores de equipo. El proceso de aprender unos de otros y adaptarse lo suficiente para que los individuos empiecen a encajar bien en una unidad de trabajo es complejo y muy exigente para todos los miembros del equipo, y especialmente para el líder. La falta de valores de equipo compartidos, el desconocimiento de valores culturales profundamente arraigados y la dificultad de comunicarse y entablar relaciones con personas de culturas desconocidas hacen que a los miembros del equipo les resulte difícil ayudar al líder en el proceso de formación del equipo. De hecho, la formación de equipos en un equipo multicultural es tan difícil que es raro que un líder inexperto pueda hacerlo bien sin ayuda externa al equipo.

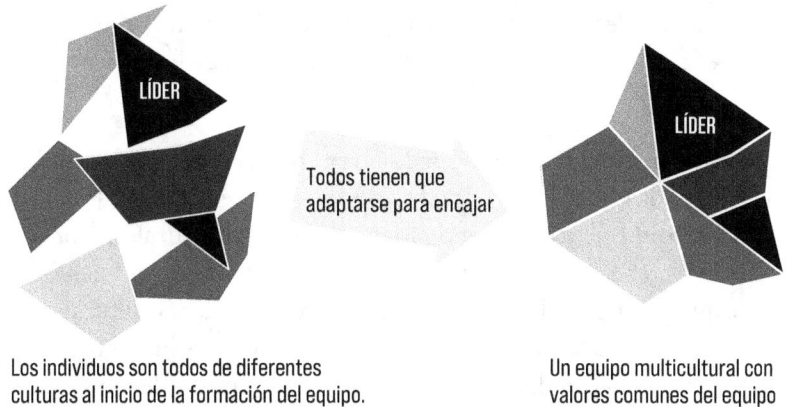

Los individuos son todos de diferentes culturas al inicio de la formación del equipo. No hay valores culturales comunes.

Un equipo multicultural con valores comunes del equipo

Figura 3: Formación de equipos multiculturales

La norma en los equipos multiculturales, especialmente cuando los miembros proceden de culturas diferentes, es que todos tendrán que aceptar el compromiso. El papel del líder consiste en facilitar los procesos de negociación mutua y compromiso, al tiempo que construye una comunidad de equipo fuerte y sana, capaz de gestionar bien sus conflictos.

CARACTERÍSTICAS DE LOS BUENOS JEFES DE EQUIPO MULTICULTURALES

Un buen líder de equipo multicultural permite que todos los miembros del equipo participen plenamente en él. Hofstede describe el liderazgo multicultural de la siguiente manera:

> Aprender a ser un líder eficaz es como aprender a tocar música: además de talento, exige persistencia y la oportunidad de practicar. Los líderes monoculturales eficaces han aprendido a tocar un solo instrumento; a menudo han demostrado su valía con un gran empuje y opiniones rápidas y firmes. Dirigir en un entorno multicultural y diverso es como tocar varios instrumentos. Requiere en parte actitudes y aptitudes diferentes: moderación a la hora de emitir juicios y la capacidad de reconocer que las melodías conocidas pueden tener que tocarse de forma diferente. Las mismas

cualidades que hacen de alguien un líder monocultural eficaz pueden hacer que esté menos cualificado para un entorno multicultural.[12]

La diferencia cultural no puede ignorarse, ya que afecta a todas las dimensiones de la existencia humana. Los líderes de equipos multiculturales de éxito reconocen y comprenden las diferencias culturales. Conocen y aceptan los valores culturales profundamente arraigados de los miembros del equipo, que pueden incluso oponerse a los propios valores culturales de los líderes. Dado que la transgresión de los valores culturales suele provocar una reacción emocional, los líderes de equipos multiculturales deben ser capaces de reconocer las variaciones interculturales en la expresión emocional y de ayudar con tacto a los miembros del equipo a reflexionar sobre sus respuestas emocionales y los valores culturales que las sustentan. Como las diferencias de valores culturales pueden ser difíciles, y en algunos casos imposibles, de conciliar, el jefe de equipo multicultural tiene que ser un hábil negociador y mediador capaz de facilitar un proceso que permita a todos los miembros del equipo ponerse de acuerdo sobre un conjunto único de valores de equipo que constituyan los cimientos de una comunidad de equipo sana.

---

12 Geert Hofstede, prólogo de *Leadership in a Diverse and Multicultural Environment: Developing Awareness, Knowledge, and Skills*, ed. Mary L. Connerley y Paul Pedersen (Thousand Oaks, CA: SAGE, 2005), ix.

CAPÍTULO 2

CÓMO AFECTAN LAS DIFERENCIAS CULTURALES A LOS EQUIPOS

Todos los seres humanos somos seres culturales. Desde que nacemos, nos inculcan los valores, creencias y prácticas de nuestros padres, familias y sociedades. Lengua y cultura también están inextricablemente entrelazadas, ya que la forma en que se construye y desarrolla la lengua refleja los valores de la cultura. Cuando crecemos en un contexto monocultural, no solemos ser conscientes de que existen otras formas de hacer las cosas y de percibir el mundo. Esta falta de conciencia tiende a hacernos suponer que nuestra manera de hacer las cosas es la mejor.

Asumir que nuestra manera de hacer las cosas es la mejor o la única funciona bien siempre que no nos encontremos con personas de otras culturas; mantiene la cohesión de la sociedad y protege sus valores. Sin embargo, cuando nos enfrentamos a una cultura muy diferente a la nuestra, asumir que nuestra cultura es la mejor a menudo significa que juzgamos las costumbres de la otra cultura como erróneas o peligrosas. Es una reacción humana completamente normal, pero muy poco útil cuando personas de culturas diferentes intentan vivir y trabajar juntas. Todos los seres humanos somos etnocéntricos hasta cierto punto, lo que significa que todos asumimos que la forma de pensar y actuar de nuestra propia cultura es la correcta. Este capítulo explora algunas de las profundas diferencias de pensamiento y comportamiento entre culturas y el impacto que pueden tener en los equipos multiculturales.

La cultura implica algo más que diferencias en las formas de saludar, comer y otros comportamientos fáciles de ver. Geert Hofstede describe la cultura como un "software de la mente", es decir, patrones de pensamiento, sentimiento y actuación que son como programas informáticos mentales que determinan lo que hacemos.[1] Los distintos grupos culturales tienen diferentes programas mentales, diferentes patrones de pensamiento, sentimiento y acción. Cada uno de nosotros ve el mundo e interactúa con él de acuerdo con el entorno social en el que ha crecido, y esta programación está "programada" en nuestro lenguaje. Independientemente de nuestra formación y experiencia intercultural, tendemos a relacionarnos con los demás utilizando nuestro propio estilo cultural.

Nuestra programación mental culturalmente aprendida nos lleva a comportarnos de forma diferente con personas de otros orígenes culturales en aspectos que son fáciles de ver, como las distintas formas de saludar a otras personas o de lavar los platos. Los libros sobre interacción intercultural suelen centrarse en estas diferencias fáciles de ver entre personas de distintas culturas, especialmente en las acciones que pueden ofender fácilmente. Este es un buen punto de partida que nos ayuda en las primeras etapas de conocer a la gente, pero es inadecuado para trabajar estrechamente con personas de otras culturas. Estos elementos culturales superficiales son fáciles de ver y de comunicar a los demás, y relativamente fáciles de perdonar cuando se transgreden. Pero las culturas también incluyen suposiciones sobre el mundo que a menudo son difíciles de identificar y articular. Son estos valores y suposiciones profundamente arraigados los que determinan la forma en que la gente piensa sobre la vida.

La mayoría de las personas no son conscientes de su programación mental, y esto es especialmente cierto en el caso de los niveles más profundos e implícitos de la cultura: los valores culturales y los supuestos de la visión del mundo. Son lo que la gente utiliza para pensar, más que aquello sobre lo que piensa. Al igual que los seres humanos se desarrollan y adaptan a las circunstancias cambiantes que encuentran, las culturas también cambian constantemente. Cada cultura humana encarna lo que una sociedad considera más importante para su identidad colectiva y su bienestar. Tener un sentimiento de identidad colectiva es profundamente importante para toda sociedad, y la preservación de este sentimiento de "nosotros" se defiende con tanta fuerza que cualquier percepción de amenaza, como una contradicción de nuestros valores por parte de los demás—como ocurre tan a menudo en las interacciones interculturales—puede dar lugar a una respuesta emocional fuerte y negativa.

Aunque es posible aprender mucho sobre otras culturas leyendo sobre ellas u oyendo hablar de ellas de segunda mano, sólo cuando interactuamos

---

1 Hofstede, Hofstede y Minkov, *Cultures and Organizations*, 4–5.

cara a cara con personas de otra cultura experimentamos las emociones fuertes y profundas que surgen al poner en tela de juicio nuestros valores culturales y nuestra visión del mundo. Es este desafío a lo más preciado para nosotros, y la respuesta emocional derivada de ese desafío, lo que dificulta el trabajo en un equipo multicultural. Incluso las personas que han aprendido mucho sobre otras culturas antes de unirse a un equipo multicultural siguen experimentando estas fuertes emociones.

A los cristianos de países en los que predomina un gran grupo étnico puede resultarles difícil trabajar bien en equipos multiculturales. Una de las principales razones es que tendemos a suponer que existe una cultura bíblica supracultural, y que esta cultura bíblica se refleja en nuestra iglesia o grupo cristiano. Aunque ciertamente existen valores bíblicos supraculturales, como el mandamiento de amar al prójimo como a nosotros mismos (Lv 19:18; Mt 22:39) y de perdonarnos unos a otros (Ef 4:32; Col 3:13), estos valores de amor y perdón se expresan de diferentes maneras en las distintas culturas. Los cristianos de diferentes culturas expresan los valores bíblicos de maneras que están moldeadas por sus propias culturas. Asumir que nuestra cultura cristiana es la manera más piadosa de hacer las cosas es parte de nuestra tendencia etnocéntrica de asumir que nuestra manera es la correcta. Lamentablemente, esta suposición puede llevarnos a juzgar como pecaminosos a los cristianos de otros trasfondos culturales que expresan valores bíblicos de manera diferente a la nuestra, e incluso puede hacernos pensar que no son cristianos.

La mayoría de los libros sobre trabajo en equipo y liderazgo escritos en inglés reflejan valores culturales de origen inglés/neerlandés/alemán (INA).[2] Estos valores incluyen el individualismo, la eficiencia, la orientación a las tareas, el énfasis en los acuerdos de equipo por escrito y un énfasis relativamente

---

2 Nos ha costado encontrar un término que describa mejor el grupo cultural dominante que incorpora los valores individualistas y de bajo contexto (descritos más adelante en este capítulo) expresados por las personas de ascendencia británica, alemana y holandesa, incluidos sus descendientes en Estados Unidos, Canadá, Nueva Zelanda y Australia. Este grupo cultural es especialmente significativo debido al gran número de misioneros enviados desde estos países en los dos últimos siglos. Otros términos que se utilizan a veces son occidental, norte global, europeo del norte, mundo minoritario, origen anglosajón o australiano/americano blanco. Cada uno de estos términos es problemático, ya sea porque es demasiado amplio (por ejemplo, occidental) o porque a la gente le cuesta aceptarlo (australiano blanco). Los términos también son problemáticos porque dificultan dar cuenta de identidades mixtas como chino-americano o australiano de Fiji o libanés de Australia. Hemos decidido adoptar el acrónimo INA (por culturales de origen inglés/neerlandés/alemán) para indicar el trasfondo cultural individualista, de bajo contexto, de habla inglesa/alemana/holandesa como un grupo general pero no exclusivo, con el que los lectores pueden elegir identificarse o atribuir a otros según convenga.

escaso en las relaciones, excepto como factor instrumental en la consecución de las tareas. Amanda Sinclair sugiere que "los valores estadounidenses de individualismo y universalismo... se han filtrado en el trabajo sobre liderazgo". Describe las consecuencias de esto como "explicaciones del éxito centradas en el individuo, y ... reglas universales para el liderazgo que pueden destilarse y aplicarse independientemente del contexto".[3]

Esta orientación instrumental de la INA hacia el liderazgo también ha impregnado gran parte de la literatura sobre liderazgo transcultural. Los valores del liderazgo INA se centran especialmente en lo que el líder tiene que hacer para conseguir que los seguidores realicen las tareas. Del mismo modo, la mayoría de los libros sobre liderazgo transcultural se centran en ayudar a los líderes a comprender las diferencias transculturales para que puedan ajustar su estilo de liderazgo con el fin de hacer que aquellos a quienes dirigen logren lo que la organización desea. En este enfoque, que hemos denominado enfoque transcultural del liderazgo, explicado en el capítulo 1, la carga recae en el líder, que debe adaptarse a cada cultura representada en el equipo. Los líderes que utilizan este enfoque se convierten en instrumentos o herramientas con el fin de manipular la cultura para que el equipo cumpla su tarea. Intentan adaptar su estilo de liderazgo a la cultura de cada miembro del equipo para que encaje mejor con las expectativas de liderazgo de cada miembro, y hacen todo lo posible por no ofenderles. En efecto, los líderes que adoptan el enfoque intercultural tienen que convertirse en camaleones culturales. La adaptación es un proceso en serie, unidireccional y muy exigente para el líder.

Un enfoque transcultural del liderazgo supone que si los líderes aprenden lo suficiente sobre cada una de las culturas de los miembros de su equipo, deberían ser capaces de replicar suficientemente el estilo de liderazgo de cada cultura hacia cada miembro, de forma que se garantice el seguimiento. Un líder que utilice este enfoque tiene una tarea abrumadoramente compleja y exigente, ya que tiene que hacer múltiples ajustes para adaptarse a cada miembro. La carga recae en el líder del equipo, que debe realizar adaptaciones en su estilo de liderazgo para anular los efectos de la diferencia cultural, de modo que el equipo funcione como un equipo monocultural. En este enfoque del liderazgo, la cultura se trata como algo que puede manipularse. Supone que cuando el líder es capaz de hacer los ajustes necesarios a las normas culturales de los miembros de su equipo, éste será armonioso y eficaz. Los miembros del equipo se consideran elementos pasivos en el proceso.

---

3 Amanda Sinclair, *Leadership for the Disillusioned: Moving beyond Myths and Heroes to Leading That Liberates* (Crows Nest, Australia: Allen & Unwin, 2007), 23.

El enfoque intercultural del liderazgo es un buen punto de partida para dirigir un equipo multicultural, pero es inadecuado por sí solo. Es útil como punto de partida porque hace hincapié en la necesidad de que el líder, así como todos los miembros del equipo, sean conscientes y sensibles a los antecedentes culturales de cada miembro. Pero se vuelve insostenible cuando un líder tiene que tratar simultáneamente con miembros del equipo de culturas muy diferentes que tienen expectativas opuestas de los líderes. Cuando las expectativas culturales de los miembros del equipo respecto al liderazgo son irreconciliables, el enfoque transcultural para dirigir un equipo multicultural es una receta para el fracaso y el agotamiento del liderazgo. En la siguiente sección exploramos las dimensiones de la diferencia cultural que ayudan a aclarar por qué puede haber diferencias irreconciliables en las expectativas de los miembros de equipos de distintas culturas.

COMPRENDER LA CULTURA Y LAS DIFERENCIAS CULTURALES

Una cultura es la forma en que un grupo de personas ordena su vida y determina lo que es o no un comportamiento adecuado. Las culturas cambian constantemente en respuesta al mundo que las rodea. Algunas personas se resisten a las definiciones culturales, sobre todo por miedo a los estereotipos o a que las encasillen. Sin embargo, siempre que se reúnen grupos de personas de distintas culturas—en un aula universitaria, por ejemplo—hablan de las diferencias entre culturas, como el idioma, los saludos, la comida o el cuidado de los niños. Las diferencias culturales son un hecho.

La cultura tiene una influencia estabilizadora en la medida en que forma una gran parte del sentido de identidad de cualquier grupo. Dado que todos adquirimos nuestra cultura a través de una socialización que comienza muy pronto en la vida, la cultura es una influencia profunda y normalmente subconsciente en nuestros valores y comportamientos y en el desarrollo de nuestro concepto de quiénes somos. Una de las principales formas que tienen los miembros de cada grupo étnico de definir la identidad distintiva de su grupo es encontrar rasgos culturales que lo diferencien y destacarlos como marcadores de límites en torno a su grupo. Los rasgos culturales clave se utilizan para definir la frontera del grupo étnico y, de este modo, excluir a otras personas del grupo.⁴ El teólogo Miroslav Volf explica que excluimos a los demás porque vemos la diferencia como algo peligroso y sentimos la necesidad de eliminar esas diferencias para "alejar la amenaza percibida de las aguas caóticas que se precipitan".⁵

Una forma de excluir a otras personas culturalmente diferentes es estereotiparlas. A menudo estos estereotipos son negativos. Paul Hiebert trazó un ejemplo extremo de estereotipos en la forma en que muchos europeos definían a las personas con las que se cruzaban en sus viajes por África y América Latina en los siglos XVIII y XIX. Al principio, los exploradores europeos veían a los nuevos pueblos que encontraban en sus viajes como salvajes a los que podían utilizar como esclavos. Más tarde, la percepción dominante pasó a verlos como primitivos que necesitaban ilustración y civilización o como niños que necesitaban educación. No fue hasta el siglo XX cuando la mayoría de los europeos empezaron a ver a las personas de otras culturas como plenamente humanas.⁶ Este estereotipo deshumanizador no se limita al pasado y a los europeos; es una respuesta humana generalizada a la diferencia étnica y cultural. La mayoría de la gente tiene expectativas negativas sobre la comunicación con personas de otras culturas, tiene estereotipos negativos de ellas y está convencida de que la forma de ver las cosas de su propio grupo es la correcta.⁷

Para entender lo que ocurre y lo que suele ir mal cuando personas de culturas diferentes intentan trabajar juntas, es útil contar desde el principio con un modelo de comprensión de la cultura. Hiebert propuso un modelo muy útil de tres niveles de cultura. En el nivel superficial están los comportamientos de las personas, que son fácilmente observables y lo primero que ve una persona ajena a la empresa. Por debajo están las creencias y valores de la gente, que proporcionan un andamiaje para interpretar el mundo. En el nivel más profundo se encuentran los supuestos, en gran medida implícitos, que

---

4 Fredrik Barth, introducción a *Ethnic Groups and Boundaries: The Social Organization of Culture Difference*, ed., Fredrik Barth (Long Grove, IL: Waveland, 1969), 9–38.

5 Miroslav Volf, Exclusión y abrazo: *A Theological Exploration of Identity, Otherness, and Reconciliation* (Nashville: Abingdon, 1996), 78.

6 Paul Hiebert, "Western Images of Others and Otherness", en *This Side of Heaven: Race, Ethnicity, and Christian Faith*, ed. Robert Priest y Álvaro Nieves (Oxford: Oxford University Press, 2007), 97–110.

7 William Gudykunst, *Bridging Differences: Effective Intergroup Communication* (Londres: SAGE, 2004), 115–31.

subyacen tanto a las creencias como a los comportamientos y que explican por qué la gente cree y se comporta como lo hace.[8]

En la práctica, la cultura es compleja y dinámica. Los comportamientos y los supuestos no son independientes entre sí. Las suposiciones afectan a los comportamientos, pero, al mismo tiempo, a medida que las personas interactúan con el mundo físico, es posible que tengan que cambiar su forma de hacer las cosas, como pasar de una agricultura de subsistencia a enfoques agrícolas basados en la tecnología, y esto afecta a las suposiciones que tienen sobre el mundo.

Las personas tratan continuamente de comprender y explicar su mundo. Para ello crean marcos de significado que les ayudan a interpretar las cosas que experimentan. Jack Mezirow propone que cuando nos encontramos con algo que es ajeno a nuestro marco de referencia, intentamos encontrar la manera de adjuntarlo o incorporarlo a nuestro marco personal. Si no somos capaces de incorporarlo, tendemos a rechazarlo.[9]

Los marcos de significado constituyen un puente entre las suposiciones profundas e implícitas de las personas y las cosas que hacen que están en la superficie de su cultura y son fáciles de observar. Los marcos de significado incorporan creencias, valores y sentimientos. Las creencias son afirmaciones que resumen supuestos y se consideran hechos ampliamente aceptados por la gente de cualquier cultura. Las creencias se construyen con palabras. Es más difícil describir la esencia de los valores y los sentimientos, porque no se basan en palabras. Pero para intentar comprenderlos tenemos que utilizar palabras. Los valores definen lo que es bueno, correcto y bello y cómo deben ser las cosas. Permiten juzgar lo que es aceptable y lo que no. Los sentimientos son las respuestas emocionales positivas o negativas de las personas a lo que encuentran.

Las culturas INA están muy sesgadas hacia las creencias. Las personas de culturas INA tienden a confundir los valores con las creencias y prácticamente ignoran las emociones. Se apresuran a juzgar negativamente a otras personas cuando consideran que no han utilizado las palabras adecuadas para expresar lo que las personas INA consideran valioso. La mayoría de las demás culturas dan mucha menos importancia a las palabras e interpretan y evalúan lo que encuentran utilizando los sentimientos, la intuición, la experiencia

---

8 Paul Hiebert, *Transforming Worldviews: An Anthropological Understanding of How People Change* (Grand Rapids: Baker Academic, 2008), 32–33.

9 Jack Mezirow, "How Critical Reflection Triggers Transformative Learning", en *Fostering Critical Reflection in Adulthood*, ed. (San Francisco: Jossey-Bass, 1991), 1–20.

y la sabiduría acumulada de la tradición. Hay grandes desajustes entre los marcos de significado de las distintas culturas. Dado que el marco de significado de cada cultura proporciona el andamiaje para interpretar y responder a la experiencia, los miembros de equipos de distintas culturas ven y experimentan las mismas cosas, pero las interpretan y reaccionan ante ellas de maneras completamente distintas. Ayudar a los miembros de un equipo multicultural a comprender, articular y negociar un marco de significado común compatible es uno de los retos de la formación de equipos.

Un ejemplo sencillo de cómo utilizamos nuestro marco de significado ocurre cuando nos dan a comer algo que está prohibido en nuestra propia cultura. Aunque nuestro amigo, culturalmente diferente, coma lo mismo, nos negamos a considerar siquiera la posibilidad de comerlo porque nuestro marco de significado no lo permite. No sólo rechazamos las cosas que son ajenas a nuestro marco; también decidimos no comprometernos con las cosas cuando consideramos que son iguales a nuestra experiencia anterior. Esto ocurre a menudo en los equipos misioneros de corta duración cuando las personas interpretan que lo que están viendo es lo mismo que en su propia cultura y asumen que entienden lo que está ocurriendo cuando en realidad hay diferencias cruciales. Los miembros de un equipo de corta duración de un país relativamente rico, por ejemplo, pueden haber recibido una comida de bienvenida de sus anfitriones, mucho menos ricos, e interpretarla como equivalente a una comida de bienvenida en su propia cultura. Es fácil que no aprecien la hospitalidad sacrificada de sus anfitriones y, al no poder ver su naturaleza sacrificada, no puedan sentirse interpelados por ella ni aprender de ella.

Mezirow sugiere que existe un nivel óptimo de incomodidad que hace que las personas que lo experimentan sean conscientes de las insuficiencias o agujeros de sus propios marcos de significado, de modo que quieran solucionar las insuficiencias. El líder de un equipo multicultural tiene que ayudar a cada miembro del equipo a apreciar lo incompleto de su propio marco de significado, y ayudarles a aprender los unos de los otros para que juntos puedan construir un marco de significado corporativo que sea compatible con el marco personal de cada miembro del equipo y que luego los una.

El diagrama que figura a continuación (fig. 4) es un modelo de cultura desarrollado a partir de las ideas de Hiebert y Mezirow. Los comportamientos se representan en el nivel superficial de la cultura, y los supuestos en el nivel más profundo. El marco de significado une los dos niveles mediante creencias, valores y sentimientos. Estas tres capas son dinámicas e interactúan constantemente entre sí, afectándose mutuamente.

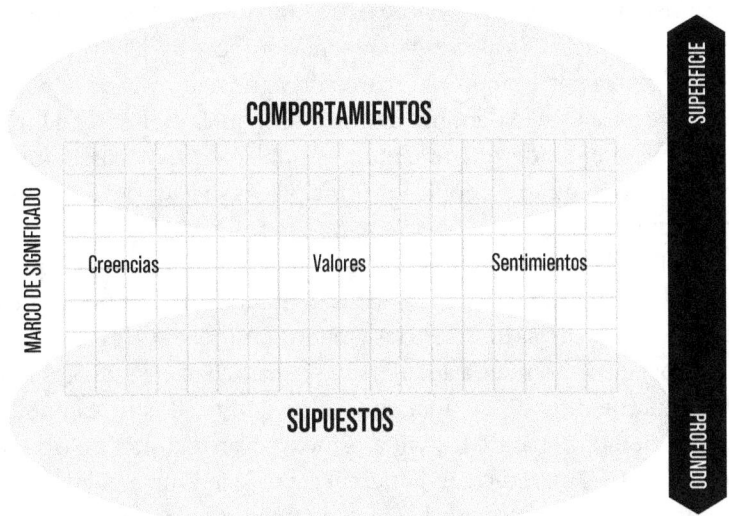

Figura 4: Modelo de comprensión de la cultura (adaptado de Hiebert, Transforming Worldviews, 32-33; y Mezirow, "Critical Reflection.")

Cuando las personas interactúan por primera vez con una nueva cultura, lo primero que les impresiona son las diferencias superficiales, como el clima, la nueva comida, los nuevos medios de transporte, la presencia o ausencia de gente en las calles y la forma de comprar. También empiezan a observar diferencias en el comportamiento de la gente, como la forma de saludar, hablar y comer. Aunque estas diferencias suponen un reto para los nuevos visitantes, normalmente son capaces de adaptarse a ellas. Esta etapa del encuentro intercultural suele denominarse fase de "luna de miel". En este punto, los visitantes se relacionan principalmente con las diferencias de comportamiento. Estas expresiones de la cultura pueden verse y tocarse de alguna manera y encontrarse con un lenguaje mínimo. Muchos trabajadores interculturales desarrollan estrategias personales para gestionar este tipo de diferencias, pero no logran avanzar hacia un compromiso más profundo con el sistema de creencias de la cultura de acogida.

Si los visitantes se quedan más tiempo, empiezan a aprender el idioma y profundizan en la cultura, pronto descubren barreras de diferencia a las que es más difícil adaptarse. Empezarán a interactuar con las creencias y valores de la gente que se aprenden desde una edad temprana, se repiten con frecuencia y a menudo no se examinan. Estas creencias y valores proporcionan un marco de significado mediante el cual la población local evalúa la nueva información. A los visitantes a menudo les resultará difícil comprender estas creencias y valores y tendrán dificultades para comunicar sus propias creencias y valores de manera significativa debido a la falta de correspondencia entre su propio marco de significado y el de la población local. A este desajuste lo denominaremos disonancia cultural. La lucha por comunicarse o entender claramente a la población local puede provocar una gran frustración y es uno de los principales aspectos del estrés cultural o choque cultural.[10]

Con el tiempo, los visitantes que permanecen más tiempo y aprenden el idioma local empiezan a ver cómo las diferencias de comportamiento se sustentan en diferencias de creencias y valores. Aunque suele ser fácil para el nuevo trabajador aprender a adaptarse a saludar a la gente de otra manera, puede resultarle muy difícil adaptarse a los significados de estos saludos, como, por ejemplo, cuando los saludos incorporan distintos enfoques de la jerarquía social. A un indio con preferencia por la jerarquía puede resultarle casi imposible tutear a un compañero de trabajo holandés igualitario, de mayor edad y más veterano, y al holandés puede resultarle muy difícil mostrar el debido respeto al compañero indio de mayor edad y más veterano. Estar obligado a hacerlo puede parecer un ataque a la integridad personal, ya que obliga a las personas a actuar de un modo que va en contra de todo lo que han hecho y en lo que creen. Lo mismo ocurriría si se exigiera a un australiano igualitario que aceptara y siguiera las instrucciones de un líder coreano sin ninguna oportunidad de discutirlas.

El nivel más profundo de la cultura—las suposiciones profundamente arraigadas y en gran medida implícitas que la gente tiene sobre la realidad—es mucho más difícil de acceder, y una persona de fuera suele tardar varios años en empezar a comprenderlo. Las suposiciones de un pueblo sobre la realidad suelen expresarse a través de sus artes creativas, como la poesía, las danzas, las canciones, los proverbios y las historias, y en los rituales y ceremonias en torno al nacimiento, la mayoría de edad, el matrimonio y la muerte. Las suposiciones ayudan a la gente a entender y aceptar por qué las cosas son como son. A medida que las personas se impregnan de estas comprensiones implícitas a través de las experiencias, no suelen analizarlas ni reflexionar sobre ellas. Un ejemplo de suposición en las culturas INA es que una chica será salvada (o encontrada) por su príncipe azul y que "vivirán felices para siempre". Esta suposición se centra en que el chico encuentra y conquista a la chica, pero no reflexiona sobre la relación después del día de la boda.

---

10 Marjory Foyle, *Honourably Wounded: Stress among Christian Workers* (Londres: Monarch Books, 2001), 69–82.

Entre las suposiciones profundas que conforman la visión del mundo de un grupo se incluyen sus suposiciones sobre la lógica, o el proceso por el que se aceptan ideas y argumentos como dignos de consideración. A los INA les convence la lógica lineal y dialéctica. Los millet, con los que trabajamos en Bulgaria, giran en torno a una cuestión para llegar a su punto de vista. Los árabes argumentan por analogía. A ninguno le convencen los enfoques alternativos y, de hecho, pueden frustrarse e incluso ofenderse cuando se utilizan otros enfoques. A algunas culturas no les interesa en absoluto el contenido de la discusión, sólo los sentimientos que despierta la interacción.[11]

Las culturas difieren en la forma de evaluar si algo es cierto. Un ejemplo de una suposición que tiene la mayoría de la gente de INA es que las cosas que son probadas y demostradas por los científicos son verdaderas y fiables. Un ejemplo para los millet es que si eres pariente, eres fiable y digno de confianza. Estos valores no se examinan en gran medida y tienden a mantenerse independientemente de las pruebas que demuestren lo contrario.

CÓMO AFECTAN LAS DIFERENCIAS LINGÜÍSTICAS A LOS EQUIPOS MULTICULTURALES

Parte del comportamiento que está a flor de piel en cada cultura es el idioma. Las diferencias lingüísticas son un factor clave que contribuye a los problemas de comunicación en los equipos multiculturales. Hemos comprobado que la capacidad de comunicación de los equipos multiculturales de plantación de iglesias se veía notablemente obstaculizada por el hecho de que sus miembros no dominaran la lengua del equipo.[12] Las lenguas encarnan los supuestos y las estructuras de las culturas que representan. Por eso, las distintas lenguas no tienen una correspondencia unívoca entre palabras y significados. Para comunicarnos eficazmente en otra lengua, no sólo tenemos que aprender su vocabulario y sus estructuras gramaticales, sino también las estructuras sociales, los valores y los supuestos de esa cultura.

El dominio de la lengua común por parte de los miembros del equipo afecta profundamente a la calidad de la interacción entre ellos. Los hablantes no nativos de la lengua común del equipo pueden sentirse excluidos de los debates si su falta de fluidez les impide expresar sus ideas con suficiente

---

11 Duane Elmer, *Cross-cultural Connections: Stepping Out and Fitting In Around the World* (Downers Grove, IL: InterVarsity Press, 2002), 150–59.
12 R. Hibbert, "Church Planting Teams", 190.

rapidez o claridad. Es muy fácil que los hablantes nativos de la lengua del equipo piensen que, cuando no participan en los debates, es porque no les interesa el tema o no pueden entenderlo. Otra razón por la que los hablantes no nativos pero relativamente fluidos de la lengua del equipo pueden tener problemas de comunicación es que incluso diferencias sutiles en la pronunciación o en la estructura gramatical pueden hacer que los hablantes nativos malinterpreten lo que dicen o piensen que son maleducados.[13]

Incluso cuando todos los miembros del equipo se sienten libres de contribuir, es fácil que se produzcan malentendidos, ya que los miembros del equipo y los líderes de distintos orígenes culturales tienden a utilizar las palabras y los conceptos de forma diferente. Los líderes de Kuwait, Turquía y Qatar, por ejemplo, utilizan palabras como "consulta" y "participación" principalmente para inducir sentimientos de pertenencia al grupo, entendiendo que el líder seguirá tomando las decisiones finales.[14] Los líderes de las culturas INA, por el contrario, suelen entender estas palabras como implicación en un proceso de toma de decisiones que desembocará en un plan de acción compartido.

CÓMO AFECTAN LAS DIFERENCIAS CULTURALES A LOS EQUIPOS MULTICULTURALES

En las diferencias de comportamiento entre culturas subyacen diferentes conjuntos de valores y supuestos. Hemos descubierto que seis dimensiones de valores y supuestos culturales son especialmente significativas en los equipos multiculturales y suelen ser causa de malentendidos:

1. Individualismo frente a colectivismo
2. Comunicación de alto contexto frente a comunicación de bajo contexto
3. Orientación a las tareas frente a orientación a las personas
4. Comunicación directa frente a comunicación indirecta
5. Alta distancia de poder frente a baja distancia de poder

---

13 Stephen Chen, Ronald Geluykens y Chong Ju Choi, "The Importance of Language in Global Teams: A Linguistic Perspective", *Management International Review* 46 (2006): 679-96.

14 Selda Pasa, Hayat Kabasakal y Muzaffer Bodur, "Society, Organisations, and Leadership in Turkey", *Applied Psychology: An International Review* 50 (2001): 559-89; Ikhlas Abdalla y Moudi Al-Homoud, "Exploring the Implicit Leadership Theory in the Arabian Gulf States", *Applied Psychology: An International Review* 50 (2001): 506-31.

6. Alta evitación de la incertidumbre frente a baja evitación de la incertidumbre[15]

La dimensión individualismo frente a colectivismo describe el grado de importancia que las personas conceden a su grupo y el grado en que prefieren actuar como individuos o como parte de un grupo. Los colectivistas están orientados al grupo. Están estrechamente vinculados a sus grupos y se ven a sí mismos como parte de grupos de toda la vida, como su familia extensa, su tribu o su nación. Basan su identidad principalmente en los grupos a los que pertenecen y toman decisiones teniendo en cuenta lo que será mejor para el grupo. Están motivados por las normas y deberes impuestos por el grupo. Los individualistas, por el contrario, definen su identidad de forma mucho más independiente, toman decisiones basándose en lo que será mejor para el individuo y dan prioridad a los objetivos personales frente a los del grupo. Hacen hincapié en los logros personales y los derechos individuales y eligen a qué grupos pertenecen.

Las personas de culturas de contexto elevado son conscientes de las muchas señales no verbales del contexto, como la habitación en la que se produce la comunicación, la forma de vestir de las personas con las que están, cómo están sentadas o de pie, su tono de voz y sus gestos, y otras cosas que ocurren en la habitación. Dan tanto o más valor a estos elementos no verbales de la comunicación que a las propias palabras. Por el contrario, las personas de culturas de bajo contexto prestan atención casi exclusivamente a las palabras de la comunicación e ignoran muchos de los elementos del contexto más amplio, como las señales no verbales. Esta diferencia provoca un sinfín de problemas en situaciones multiculturales. Si algo se ha dicho o escrito, las personas de contexto bajo esperan que se cumpla. Las personas de contexto elevado son mucho más sensibles a los mensajes no verbales que rodean a las palabras, como la impaciencia de la persona de contexto bajo, y les importa mucho menos lo que se ha escrito. Para las personas de bajo contexto, las palabras son vinculantes.

---

15 El individualismo y el colectivismo se han descrito con gran detalle en Harry Triandis, *Individualism and Collectivism: New Directions in Social Psychology* (Boulder, CO: Westview, 1995). Esta dimensión también se describe en Hofstede, Hofstede y Minkov, *Cultures and Organizations*, 89-134. Las culturas de alto y bajo contexto se describieron por primera vez en Edward Hall, *Beyond Culture* (New York: Anchor, 1976), 85-103. La orientación a las tareas y a las personas se describe en Elmer, *Cross-cultural Connections*, 125-34. La comunicación directa e indirecta se describe en Sarah Lanier, *Foreign to Familiar: A Guide to Understanding Hot- and Cold-climate Cultures* (Hagerstown, MD: McDougal, 2000). La distancia de poder y la evitación de la incertidumbre se describen en Hofstede, Hofstede y Minkov, *Cultures and Organizations*, 53-86, 187-233.

Para las personas de contexto elevado, las relaciones son vinculantes y las palabras son en gran medida irrelevantes.

En situaciones en las que se utilizan acuerdos escritos, como en muchos equipos y asociaciones empresariales, las personas de culturas de contexto bajo (como las culturas INA) consideran que todo se ha resuelto cuando se pone una firma en el papel. Aunque hayan invertido varias horas o incluso días comunicándose con sus socios para conseguir que se firme el papel, una vez firmado lo dan por concluido. Son ajenos al contacto visual que se produce entre las personas de la cultura de alto contexto, a la inquietud, a las señales a otras personas fuera de la sala o incluso a los protocolos de interacción, excepto en lo que respecta a la consecución del objetivo de la firma en el documento. Cuando, después de firmar, parece que los demás firmantes ignoran el documento, se enfadan y frustran. Para los socios de alto contexto, el documento era sólo una parte del proceso de construcción de la relación y de poca importancia para las demás cosas que se comunicaban.

Las personas de culturas de alto contexto suelen estar más orientadas a las personas que a las tareas. Quieren ayudar a las personas de contexto bajo a superar su impaciencia y frustración y a relajarse y disfrutar del tiempo que pasan con ellas. Consideran la tarea de importancia secundaria en comparación con la calidad de las relaciones entre ellos. Sin embargo, a menudo tienen algunas dificultades para hacer frente a la situación, porque las personas de bajo contexto son muy directas y parecen groseras cuando se comunican. Las personas de contexto bajo no tienen en cuenta sus sentimientos ni la complejidad de la situación. Las personas de alto contexto insinúan indirectamente, pero las de bajo contexto parecen ignorar lo que dicen. Las personas de bajo contexto creen que se han comunicado con claridad porque han dicho las palabras de la forma más sencilla y clara posible. Las personas de alto contexto también creen que se han comunicado con claridad porque se han referido suavemente a algunas de las cosas que podrían estar afectando a lo que creen que las personas de bajo contexto quieren conseguir. De hecho, las personas de bajo contexto parecen estar bastante acaloradas y agitadas, y las personas de alto contexto piensan que las personas de bajo contexto sólo necesitan calmarse, por lo que les sugieren que coman algo.

Las culturas también tienen diferentes formas de estructurar sus jerarquías. La distancia de poder se refiere al grado en que los seguidores esperan y aceptan que sus líderes tengan más poder que ellos.[16] Las distintas culturas se sienten cómodas con diferentes grados de distancia de poder.

---

16 Hofstede, Hofstede y Minkov, *Cultures and Organizations*, 53-86.

Cómo afectan las diferencias culturales a los equipos   33

La principal forma en que esto afecta a los equipos multiculturales es en la toma de decisiones. Las personas de culturas con una gran distancia de poder se sienten mucho más cómodas con líderes que toman decisiones unilaterales en su nombre. Los de culturas con menor distancia de poder esperan que los líderes les impliquen por igual en la toma de decisiones. Esperan participar en el proceso. Esta diferencia es prácticamente irreconciliable en muchos equipos. Una mayor distancia de poder también puede estar asociada a la expectativa de que los líderes extiendan su responsabilidad sobre la vida personal de los miembros del equipo, hasta el punto de ser un mecenas que atiende sus necesidades personales.

El último aspecto de la diferencia cultural que causa problemas en los equipos multiculturales es la evitación de la incertidumbre. Es el grado en que las personas toleran la incertidumbre y la ambigüedad. En las culturas con un alto grado de evitación de la incertidumbre, las personas intentan minimizar el riesgo y la ansiedad haciendo todo lo posible por planificar todas las contingencias. En sus culturas existen normas y procedimientos culturalmente definidos para cada circunstancia. Por el contrario, los que proceden de culturas con baja evitación de la incertidumbre se sienten cómodos en situaciones no estructuradas y entornos cambiantes e intentan tener el menor número de normas posible. Son reacios a perder tiempo y recursos en cosas que quizá nunca ocurran. La planificación del equipo para el futuro puede verse muy afectada por la tensión entre estas dos perspectivas. Esto puede afectar especialmente al cumplimiento de los requisitos burocráticos para las actividades del equipo. Los miembros de los equipos de culturas que evitan en gran medida la incertidumbre querrán tener todos los permisos gubernamentales y el papeleo resuelto antes de realizar una actividad, aunque el proceso lleve muchos meses o incluso años. Los miembros de equipos con baja aversión a la incertidumbre preferirán seguir adelante con la actividad y estarán preparados para hacer frente a cualquier problema que pueda surgir.

Estas dicotomías no son categorías de lo uno o lo otro, sino espectros de posibilidades. Ayudan a los miembros de un equipo que trabajan con compañeros culturalmente diferentes a darse cuenta de que hay muchas variaciones distintas de la diferencia y que la diferencia no es errónea, sino simplemente diferente. Para los miembros de un equipo que no se hayan enfrentado previamente a la diferencia cultural o no hayan reflexionado sobre ella, comprender estas dimensiones de la diferencia cultural también puede ayudarles a darse cuenta de que su orientación cultural es simplemente una posibilidad dentro de un espectro. La increíble creatividad de la humanidad significa que las culturas pueden variar en innumerables dimensiones, incluidas variaciones sutiles sobre temas comunes.

Los miembros de un equipo de culturas diferentes perciben el mundo que les rodea, incluida la tarea de su equipo, de maneras distintas. Casi todos los aspectos del proceso, la vida, la función y la comunicación de un equipo serán percibidos y gestionados de forma diferente por personas de culturas distintas. Tendrán diferentes maneras de comunicarse, diferentes fuentes de motivación, diferentes visiones de lo que es la eficacia y diferentes visiones de la integridad y la confianza. Si estos puntos de vista no pueden integrarse con éxito, el equipo no podrá funcionar con todo su potencial.[17]

LA PROFUNDA INFLUENCIA DE LAS DIFERENCIAS CULTURALES EN LAS EMOCIONES

Nuestros valores y supuestos culturales están tan arraigados en nosotros desde el nacimiento que nos evocan emociones fuertes, aunque no podamos articular por qué. Un ejemplo especialmente claro es la comparación entre la cultura individualista INA y la cultura colectivista Millet. Los padres INA traen a sus bebés del hospital a casa y los colocan en sus propias habitaciones para dormir, separados de sus padres, en sus propias camas rodeadas de barandillas, y los ponen en corralitos rodeados de paredes. Estas barandillas y paredes están ahí para proteger a los bebés, pero también crean un límite muy claro entre el bebé y otras personas. Si los bebés se oponen a que se les deje solos, existe un elaborado sistema de entrenamiento psicológico para enseñarles que deben estar solos en el mundo y callados para que las demás personas del mundo de los bebés puedan seguir con sus propias vidas. A medida que los bebés crecen, se les coloca en el suelo y se les rodea de juguetes con los que se espera que se entretengan. Se considera que los juguetes pertenecen a cada niño y, aunque se hagan grandes esfuerzos para enseñar al pequeño a compartir, se reconoce que los juguetes pertenecen al individuo y que el niño tiene derecho a quedarse con ellos si así lo desea. No es sorprendente, por tanto, descubrir que los adultos de las culturas INA prefieren las casas de las afueras, rodeadas de jardines y vallas, y no aprecian que se crucen sus límites salvo por invitación explícita. Tampoco sorprende que estas culturas sean defensoras de los derechos humanos individuales.

---

17 Martha Maznevski y Mark Peterson, "Societal Values, Social Interpretation, and Multinational Teams", en *Cross-cultural Work Groups*, ed. Cherlyn Granrose y Stuart Oskamp (Thousand Oaks, CA: SAGE, 1997), 62.

En gran contraste, los bebés Millet nunca abandonan los brazos de las personas. Duermen en la cama de su madre durante muchos años, y durante sus días pasan de pariente en pariente. Forman parte continuamente de la interacción humana, y rara vez, o nunca, se les dan juguetes. Los niños están siempre presentes allí donde se reúnen los adultos, y es impensable que un niño se retire a su propia habitación para una actividad individual. Para Millet, la soledad es un concepto desconocido y muy difícil de entender. Viven en viviendas de familias extensas con una zona central para reunirse, comer y trabajar en común. El problema de cualquiera es el problema de todos. Se visitan continuamente y se mueven en grupo. A los niños siempre se les enseña a compartir. Aunque tengan una galleta pequeña, deben regalarla o romperla y compartirla con los demás. Es inconcebible que la comida o las posesiones se guarden para uno mismo; siempre hay que compartirlas. En esta cultura, la deuda es un honor, sobre todo para varias personas, porque indica que los demás te valoran lo suficiente como para prestarte dinero. Como los Millet son un pueblo minoritario y pobre, el dinero suele escasear para todos, por lo que a menudo se endeudan para dar de comer a un visitante, lo que no sólo afirma la valía del anfitrión (que recibe el préstamo) sino que preserva el honor del grupo ante el visitante.

Ahora debería ser fácil imaginar el potencial de conflictos importantes cuando los INA y los Millet intentan trabajar juntos en un equipo. Incluso si un INA y un miembro del equipo Millet han estudiado la comunicación intercultural y entienden intelectualmente el individualismo y el colectivismo, muchas de las acciones de sus compañeros de equipo se sentirán mal y evocarán poderosas respuestas emocionales. El colectivismo es un concepto bonito e incluso más bíblico que el individualismo, hasta que el hijo de un compañero de equipo de Millet le quita a su hijo el nuevo y caro juguete que usted le envió especialmente desde su país de origen. El individualismo, tan pintorescamente simbolizado por esas extrañas camas de celda para bebés, está bien hasta que tu compañero de equipo te rechaza groseramente en la puerta porque necesita "tiempo en familia". Cada miembro del equipo se siente ofendido por las acciones del otro y cree que la cultura del otro es simplemente errónea. Se sienten enfadados y heridos, aunque intelectualmente entiendan la dinámica intercultural.

Nos resulta difícil comprender hasta qué punto lo que pensamos, sentimos y valoramos viene determinado por nuestra cultura, sobre todo si pertenecemos a un grupo dominante o mayoritario y no hemos tenido un contacto prolongado con otra cultura. Por lo general, la conciencia de nuestra propia cultura sólo se desarrolla cuando nos encontramos personalmente con otra cultura durante un periodo prolongado. Cuando no hemos estado tan expuestos a otras formas de ver el mundo, no vemos la cultura como un problema, porque lo único que vemos son las costumbres de nuestra cultura, que son las correctas. Por eso, inconscientemente asumimos superioridad en las interacciones con personas de otras culturas y tratamos de imponer a los demás nuestra manera de hacer las cosas. Los obreros cristianos, los misioneros y las agencias misioneras pueden comportarse de esta manera etnocéntrica sin darse cuenta y pensar que la forma en que se hacen las cosas en sus iglesias de origen es la única que realmente agrada a Dios.

Todos juzgamos las cosas basándonos en nuestras suposiciones sobre lo que es bueno, correcto y bello. Nuestros conceptos de lo que es bueno, correcto y bello son un complejo mosaico basado en toda una vida de historias, imágenes y experiencias que hemos vivido junto con miembros de nuestra comunidad cultural y que nos han reforzado y afirmado continuamente personas importantes de nuestra comunidad. Este mosaico de suposiciones difiere de una cultura a otra. Las personas de cada cultura tienen una forma única de ordenar su mundo clasificando las cosas como buenas o malas, correctas o incorrectas y bellas o feas.

Algunas de las diferencias más evidentes entre las culturas a nivel de comportamiento son la forma de vestir y la música que se escucha. Aunque estas diferencias son relativamente superficiales, a las personas de una cultura les suele resultar difícil apreciar la música de otra, ya que está construida con instrumentos, sonidos y ritmos desconocidos. No es raro que las personas de una cultura que tienen que escuchar música de otra la describan como "incorrecta" y sientan que no la soportan. Hace poco oímos a un miembro de una cultura referirse a los bailes de otra como "horribles". Lo mismo ocurre con la ropa. A la gente de una cultura a menudo no le gustan los colores y estilos de la ropa de otro grupo y se refieren a ellos como chillones o incluso feos. A un nivel más profundo, las personas de culturas que valoran mucho la independencia de la mujer pueden apresurarse a condenar las culturas que atribuyen la belleza y el honor al matrimonio, la maternidad y el cuidado de la casa. Cuando las personas se encuentran con estas diferencias, se sienten impulsadas a cambiar lo "incorrecto" en la sociedad de acogida, como cuando un misionero se siente obligado a enseñar a los nuevos conversos a cantar "correctamente", lo que significa que deben cantar utilizando el estilo musical con el que el misionero se siente cómodo.

Las personas de una cultura pueden juzgar fácilmente las acciones de las personas de otra cultura como malas, equivocadas o feas basándose en sus suposiciones. En las culturas colectivistas, por ejemplo, la forma en que las personas se comportan entre sí y su capacidad para preservar la armonía se considera buena y hermosa. Cuando los individualistas pierden los estribos y arremeten contra personas, animales u objetos, los colectivistas lo perciben como un comportamiento especialmente feo. Por ejemplo, cuando un indio Lengua vio a un misionero norteamericano golpear a un caballo por dañar sus verduras, llegó a la conclusión de que el misionero era infrahumano. Lo que el misionero había hecho era, según los supuestos Lengua sobre la necesidad de preservar la armonía dentro de uno mismo y en el mundo que le rodea, completamente inapropiado y feo.[18]

Cuando emitimos juicios negativos sobre prácticas culturalmente diferentes, en esencia estamos definiendo nuestras formas de hacer las cosas como limpias y las de la otra cultura como sucias. La antropóloga Mary Douglas sostenía que la suciedad es fundamentalmente "materia fuera de lugar".[19] La tierra, por ejemplo, que es útil y buena en su lugar correcto en el jardín, se convierte en suciedad cuando se pisa dentro de casa y sobre la alfombra. Las cosas que vemos como malas, equivocadas o feas ofenden nuestro sentido del orden y, por tanto, en este sentido son sucias. La suciedad, en cualquiera de sus formas, no está bien y hay que ocuparse de ella; nos sentimos obligados a limpiarla. En las interacciones interculturales, incluso entre misioneros altamente capacitados, no es raro que la gente considere que sus colegas podrían incluso no ser cristianos debido a la "suciedad" que ha manchado su contexto compartido.

Los miembros de equipos de culturas colectivistas tienden a preocuparse mucho más por preservar la armonía del grupo y evitar quedar mal que los individualistas. Es posible que eviten decir cosas que puedan alterar esa armonía o causar desprestigio, como informar de daños en un coche o del comportamiento inaceptable de un compañero. Los miembros del equipo de culturas individualistas que observen este comportamiento pueden considerar que sus compañeros colectivistas no son de fiar. Pueden verlos como mentirosos y posiblemente cuestionar incluso si son cristianos. Los colectivistas, por su parte, pueden considerar que el individualista que informa negativamente sobre el comportamiento de un compañero de equipo perturba la armonía del grupo y amenaza las relaciones, y pueden preguntarse si el individualista puede ser cristiano.

Los sentimientos asociados a los juicios que hacemos pueden ser muy fuertes. Algunas culturas son más conscientes de estos sentimientos y tienen

---

18 Jacob A. Loewen, *Culture and Human Values: Christian Intervention in Anthropological Perspective* (Pasadena: William Carey Library, 1975), 142-43.

19 Mary Douglas, *Purity and Danger* (Londres: Routledge, 1966), 37.

un lenguaje muy desarrollado para identificar y explorar las emociones. La mayoría de los coreanos, por ejemplo, comparten una emoción subyacente llamada han. Han es un sentimiento ampliamente compartido de dolor y frustración interior, un "corazón herido" que resulta del abuso, la explotación y la violencia.[20] Las personas de culturas INA, en las que la expresión emocional manifiesta se considera que enturbia el mundo ordenado, tienen dificultades para identificarse o comprender emociones como el han. Los miembros de los equipos que proceden de culturas en las que la expresión emocional se considera mala no suelen tener las habilidades necesarias para identificar o relacionarse con este tipo de expresión emocional en sus compañeros. En cambio, los coreanos y muchos chinos suelen ser mucho más conscientes de las emociones de los demás. Hemos comprobado que los miembros coreanos del equipo suelen reconocer y comprender la ira o el dolor de un miembro del equipo ofendido más fácilmente que los miembros del equipo INA.

Cuando alguien de nuestra propia cultura contraviene la forma aceptada de hacer y ver las cosas, todos nos sentimos ofendidos, pero nuestra respuesta emocional es relativamente menor, ya que todos tomamos medidas inmediatas para que el infractor vuelva a la normalidad y se restablezca el orden en el mundo. Sin embargo, cuando en una interacción intercultural se contraviene nuestro modo de actuar, las reglas son completamente distintas. Si tu grupo es dominante, puedes insistir en que se restablezca tu versión del orden del mundo obligando al infractor a comportarse como tú. Si estás en minoría y no tienes poder, tu visión del mundo se ve amenazada, lo que puede resultar muy angustioso. Incluso si te conformas, o permites que las personas del otro grupo cultural lo hagan a su manera, sigues teniendo que resolver la disonancia cultural interna y sus emociones negativas asociadas. A menudo hemos oído a miembros de equipos misioneros multiculturales decir de sus compañeros: "No es posible que sean cristianos si actúan así". David Greenlee da un buen ejemplo de ello:

> En los primeros días del ministerio de Operación Movilización a través de su barco Doulos, "Hans", del norte de Europa, era el supervisor de "Ray", del sudeste asiático. La tarea de Ray consistía en atender a los clientes en la gran librería del barco y asegurarse de que sus estanterías estuvieran abastecidas y en orden; Hans supervisaba el turno de trabajadores al que pertenecía Ray.

---

20 Dongsoo Kim, "The Healing of Han in Korean Pentecostalism", *Journal of Pentecostal Theology* 15 (1999): 125–26.

Según recuerdo el incidente, Hans pasó un día a visitar al director del barco. "No creo que Ray pueda ser cristiano", acabó diciendo. "Pasa tanto tiempo hablando con la gente que rara vez tiene sus estanterías abastecidas y en orden".

Poco después, Ray acudió a una cita sin saber de la visita anterior de Hans. "¡Es imposible que Hans sea cristiano!", insistió al director. "Lo único que le importa es el trabajo y los horarios, no pasar tiempo con la gente".[21]

IMPLICACIONES DE LAS DIFERENCIAS CULTURALES EN LA COMUNICACIÓN DE EQUIPO

Toda comunicación está profundamente influida por la cultura. Nos comunicamos mal cuando no tenemos en cuenta tanto nuestra propia cultura como la de la persona con la que nos comunicamos. Las dificultades de la comunicación transcultural no se deben tanto a las diferencias culturales en sí como a nuestras interpretaciones poco útiles e inexactas de esas diferencias. Por eso es tan importante para los equipos multiculturales comprender las diferencias culturales y cómo afectan a la comunicación. A medida que empecemos a comprender los valores culturales de los demás miembros de nuestros equipos, también empezaremos a interpretar su comunicación con mayor precisión y a comprenderlos mejor.

William Gudykunst explica que cuando nos comunicamos con personas de otras culturas experimentamos incertidumbre y ansiedad, y que debemos gestionarlas para que estén en un nivel óptimo, ni demasiado alto ni demasiado bajo. Si nuestra incertidumbre es demasiado alta, disminuye nuestra capacidad de interpretar los mensajes de los demás o de predecir con exactitud su comportamiento. Si nuestra ansiedad es demasiado alta, interpretamos el comportamiento de los demás según nuestro propio marco de referencia o por estereotipos, en lugar de pensar en lo que ese comportamiento significa en el propio marco de referencia de la otra persona. Del mismo modo, si nuestra incertidumbre o ansiedad es demasiado baja, tendemos a interpretar las acciones de la otra persona utilizando nuestro propio marco familiar, ignorando las diferencias culturales y sin estar motivados para explorar perspectivas alternativas. Lo que tenemos que hacer, según Gudykunst, es volvernos "conscientes". Cuando las personas se

---

21 David Greenlee, *One Cross, One Way, Many Journeys Thinking Again about Conversion* (Tyrone, GA: Authentic, 2007), 7

comunican sin pensar, tienden a utilizar categorías generales y estereotipos para interpretar el comportamiento de los demás. Ser consciente implica trabajar conscientemente en nuestra forma de comunicarnos para maximizar el entendimiento. Significa que pensamos en cómo interpretarán nuestros compañeros nuestras acciones y palabras, y también que trabajamos para interpretar sus acciones en función de su marco de referencia.[22]

Es importante que los miembros de un equipo multicultural se den cuenta de que el lenguaje es sólo una pequeña parte del mensaje que ellos o sus compañeros comunican. Una de las principales dificultades en las situaciones interculturales es nuestra incapacidad para "leer" las señales de comunicación no verbal de los miembros del equipo de otras culturas. Del mismo modo, los miembros de equipos de culturas diferentes a la nuestra pueden estar "leyendo" nuestras señales como si significaran cosas que no pretendíamos comunicar. Un estudio que comparaba la capacidad de personas de EE.UU. y Jordania para percibir el engaño entre culturas ofrece un buen ejemplo de ello: los juicios dentro de una misma cultura—es decir, los juicios realizados por estadounidenses sobre estadounidenses, y los juicios realizados sobre jordanos por jordanos—eran relativamente precisos, pero los juicios interculturales eran extremadamente imprecisos y poco mejores que lanzar una moneda al aire.[23] Dado que la comunicación no verbal es una parte tan importante de la comunicación, especialmente para las personas de culturas de alto contexto, conocer y aprender a interpretar con precisión la comunicación no verbal entre culturas es una habilidad vital en la que deben trabajar los miembros de equipos multiculturales y los líderes.

IMPLICACIONES DE LAS DIFERENCIAS CULTURALES PARA LOS JEFES DE EQUIPO

Los jefes de equipos multiculturales deben desarrollar la competencia intercultural, es decir, la capacidad de responder y relacionarse eficazmente con miembros de equipos de culturas muy diversas. La competencia intercultural permite al jefe de equipo reconocer las expectativas que los distintos miembros del equipo tienen en relación con el liderazgo, fomentar una comunicación de equipo eficaz y mejorar las relaciones entre los miembros del equipo.

---

22 William Gudykunst, "Applying Anxiety/Uncertainty Management (AUM) Theory to Intercultural Adjustment Training", *International Journal of Intercultural Relations* 22, nº 2 (1998): 227-50.

23 Charles Bond, Adnan Omar, Adnar Mahmoud y Richard Bonser, "Lie Detection across Cultures", *Journal of Nonverbal Behavior* 14, no. 3 (1990): 189-204.

Al comprender otras culturas, el líder del equipo es más consciente de cómo pueden malinterpretarse sus palabras y su comportamiento, y es más capaz de interpretar con precisión las respuestas de los individuos en el debate y la toma de decisiones. La competencia intercultural puede evitar que el líder del equipo ofenda innecesariamente a los miembros del equipo y se sienta personalmente ofendido por las diferencias culturales. Los líderes que tienen algún conocimiento de las culturas específicas representadas en su equipo también son más capaces de discernir qué problemas están relacionados con la cultura y cuáles son resultado de otras diferencias, como las personalidades individuales. La competencia intercultural ayuda al líder a facilitar que el equipo negocie un enfoque mutuamente acordado para gestionar los conflictos. También ayuda al líder a gestionar las rivalidades interétnicas en el equipo.

Un líder interculturalmente competente puede ayudar a su equipo a comunicarse con mayor eficacia. Las diferencias culturales hacen que la comunicación en un equipo multicultural sea un complejo campo de minas. Cada cultura representada en el equipo aportará al proceso de comunicación diferentes supuestos culturales, interpretaciones contextuales, comportamientos no verbales y enfoques para preservar el rostro de los participantes. No es realista esperar que los jefes de equipo ajusten continuamente su estilo de comunicación para adaptarse a la cultura de cada miembro del equipo simultáneamente en el contexto de las reuniones de equipo. La interacción es demasiado compleja y rápida para que puedan hacerlo. Aunque los jefes de equipo multiculturales deben tener la competencia intercultural necesaria para comprender y gestionar la comunicación con cada uno de los miembros del equipo, en el contexto de todo el equipo deben ayudar a los propios miembros a desarrollar la competencia intercultural necesaria para comunicarse entre sí.

La complejidad de la comunicación en un equipo multicultural es una de las razones por las que la formación de un equipo suele llevar más tiempo en los equipos multiculturales que en los monoculturales. Gran parte del trabajo fundacional de la formación de un equipo multicultural se realiza en las primeras fases de la formación y la tormenta. En estas primeras fases, el jefe de equipo debe ayudar al equipo a explorar los valores culturales y los significados de los comportamientos no verbales. El líder debe animar al equipo a hacer explícitos tantos supuestos culturales como sea posible. Los supuestos relacionados con las dimensiones de la diferencia cultural analizadas en este capítulo son un buen punto de partida.

La competencia intercultural también es necesaria para comprender y responder adecuadamente a las expectativas que los miembros del equipo tienen de sus líderes. La cultura afecta a estas expectativas. Las personas de distintas culturas tienen ideas diferentes de lo que es un buen liderazgo. Tienen visiones diferentes de la importancia, el valor, el estatus y la influencia de los líderes.[24] Estas diferentes visiones del liderazgo significan que los jefes de equipo sólo tendrán credibilidad como líderes a los ojos de los miembros del equipo cuando dirijan de una manera que coincida con las expectativas culturales de los miembros del equipo, al menos en algunos aspectos clave. Los miembros de equipos multiculturales no suelen esperar que los líderes de otras culturas se parezcan completamente a los líderes de su propia cultura.[25] Hacen concesiones a los líderes de culturas diferentes, pero siguen teniendo expectativas inconscientes de sus líderes que están moldeadas por sus propios orígenes.

En su investigación sobre las agencias misioneras multiculturales, Lianne Roembke descubrió que los misioneros europeos y norteamericanos se sentían a menudo ofendidos por lo que consideraban el estilo de liderazgo autoritario de los jefes de equipo africanos y asiáticos. Por otra parte, asiáticos y africanos cuestionaban la competencia de los líderes que querían implicar a todos en todas las decisiones. Muchos miembros de equipos asiáticos afirmaron sentirse aburridos y frustrados por las reuniones de toma de decisiones participativas al estilo occidental y que lo único que querían era ponerse manos a la obra.[26] En nuestra investigación sobre los equipos de plantación de iglesias, descubrimos que los miembros asiáticos de los equipos multiculturales de plantación de iglesias tenían una opinión mucho menos positiva sobre el estilo de su líder que los miembros del INA. Muchos miembros de equipos asiáticos consideraban que sus líderes eran indecisos. Estos miembros del equipo también tenían mayores expectativas de que sus líderes dieran una dirección clara, aclararan las funciones en el equipo y proporcionaran atención pastoral.[27] Otros investigadores han constatado que los miembros de equipos de Asia, Oriente Medio y África prefieren más un estilo de liderazgo

---

24 Robert House, Paul Hanges, Mansour Javidan, Peter Dorfman y Vipin Gupta, *Culture, Leadership, and Organizations: The GLOBE Study of 62 Societies* (Thousand Oaks, CA: SAGE, 2004), 5.

25 David Matsumoto, *Culture and Psychology: People around the World* (Londres: Wadsworth, 2000), 476.

26 Lianne Roembke, *Building Credible Multicultural Teams* (Pasadena: William Carey Library, 2000), 130-31.

27 R. Hibbert, "Church Planting Teams", 166.

autocrático y se preocupan más por la armonía en el equipo que por el rendimiento.[28] Cuanto mayor sea la diferencia de concepto del liderazgo entre líderes y seguidores, menor será la influencia del líder.

Otra forma en la que las expectativas de liderazgo difieren entre culturas es en qué parte de sus vidas los miembros del equipo permiten y esperan que sus líderes influyan. Los norteamericanos, por ejemplo, esperan que haya una fuerte distinción entre el tiempo de trabajo y el tiempo personal o familiar. No esperan que sus líderes tengan nada que decir sobre lo que ocurre en su tiempo personal o familiar.[29] En cambio, en Japón y la India, los trabajadores esperan que sus jefes se impliquen en su vida personal, hasta el punto de ayudarles a encontrar pareja. Un primer paso para los líderes de equipos multiculturales es comprender mejor estas diferentes expectativas.

Hay dos formas principales de desarrollar la competencia intercultural necesaria para ser un buen jefe de equipo multicultural. La primera consiste en familiarizarse con las categorías generales de las diferencias culturales, como las descritas en este capítulo, y adquirir experiencia observando cómo se expresan en una amplia variedad de culturas. La segunda consiste en aprender los valores de cada una de las culturas específicas de los miembros del equipo, incluidos sus valores relativos al liderazgo. Los líderes pueden desarrollar esta competencia intercultural más específica preguntando a los miembros del equipo sobre sus valores y expectativas de liderazgo. Estos debates podrían incluirse en algunas de las reuniones del equipo durante su primer año de funcionamiento. En el apéndice 1 figuran ejemplos de preguntas que los líderes pueden formular a los miembros de su equipo sobre la visión que sus culturas tienen del liderazgo.

No es realista esperar que los jefes de equipos multiculturales conozcan personalmente todas las culturas representadas en su equipo. Los líderes de equipos multiculturales deben convertirse en estudiantes de la cultura a lo largo de toda su vida. Al seguir aprendiendo sobre otras culturas, son cada vez más conscientes de la variedad de formas en que los seres humanos ordenan y dan sentido a su mundo y se relacionan entre sí dentro de él. Ser más conscientes de esta variedad significa también que los líderes son más sensibles a las diferencias entre los sistemas de valores de las distintas culturas y más capaces de predecir los posibles problemas que puedan surgir. La apertura mental hace que los líderes sean más capaces de aceptar prácticas, interpretaciones y enfoques de los miembros del equipo que sean diferentes

---

28 Kamel Mellahi, "The Teaching of Leadership on UK MBA Programmes: A Critical Analysis from an International Perspective", *Journal of Management Development* 19 (2000): 297–308.

29 Matsumoto, *Culture and Psychology*, 473–74.

de los suyos y de explicitar estas diferencias de forma que ayuden al equipo a aceptarlas o a negociar un compromiso. Si los jefes de equipo desconocen las bases culturales de esas diferencias, pueden juzgarlas erróneas e inhibir el debate, en lugar de abrirlo como vía de negociación.

Los jefes de equipo que han vivido en otra cultura tienen una gran ventaja, porque tienen al menos una comprensión general de la diferencia cultural y han experimentado personalmente el reto de adaptarse a una nueva cultura y el grado de esfuerzo necesario para conectar realmente con personas de otras culturas. La sensación de inadecuación, el estiramiento emocional y el trauma, así como el desarrollo de la autoconciencia a través de la experiencia del dolor en la interacción intercultural previa, permiten al líder de equipo con experiencia intercultural apreciar y empatizar con los miembros del equipo de otras culturas. No hay sustituto para este tipo de experiencia práctica de inmersión prolongada e interacción cara a cara con personas de otra cultura.

CAPÍTULO 3

UNA VISIÓN DE LA COMUNIDAD MULTICULTURAL

La razón más convincente para que apreciemos la diversidad—especialmente la diversidad cultural—es la creación de Dios. Dios se deleita en la diversidad. En toda la creación, ni siquiera un copo de nieve o una brizna de hierba es exactamente igual a otra. En el relato de la creación se hace especial hincapié en que todos los seres vivos fueron creados "según sus especies" (Gn 1:11,12,21,25 NVI), y el relato concluye con el resumen: "Así se completaron los cielos y la tierra en toda su inmensa variedad" (Gn 2:1 NVI). En contraste, desde la Torre de Babel, los seres humanos han gastado una gran cantidad de energía tratando de crear conformidad. Las fábricas monolíticas producen miles de productos exactamente iguales. Los suburbios están llenos de casas construidas exactamente según el mismo plano, y los políticos y abogados trabajan duro para definir leyes y políticas que garanticen que los procedimientos sociales se siguen con una reproducibilidad exacta. Los consejeros matrimoniales suelen aconsejar a maridos y mujeres que dejen de intentar cambiar a sus cónyuges para que se comporten como ellos mismos.

    La diferencia nos parece peligrosa porque es impredecible y está fuera de nuestro control. La diferencia, o la "otredad", con su inherente "descontrol", nos produce ansiedad. En los encuentros interculturales intentamos gestionar nuestra ansiedad utilizando una de estas dos estrategias frente a otros culturalmente diferentes. Miroslav Volf utiliza los términos "abrazar" y "excluir" para describir estas dos estrategias.[1] Abrazar a los demás significa

---

1 Volf, *Exclusion and Embrace*.

aceptarlos e incluirlos. Excluir a los demás, por el contrario, crea una dicotomía nosotros/ellos en la que algunas personas se consideran inaceptables y se mantienen fuera del grupo. Para excluir o acoger, creamos límites entre nosotros y los demás. Las fronteras actúan como marcadores de identidad, y los miembros de cada grupo étnico mantienen la frontera de su grupo controlando quién puede cruzar la frontera para ser incluido y qué debe hacer para cruzarla.[2]

El control es la estrategia más común que la gente utiliza para gestionar la diferencia cultural, y se utiliza a menudo en equipos multiculturales. El control es en realidad un abrazo condicional. Cuando existe una diferencia de poder entre los grupos culturales de un equipo, el grupo más poderoso suele establecer las condiciones para que el menos poderoso sea abrazado. Los abrazadores condicionales en realidad están diciendo: "Puedes unirte a nosotros si te haces como nosotros o escondes tu diferencia donde no podamos verla". Como el grupo menos poderoso debe seguir las reglas del grupo dominante, la ansiedad de éste se ve aliviada porque ha conseguido que la diferencia sea manejable al ponerla bajo su control. Los grupos suprimidos u oprimidos se ponen nerviosos porque sienten que su identidad está amenazada; sienten que deben negar algo de lo que son para ser aceptados y obtener los beneficios de pertenecer al grupo más poderoso. El uso de la exclusión o el abrazo por parte del grupo dominante es, en la mayoría de los casos, inconsciente. La exclusión y el abrazo condicional son respuestas humanas automáticas ante una amenaza a nuestro sentido de identidad de grupo o al bienestar de nuestro grupo.

En este capítulo exploramos la dinámica entre las distintas culturas cuando viven y trabajan en estrecha colaboración; uno de los mayores desafíos se produce cuando un grupo cultural es más dominante o poderoso que los demás. También ofrecemos un esbozo de lo que la Biblia enseña sobre la diversidad en general y la diversidad cultural en particular. Por último, describimos cómo las organizaciones y los jefes de equipo deben adaptar su forma de pensar y sus planteamientos para crear equipos multiculturales sanos.

---

2 Barth, *Ethnic Groups and Boundaries*, 9–38.

EL DESAFÍO DEL ETNOCENTRISMO

Todos tendemos a asumir que la forma de hacer las cosas de nuestro grupo étnico es la correcta y verdadera y que los demás grupos son incivilizados o, de algún modo, menos humanos. Esto se conoce como etnocentrismo. El etnocentrismo afecta a lo que sentimos por otras personas culturalmente diferentes y a menudo nos lleva a no quererlas o a sentir desprecio hacia ellas. Es común a todos los grupos étnicos. En Irían Jaya, por ejemplo, los Dani consideraban fantasmas a los misioneros occidentales que intentaban llegar a ellos con el evangelio, mientras que los misioneros consideraban incivilizados a los Dani. Cada grupo consideraba al otro menos que plenamente humano.[3]

La percepción de que "nuestra manera es la correcta" nos lleva a suponer que tenemos el monopolio de la verdad y a pensar que otras formas de hacer las cosas son deficientes o anormales. Cualquier grupo que sea mayoritario en una sociedad o en un equipo tiende a imponer su forma de hacer las cosas a los demás. Pero no sólo los grupos mayoritarios pueden hacerlo. Un grupo puede dominar incluso cuando está en minoría, como cuando un grupo minoritario adquiere poder político en un país e intenta moldear el país a su imagen y semejanza. En un equipo multicultural, el líder puede pertenecer a un grupo minoritario del equipo y, sin embargo, sentir que puede dominar a los demás porque su grupo cultural es el más poderoso de la organización.

Cuando un grupo dominante (mayoritario o minoritario) define las acciones o valores de otros grupos como deficientes, es fácil que ese grupo dominante asuma que debe arreglar esos déficits. Aunque los miembros del grupo dominante tengan buenas intenciones, su intento de arreglar el comportamiento de los demás se basa en la idea de que las formas de actuar de los demás son inadecuadas. Sus esfuerzos suelen ser ignorados o rechazados por los miembros de los grupos no dominantes, ya que consideran que las intervenciones van en detrimento de su bienestar y refuerzan la impresión de que son deficientes en comparación con el grupo dominante. Este problema común se produce cuando los grupos con más dinero, recursos y poder intentan intervenir para arreglar lo que perciben como déficits en los

---

3 Charles Farhadian, "Comparing Conversions among the Dani of Irian Jaya", en *The Anthropology of Religious Conversion*, ed. Andrew Buckser y Stephen Glazier (Oxford: Rowman & Littlefield, 2003), 58.

grupos menos privilegiados. Los proyectos de desarrollo entre los pobres o entre los pueblos indígenas suelen adolecer de esta mentalidad deficitaria.

Cuando las personas se definen como deficientes en relación con el grupo dominante, pueden sentirse fácilmente devaluadas e infrahumanas. No tienen forma de cambiar la opinión del grupo dominante ni de ganarse el respeto por lo que tienen que aportar. Es como si una sala llena de gente hablara de ellos, pero ellos no tuvieran la oportunidad de contribuir al debate. Edward Said da un ejemplo conmovedor de este tipo de debate en su libro Orientalismo. Describe cómo surgió en Occidente todo un campo de estudio académico y debate popular sobre Oriente Próximo y el islam, pero no incluyó los puntos de vista de la población de Oriente Próximo. Como resultado, los occidentales se aferraron a una visión muy distorsionada de Oriente Medio y el islam, fuertemente teñida por el etnocentrismo occidental. La visión orientalista de Oriente Próximo y de los musulmanes se convirtió en una forma de controlar la otredad y en un abrazo condicional que comunicaba: "Puedes formar parte de nuestro debate siempre que seamos nosotros quienes marquemos la agenda".[4]

En situaciones multiculturales, la discriminación inconsciente se produce cuando los miembros del grupo étnico dominante no se toman el tiempo necesario para escuchar y comprender los puntos de vista de otras personas culturalmente diferentes. En lugar de ello, asumen que todo el mundo piensa como ellos y se apoderan de la toma de decisiones. Cuando el otro grupo o grupos expresan opiniones alternativas, el grupo dominante les atribuye motivos negativos. Un ejemplo de ello es una iglesia afroamericana y otra europea que intentaron fusionarse a mediados de los noventa. Aunque compartían las mismas creencias, tras dos meses de reuniones de culto compartidas votaron a favor de abandonar la fusión y volver a sus congregaciones por separado. Pero no todos querían separarse. Los miembros más dominantes de origen europeo creían que la fusión había ido bien. No veían las diferencias que habían llevado a los miembros afroamericanos a votar en contra de la fusión. Las prácticas de culto afroamericanas no eran apreciadas por el grupo dominante, y los valores que apreciaban eran ignorados.[5]

Este tipo de problema es frecuente en los equipos multiculturales. Los miembros del grupo dominante pueden tender a hablar de los miembros

---

4 Edward Said, *Orientalism* (Londres: Penguin, 1995).

5 Kersten Priest y Robert Priest, "Divergent Worship Practices", en *This Side of Heaven: Race, Ethnicity, and Christian Faith* ed., Robert Priest y Álvaro Nieves (Oxford: Oxford University Press, 2007), 275–91.

del equipo de otras culturas en lugar de incluirlos en las conversaciones. Cuando los incluyen, puede que sea sólo para arreglar los problemas que su grupo está causando o experimentando, en lugar de para trabajar realmente juntos y alcanzar soluciones colaborativas. Los miembros dominantes del equipo pueden tener miedo de permitir que los miembros no dominantes tengan demasiado que decir, temiendo que sus sugerencias puedan amenazar la forma en que deben ser las cosas.

LA DIVERSIDAD CULTURAL ES UN DESIGNIO DE DIOS

La diversidad ha sido creada por Dios. La variedad infinita es inherente al diseño divino del mundo. Aunque todo el mundo surge del ADN, y el 75% de los genes de todo el mundo son idénticos, existen innumerables variaciones creadas a partir de los mismos bloques de construcción.[6] No hay dos personas exactamente iguales, ni siquiera dos gemelos idénticos. La diferencia es normal; debemos esperarla y aceptarla. Lo vemos por primera vez en los capítulos 1 y 2 del Génesis. Dios crea una rica y colorida variedad de formas y criaturas. Además del día y la noche, la tierra y los mares, el sol, la luna y las estrellas, el Señor crea muchas clases de plantas, aves, peces y animales.

Cuando Dios creó a los seres humanos, los creó diversos en el sentido de ser varón y hembra (Gn 1:27). Para que la humanidad cumpliera el mandato de Dios de llenar la tierra, someterla y gobernar sobre todos los animales (Gn 1:28), las personas debían adaptarse a las diversas condiciones ambientales. Del mismo modo que a Adán se le dio libertad para abordar las tareas de cuidar el jardín del Edén y poner nombre a los animales (Gn 2:15,19,20), a toda la humanidad se le dio libertad sobre los detalles de cómo llevar a cabo la tarea de gobernar la tierra. A medida que la gente se extendía por la tierra y se enfrentaba a diferentes entornos, generaba diferentes formas de resolver los problemas y diferentes enfoques de la vida familiar, las relaciones, el trabajo y el juego. Esto generó diferentes formas de vida; en otras palabras, diferentes culturas. Por tanto, incluso antes de la Caída, Dios previó la diversidad cultural, y disfruta de esa diversidad.[7]

---

6 Noah Rosenberg et al., "Genetic Structure of Human Populations", *Science* 298 (2002): 2381–85.

7 Frank Chan, "Biblical Materials for a Theology of Cultural Diversity", en *Understanding Diversity: Theological Views on Diversity* (Dubuque, IA: Kendall Hunt, 2005), 140–41.

El misterio de la sinergia a través de la diversidad es inherente al diseño de la creación de Dios. Este efecto sinérgico, en el que la diferencia complementa y aumenta el impacto de los individuos, es un tema común en la Biblia. Es un misterio porque no podemos explicarlo ni medirlo fácilmente. El misterio de esta sinergia se expresa en la Trinidad, en los cuatro seres vivientes que parecen diferentes pero sirven juntos a Dios (Ez 1; Ap 4; 5), en el matrimonio, en las familias y en el cuerpo de Cristo. El hombre y la mujer juntos reflejan la imagen de Dios y juntos forman una unidad (Gn 5,1.2). Dios dijo que no era bueno que Adán estuviera solo y creó una ayudante adecuada para él. Estaba hecha de Adán, pero era diferente de él. En su diferencia con él, completó lo incompleto del hombre por sí solo (Gn 2,18-24). Del mismo modo, ningún cristiano individual puede expresar adecuadamente quién es Jesús. Es el cuerpo de Cristo, con todas sus diferentes partes, el que en conjunto refleja a Jesús (1 Co 12). Pablo escribe a la iglesia de Corinto: "Todos juntos sois el cuerpo de Cristo, y cada uno de vosotros forma parte de él" (1 Co 12:27). Hay algo en la unión en la diferencia que potencia y crea algo nuevo. Los equipos eficaces tienen sinergia. Esto ocurre cuando el efecto de trabajar juntos interdependientemente es mayor que la suma de lo que cada individuo del equipo podría lograr trabajando solo.

La rebelión de la humanidad contra Dios alcanzó su punto culminante en la Torre de Babel cuando, como un solo pueblo que hablaba la misma lengua, empezaron a construir una ciudad y una torre. Dijeron que la razón de hacerlo era "para hacernos un nombre [y no] ser esparcidos sobre la faz de toda la tierra" (Gn 11:4 NVI). Cuando Dios confundió su lenguaje, la consecuencia fue que "el Señor los dispersó desde allí por toda la tierra" (Gn 11:8 NVI). Más que un simple castigo por el pecado, esta fue la forma que tuvo Dios de corregirlos y encarrilar de nuevo su propósito para la humanidad.

El principal problema de Babel fue la negativa del pueblo a obedecer el mandato de Dios de extenderse por la tierra. A medida que se extendieran, se encontrarían con diferentes entornos físicos y diversificarían su estilo de vida y su lengua. En su lugar, el pueblo decidió construir un monolito que se extendía hasta el cielo. Estaban demostrando la predilección humana por la uniformidad: no muchas comunidades, sino una; no muchos estilos de vida, sino uno; no muchos gobiernos, sino uno. Todo el ingenio humano se centraba en un objeto, en lugar de aplicarse a los retos de la vasta diversidad física del mundo. ¿Qué ocurriría con los que no querían vivir en la ciudad? ¿Qué opciones había para los que tenían habilidades más adecuadas para navegar a través de los océanos que para hornear ladrillos para un rascacielos? Dios vio lo que hacía la gente y no le gustó. Había hecho a las personas para la creatividad y la diversidad, y ellas querían una conformidad monolítica en oposición a su voluntad. Vio que necesitaban ayuda para dispersarse, así que se aseguró de que no pudieran imponer la uniformidad asegurándose de que no pudieran entenderse entre sí. Desde esta perspectiva, la diferencia —especialmente la diferencia de lenguas— es una bendición. La historia de la Torre de Babel explica no sólo cómo y por qué la gente se dispersó por el mundo hablando diferentes lenguas, sino también el desarrollo de las diferentes naciones y clanes que se describen en el capítulo 10 del Génesis. La Torre de Babel "explica por qué la construcción de imperios siempre implica un impulso hacia la uniformidad lingüística y cultural".[8]

Dios siguió afirmando la diversidad étnica y cultural después de dispersar a los pueblos por el mundo. Inmediatamente después de Babel, Dios introdujo su plan redentor para bendecir a todos los pueblos de la tierra (Gn 12:1-3). Planeó hacerlo a través de Abraham, convirtiéndolo en una nación que sería un canal de bendición para todas las demás naciones. Sin embargo, la forma que Dios eligió para redimir al mundo no fue que Israel subsumiera a otras naciones en sí mismo. Las personas de otras naciones a las que Dios bendijo a través de Israel siguieron identificándose por su origen étnico, aunque algunas de ellas se casaran con israelitas y vivieran entre ellos. Algunos de los muchos ejemplos de esto son Rahab (Josué 2), Rut la moabita (Rut 1:4), Ittai el geteo (2 Samuel 15; 18), la viuda de Sarepta (1 Reyes 17; cf. Lucas 4:24-26), y Naamán el sirio (2 Reyes 5).

Las personas de otras naciones no estaban obligadas a convertirse en judíos para recibir las bendiciones de Dios. Naamán no fue condenado por ser un general enemigo con un prisionero de guerra israelí en su casa, y Jesús hizo hincapié en que Dios curó a un sirio y no a uno de los muchos leprosos judíos en su charla en la sinagoga de Nazaret (Lucas 4:27). Las leyes del Antiguo Testamento relativas a los extranjeros en Israel no exigían que se hicieran judíos, pero los protegían, cuidaban de ellos y garantizaban la justicia (Lv 19:33,34; Nm 15:15; Dt 24:17-22). Los extranjeros estaban incluidos en la comunidad sin tener que subsumirse en ella. Podían participar sin tener que renunciar a su identidad no judía. Podían participar en el pueblo de

---

8 Dewi Hughes, *Ethnic Identity from the Margins: A Christian Perspective* (Pasadena: Biblioteca William Carey, 2011), 50.

Dios hasta el punto de ser incluidos como antepasados del Mesías, como lo fueron Rahab y Rut (Mt 1:5).

Las naciones no fueron condenadas por ser diferentes de Israel, sino por adorar a otros dioses. La Biblia registra diferentes costumbres y parece deleitarse en dar ejemplos de cuando personas de otras naciones buscan a Dios. Dios instó a los egipcios en tiempos de Moisés, a los ninivitas en tiempos de Jonás, a los babilonios y especialmente al rey Nabucodonosor en tiempos de Daniel, y a los persas a que escucharan y obedecieran a Dios, pero no les exigió que se hicieran judíos. Isaías predijo que "muchos pueblos" acudirían a Dios para adorarle y aprender de él, pero que seguirían siendo identificables como otras naciones (Is 2:2-4), y que habría una autopista de Egipto a Asiria para que egipcios y asirios pudieran adorar a Dios, pero que seguirían siendo egipcios y asirios (Is 19:23-25).

Cuando Jesús vino, dio ejemplo de atención e inclusión de personas de todas las naciones en la familia de Dios. Un ejemplo especialmente conmovedor de ello es el desvío de su camino para extender la salvación de Dios a la mujer samaritana y a la gente de su pueblo (Juan 4). La última orden que dio a sus discípulos fue que hicieran discípulos de todas las naciones (Mt 28:19). En el proceso de cumplimiento de este mandato, los primeros creyentes se preguntaron cómo incluir a los gentiles en el pueblo de Dios. Algunos estaban convencidos de que los gentiles debían circuncidarse y convertirse efectivamente en judíos para poder ser cristianos. Pero Pablo luchó para que los gentiles no tuvieran que circuncidarse, y los líderes de la iglesia finalmente estuvieron de acuerdo (Hechos 15). Los gentiles no tenían que convertirse en judíos para ser seguidores de Jesús, y de la misma manera, los judíos no tenían que comer comida gentil para probar su conversión al camino de Jesús. Ni los judíos ni los gentiles tenían que cambiar su cultura para convertirse al cristianismo.

La Biblia deja claro que imponer un determinado enfoque cultural como la única forma correcta de hacer las cosas es contrario al deseo de Dios. Jesús es el único punto fijo del cristianismo. Alrededor de Jesús, el centro irradiador de nuestra fe, se agrupa una enorme diversidad de formas de vivir para Cristo, culturalmente conformadas y que honran a Dios. Dios afirma la diferencia, y designó a un apóstol extraordinario—Pablo—para asegurar que la diferencia cultural se preservara en la Iglesia primitiva. Dios no tiene favoritos. Cuida de todos por igual.

El Nuevo Testamento afirma rotundamente que las personas no tienen que adoptar otra cultura para convertirse en cristianos. El propósito de

Dios al hacer las naciones y determinar sus fronteras, dijo Pablo a los atenienses, "era que las naciones buscaran a Dios y tal vez sintieran su camino hacia él y lo encontraran, aunque él no está lejos de ninguno de nosotros" (Hch 17,27). Pablo subraya que el propósito de Dios era que cada nación lo buscara, porque Dios no está lejos de ninguno de nosotros en toda nuestra diversidad, individualmente o como naciones (Hch 17,26-28). Jesús reunió a judíos y gentiles (Ef 2:11-22) de tal manera que los judíos pudieran seguir siendo judíos y los gentiles siguieran siendo gentiles. Tenían que aprender a aceptarse unos a otros porque Cristo los había aceptado (Rom 15:7). Pablo luchó mucho, y con éxito, para proteger la integridad cultural de los pueblos gentiles contra la asimilación al judaísmo (Hch 15; Gal 2:1-10; 3:28). No se trataba sólo de una lucha contra el legalismo, sino de quién tenía derecho a determinar cómo era ser cristiano.

Desde sus orígenes, el cristianismo ha sido una fe que, al ser llevada a cada nuevo contexto, se expresa de nuevas maneras. Los creyentes de todas las culturas son libres de crear expresiones autóctonas del cuerpo de Jesús.[9] Pentecostés y la multitud en torno al trono del Cordero afirman las diferencias culturales y lingüísticas. En Pentecostés se restableció temporalmente la capacidad de "judíos devotos de todas las naciones" para entender sin el laborioso proceso de aprendizaje de lenguas (Hch 2,5). Cada uno de ellos oía hablar su propia lengua a los creyentes (Hch 2:1-12). No se eliminaron las diferencias lingüísticas: la gente estaba asombrada porque podían oír las maravillosas noticias de Dios en sus propias lenguas (Hch 2:7,12). En este punto inicial de la Iglesia, Dios reafirmó su intención, expresada anteriormente en la creación y en la Torre de Babel, de que las personas fueran diversas. La misma imagen de diversidad se encuentra en la multitud que rodea el trono del Cordero, que no es una masa homogénea de conformidad, sino una multitud dinámica de todas las naciones y tribus y pueblos y lenguas (Ap 5:9; 7:9).

UNIDAD SIGNIFICA ARMONÍA, NO CONFORMIDAD

El impulso de hacer a los demás como nosotros mismos es una consecuencia del pecado. Representa nuestro deseo de hacer todo a nuestra propia imagen, o al menos de controlar la imagen de los demás para que no perturbe la

---

9 Andrew Walls, *The Missionary Movement in Christian History: Studies in the Transmission of Faith* (Maryknoll, NY: Orbis, 1996), 43-54.

imagen que tenemos de nosotros mismos. Esto contrasta claramente con la armonía dentro de la diversidad de Dios Padre, Hijo y Espíritu Santo. El pecado ha afectado a nuestras relaciones con los demás de muchas maneras. Provoca la ruptura de las relaciones por la falta de confianza y la tendencia a atribuir motivos negativos a los demás. El pecado del orgullo nos lleva a asumir que nuestro camino es el correcto y que, por lo tanto, los caminos de los demás están equivocados. El orgullo nos lleva a asumir que el mundo gira a nuestro alrededor y que no tenemos ninguna necesidad de aprender de los demás. El pecado corrompe el poder de influir y cambiar para bien en un deseo de dominar y controlar. El pecado también distorsiona el concepto de unidad. En lugar de que la unidad promueva la armonía, el pecado nos hace sentir que todo el mundo tiene que cantar mi melodía, a mi manera, al unísono conmigo.

Los cristianos tienden a pensar que la diversidad es una amenaza para la unidad y que eso significa eliminar la diferencia, especialmente la cultural. En consecuencia, las iglesias y organizaciones cristianas suelen intentar que sus miembros se ajusten a unas normas comunes. El Nuevo Testamento subraya que judíos y gentiles, esclavos y libres, hombres y mujeres, y "civilizados" e "incivilizados" se han reunido en el cuerpo de Cristo (Gal 3:26-29; Ef 2:11-22; 4:1-6; Col 3:11). Algunas personas utilizan esta maravillosa realidad para imponer conformidad acusando a cualquiera que cuestione el status quo de atacar la unidad que Cristo murió para establecer en su iglesia. Tenemos tendencia a utilizar textos de prueba bíblicos sobre la unidad para rechazar cualquier sugerencia de que deben aceptarse las diferencias culturales.[10] Este enfoque permite a los miembros del grupo cultural dominante controlar su ansiedad por la diferencia, pero también tiene el efecto secundario no deseado de suprimir la diversidad que Dios creó y aplastar los espíritus de quienes no encajan de forma natural en lo que se ha definido como la norma. Textos bíblicos como éstos se utilizan a veces como arietes para obligar a todos a ajustarse a los patrones de quienes detentan el poder y mantener en sus manos el control de los recursos y el poder. Mientras esta teología protege la comodidad del grupo dominante, aliena y excluye a los grupos no dominantes y se utiliza como excusa para culpar a los grupos no dominantes cuando las relaciones se rompen y se marchan para formar sus propios grupos separados.

Solemos sentirnos atraídos por otras personas que son como nosotros. Estos sentimientos de atracción hacen que confiemos intuitivamente

---

10 Hughes, *Ethnic Identity*, xvii.

en las personas que son similares a nosotros y desconfiemos de las que son diferentes. Esto también significa que tendemos a confiar más en la información de personas de nuestra propia cultura que en la de miembros de otros entornos culturales.[11] Los argumentos en contra de la promoción de la diversidad cultural suelen responder a un temor tácito a que quienes detentan el poder pierdan su control del poder y los recursos si se incluye realmente a personas de otras culturas.[12] Como tenemos miedo a la diferencia, intentamos borrarla. En algunas partes del mundo, este miedo y la necesidad de eliminar al otro han conducido al genocidio. En los equipos multiculturales, este mismo miedo puede llevar a los miembros del equipo a intentar obligar a sus colegas de otras culturas a hacer las cosas de forma diferente, simplemente porque no se sienten cómodos con la diferencia, o sienten que no pueden afrontarla. Un norteamericano puede intentar que un coreano lave los platos a la americana, un brasileño que un inglés sea más expresivo físicamente o un australiano que un chino sea más asertivo en las discusiones de grupo.

Es muy difícil superar nuestro miedo a incluir realmente a otros que son diferentes. Pero es posible gracias a Jesús. Él nos ha hecho uno en su cuerpo (Gal 3:26). Esta unidad no es una masa amorfa, y no significa que todos tengamos el mismo aspecto o nos comportemos de la misma manera. Por el contrario, es como un cuerpo humano en funcionamiento, con diferentes partes, todas de aspecto diferente, todas haciendo cosas diferentes, pero todas conectadas a la cabeza, que es Jesús (1 Cor 12). Rápidamente olvidamos que Jesús es nuestra cabeza y no cualquiera de nosotros. Su Espíritu Santo nos da el poder de perdonar y arreglar las relaciones, incluso ante conflictos aparentemente irreconciliables. Él derrama en nuestras almas el bálsamo que cura las heridas y calma la frustración y la ira (Heb 4:15,16). También nos proporciona la capacidad de confiar cuando la confianza parece imposible, mediante la disciplina de atribuir motivos correctos en lugar de proyectar nuestros propios temores en las acciones de los demás (Flp 4:8).

Si se hace sentir a los miembros del equipo procedentes de grupos étnicos no dominantes que la única forma de pertenecer al equipo es ajustarse a la forma de pensar y de hacer las cosas del grupo dominante, pueden sentirse heridos en su ser interior, y su sentido de quiénes son puede verse

---

11 Carley Dodd, *Dynamics of Intercultural Communication*, 5ª ed. (Boston: Abilene Christian University, 1998), 64–65, 209–14.

12 Gerald Bates, "Missions and Cross-cultural Conflict", *Missiology: An International Review* 5 (1977): 195–202.

profundamente perturbado. Sin embargo, cada persona ha sido creada a imagen de Dios (Gn 1:26), y cada individuo es único y valioso tal y como es. Destruir el sentido del valor personal de las personas y su identidad única de acuerdo con la forma en que Dios las ha hecho y desarrollado dentro de su contexto social particular es muy grave. Dios quiere que edifiquemos a nuestros hermanos cristianos, no que los derribemos (Ef 4:29; 1 Tes 5:11). El coste de la "unidad" no debe ser la destrucción de sus participantes. El apóstol Pablo entendía la unidad en la comunidad cristiana como el respeto mutuo, que incluye el respeto por las formas culturales de hacer las cosas de los demás, incluidas sus formas de servir a Dios. En su libro sobre la identidad étnica, Dewi Hughes escribe: "Oponerse al deseo de un compañero cristiano de adorar y servir a Dios dentro de su herencia cultural es exactamente lo contrario de lo que dice Pablo. ... Esta unidad que tenemos debe expresarse en el amor y el respeto mutuos y no en la destrucción de la identidad del otro".[13]

El deseo de cualquier grupo de imponer a los demás lo que considera cultura cristiana presupone que existe una cultura cristiana distinta y por encima de todas las demás culturas. Pero lo cierto es que no existe una única cultura cristiana, sino formas cristianas de hacer las cosas en muchas culturas diferentes. Un ejemplo común de atribuir una orientación cultural específica a una supracultura es cuando los occidentales insisten en enfoques democráticos para la toma de decisiones, como si no hubiera otras formas avaladas por Dios de tomar decisiones en grupo. Otro ejemplo muy común es cuando los miembros del grupo dominante descartan las interpretaciones bíblicas que no encajan con las formulaciones teológicas que se han desarrollado en su propia cultura. Al hacerlo, consideran que su propia interpretación es la única verdad, en lugar de verla como una interpretación moldeada culturalmente. Esto es significativo, porque en contextos cristianos la teología puede ser una herramienta muy poderosa para controlar a los demás, especialmente cuando los que tienen menos poder asumen que los que tienen más poder deben tener razón.

Para vivir en armonía en equipos multiculturales, debemos tratar a nuestros compañeros de equipo como auténticos iguales a nosotros. Hughes ha llamado a este trato completamente igualitario "generosidad arriesgada".[14] La ley del Antiguo Testamento exigía a los judíos que trataran a los extranjeros

---

13 Hughes, *Ethnic Identity*, 100.
14 Hughes, 131.

que vivían entre ellos como si fueran judíos, amándolos como a sí mismos. Decía: "No os aprovechéis de los extranjeros que vivan entre vosotros en vuestra tierra. Trátalos como a israelitas nativos, y ámalos como a ti mismo" (Lev 19:33,34). También decía: "Los israelitas nativos y los extranjeros son iguales ante el Señor y están sujetos a los mismos decretos" (Núm 15,15). La misma generosidad arriesgada que Dios quería que los judíos mostraran hacia las personas de otros grupos étnicos puede guiarnos a la hora de relacionarnos con personas diferentes a nosotros.

La mejor manera de concebir la unidad es como armonía. El Salmo 133 subraya esta característica central de la unidad:

> ¡Qué maravilloso y agradable es que los hermanos vivan juntos en armonía! Porque la armonía es tan preciosa como el aceite de la unción que se derramó sobre la cabeza de Aarón, que corría por su barba y por el borde de su manto. La armonía es tan refrescante como el rocío del monte Hermón que cae sobre los montes de Sión. Y allí el SEÑOR ha pronunciado su bendición, la vida eterna.

La armonía no es un coro cantando al unísono, que se produce cuando todas las voces cantan exactamente la misma melodía. La armonía se produce cuando cada grupo del coro canta su parte y todas las partes juntas producen un sonido hermoso. Si falta una parte o es débil, la música queda empañada por la ausencia de esa parte. Sin embargo, al igual que a los coros les puede llevar mucho tiempo y esfuerzo aprender a producir sonidos bellos, a los cristianos también les puede llevar mucho tiempo y esfuerzo aprender a reflejar la gloria de Dios y experimentar su bendición a través de la armonía. Sin embargo, es posible, si estamos dispuestos a perseverar humildemente.

Llevarse bien con personas que son diferentes de nosotros es un trabajo duro. Pablo lo subraya cuando escribe: "Esforzaos por manteneros unidos en el Espíritu, enlazándoos con la paz" (Ef 4,3). Cuando las diferencias van más allá de los comportamientos superficiales y llegan a supuestos profundos sobre el mundo, las relaciones pueden romperse en momentos imprevisibles por razones aparentemente incomprensibles. Incluir a otras personas en una iglesia o un equipo significa incluirlas en el control de los recursos y la toma de decisiones. Cuando esas personas nos resultan desconocidas e imprevisibles, no es de extrañar que tengamos miedo de incluirlas.

La Biblia está llena de ejemplos de conflictos entre personas. Empezando por el asesinato de Abel por Caín, y continuando por el conflicto entre Esaú y

Jacob, entre José y sus hermanos, entre los pueblos de Canaán y los israelitas, entre el rey Saúl y David, entre Jesús y los líderes judíos, entre Pablo y Bernabé, entre Pablo y Pedro, y entre Euodia y Syntyche, el conflicto interpersonal puede encontrarse en casi todos los libros de la Biblia. El conflicto es una experiencia humana normal. Si el conflicto es normal entre personas de la misma cultura, ¡cuánto más probable es que ocurra entre personas que tienen valores y visiones del mundo diferentes! La razón por la que la Biblia está tan llena de exhortaciones a llevarse bien es porque la armonía es muy difícil. La armonía es algo que hay que trabajar. La armonía se aprende con la práctica en el crisol de la experiencia. El dolor del conflicto es como la talla de un diamante que permite que brille su belleza. Dios puede utilizar el conflicto para ayudarnos a profundizar en nuestra comprensión de Él y de los demás. Los equipos multiculturales deben centrarse en aprender a aceptar el conflicto y desarrollar estrategias eficaces para gestionarlo.

TRES FORMAS DE ACERCARSE A LA COMUNIDAD MULTICULTURAL

Hay tres enfoques principales de la convivencia de diferentes culturas: la asimilación, el pluralismo cultural y el multiculturalismo. En la asimilación, una cultura domina y las diferentes culturas se fusionan con la cultura dominante. En el pluralismo cultural, las culturas se mezclan como un conjunto de subculturas paralelas. En el multiculturalismo, se produce un complejo entrelazamiento de las culturas separadas pero distintas en un patrón nuevo y distintivo. A continuación evaluamos la idoneidad de cada enfoque para que los miembros de un equipo se sientan valorados y capacitados en un equipo multicultural.

Asimilación

La asimilación suele denominarse "crisol de culturas". Los asimilacionistas esperan que las personas de otras culturas adopten la cultura del grupo dominante y se conviertan básicamente en uno de sus miembros. El supuesto es que cuando los miembros del grupo minoritario se mezclen con la mayoría, perderán su carácter distintivo y adoptarán los valores y modos del grupo dominante. Uno de los principales problemas del planteamiento de la asimilación es que el grupo cultural con más poder define las normas culturales, incluidas las definiciones de la diferencia, y todos los demás se ven obligados a cumplir con el grupo dominante o ser alienados. El grupo dominante asume que sus costumbres son universalmente correctas y no está dispuesto a considerar los puntos de vista de los demás.

Cuando un grupo ha dominado durante mucho tiempo, sus miembros no suelen darse cuenta de que existen otras formas de entender el mundo, ya que dan por sentado que la suya es la correcta. Son ciegos a la cultura en el sentido de que no se dan cuenta de que su manera es sólo una forma culturalmente moldeada de hacer las cosas.

El modelo de asimilación supone que todo el mundo debe pensar, sentir y actuar de la misma manera. Excluye a las personas culturalmente diferentes, considerándolas infantiles o inferiores. La diferencia se ve como un déficit respecto a la norma que hay que gestionar o corregir. Los asimilacionistas buscan defectos en quienes no se asimilan y quieren cambiarlos para que encajen.[15] Aunque las personas de otras culturas hagan todo lo posible por adaptarse, parten de una posición de desventaja y discriminación que a menudo hace imposible que lleguen a asimilarse por completo. Se enfrentan a la situación sin salida de tener que negar su propia identidad para convertirse en algo que nunca se les permitirá ser plenamente.

A menudo hemos oído a miembros angloparlantes nativos de equipos misioneros multiculturales, que forman parte del grupo dominante, quejarse de que otros miembros del equipo hablen entre sí en sus propios idiomas. Consideran que este comportamiento es divisivo y subversivo. Se sienten frustrados por no poder entender lo que se dice, como si tuvieran derecho a saber siempre lo que piensan y dicen los demás. Parecen no ser conscientes de la tensión que supone para las personas escuchar y comunicarse constantemente en una segunda (o tercera o cuarta) lengua. Esto demuestra una suposición inconsciente por parte de los miembros del grupo dominante de que los hablantes no nativos de inglés deben adoptar el lenguaje y las costumbres culturales del INA. Si los miembros del grupo no dominante muestran su diferencia (hablando en otras lenguas), se supone que están haciendo algo mal.

Los equipos multiculturales eficaces y sanos se establecen sobre la base de la valoración y el respeto de cada uno de sus miembros. La asimilación no es un enfoque adecuado para un equipo multicultural sano. La asimilación se basa en la omnipresencia de una sola cultura; impide la valoración de otras culturas y niega a las personas de otras culturas una voz auténtica. Un equipo

---

15 Stella Nkomo, "The Emperor Has No Clothes: Rewriting 'Race in Organizations'", *Academy of Management Review* 17 (1992): 487–513.

asimilacionista funciona esencialmente como un equipo monocultural, en el que una cultura proporciona todas las normas para la vida en equipo, aunque haya personas de otras culturas en él.

Pluralismo cultural

La segunda forma posible de enfocar la comunidad multicultural es el pluralismo cultural, que suele describirse como un enfoque de "ensaladera". En este modelo, se deja libertad a los distintos grupos culturales para expresar sus diversas culturas, pero se definen y mantienen las fronteras entre los grupos culturales. La mayor dificultad de este modelo se da en las fronteras donde las distintas culturas tienen que interactuar. En la práctica, las personas de los distintos grupos culturales hacen lo suyo cuando se relacionan con personas de su grupo, pero tienen que utilizar las normas culturales del grupo de mayor poder cuando se relacionan con otros grupos. Cuando este modelo se aplica a las organizaciones, se permite la existencia de grupos minoritarios, pero suelen estar infrarrepresentados en el liderazgo. La cultura mayoritaria, o la cultura con mayor poder, también se entiende implícitamente como superior. El rendimiento de los grupos minoritarios en ámbitos como la educación y la sanidad tiende a compararse con el rendimiento de la cultura más dominante, y hay que gestionar las diferencias para que los grupos no dominantes alcancen los niveles del grupo dominante. Existe el supuesto implícito de que los grupos minoritarios deben ser como la mayoría.[16]

Los pluralistas culturales son más realistas que los asimilacionistas en el sentido de que se centran en gestionar la diversidad en lugar de esperar que desaparezca. En este modelo, las fronteras entre culturas se mantienen bien y hay menos probabilidades que en el modelo de asimilación de que todo el grupo desarrolle una identidad colectiva. Es poco probable que los miembros de un grupo minoritario que deseen integrarse en el grupo dominante sean aceptados. Pero este enfoque, al igual que el modelo de asimilación, es incompatible con un trabajo en equipo multicultural eficaz. Impide que se desarrolle la sinergia en el equipo multicultural porque se mantienen las fronteras entre los grupos y los miembros del equipo de diferentes orígenes culturales son incapaces de valorarse mutuamente y colaborar estrechamente. El pluralismo cultural sería muy adecuado para un grupo de trabajo en el que miembros de distintas culturas trabajan en paralelo en tareas diferentes sin desarrollar la sinergia interactiva inherente a un equipo eficaz.

---

16 Nkomo

Multiculturalismo

La tercera forma de enfocar la comunidad multicultural—el multiculturalismo—se denomina a veces modelo de mosaico. Todas las partes individuales se entrelazan para crear una nueva imagen que es a la vez una nueva entidad única, pero que también depende de la contribución igual y única de todas las partes. Las relaciones no se imponen, sino que se negocian. La nueva entidad la construyen los participantes y no poderes externos. Cada mosaico tendrá un aspecto diferente según sus miembros y el contexto. Este modelo ofrece flexibilidad, adaptabilidad y participación. Cuando se aplica este modelo a una organización, es más probable que los miembros sientan que pertenecen a ella. También mejora la capacidad de la organización para adaptarse y ser flexible.

El multiculturalismo es a menudo sólo un ideal más que una realidad en la práctica. En las raras ocasiones en que puede encontrarse en las organizaciones, se fomenta y valora la diferencia cultural. La presencia de muchas culturas no convierte a una organización en multicultural. Por el contrario, el multiculturalismo describe una sociedad en la que todo el mundo se siente valorado, sea cual sea su cultura.[17] Valorar otras culturas significa comprometerse con ellas en sus propios términos y no a través de la lente de nuestros propios valores y experiencia.

Los equipos multiculturales tienen que aspirar al modelo multicultural si quieren tener éxito en la consecución de sinergias. No hay otra forma de convertirse en una unidad eficaz que los miembros del equipo aprendan a valorarse mutuamente y quieran animar a cada miembro a contribuir desde la riqueza de sus diversos orígenes.

Los equipos multiculturales que permiten que todos los miembros de distintas culturas se sientan valorados y tengan voz deben encontrar la manera de crear un espacio culturalmente neutro para la formación de equipos en el que pueda superarse la tendencia natural a amoldarse al grupo más poderoso. Incluso cuando existe un equilibrio de poder y recursos entre varios grupos en una sociedad o un equipo multicultural, la elección de basar las formas de hacer las cosas en un equipo en una sola de las culturas romperá automáticamente el equilibrio y dará más poder implícito a la cultura elegida.

---

17 Alberto Canen y Ana Canen, "Multicultural Leadership: The Costs of Its Absence in Organizational Conflict Management", *International Journal of Conflict Management* 19 (2008): 6.

LA NECESIDAD DE CREAR UN ESPACIO NEUTRO

Para que un equipo sea sano y verdaderamente multicultural, necesita un espacio neutral para negociar su propio enfoque único. Homi Bhabha, profesor de Harvard que ha reflexionado profundamente sobre el multiculturalismo, llama a este espacio "espacio liminal".[18] Liminalidad es un término antropológico que describe un estado de transición entre una etapa de la vida y otra.[19] Cuando las personas abandonan una etapa de la vida, como la infancia, suelen pasar por una experiencia ritual que primero las separa de su estado original y las prepara para la siguiente etapa. Aunque el término se utilizó por primera vez para describir los ritos de iniciación, se ha aplicado a actividades cristianas como retiros, peregrinaciones y campamentos, en los que las personas se apartan del mundo durante un tiempo, esperando cambiar a través de la renovación espiritual.[20]

Para crear este espacio neutro o liminal, los miembros de un equipo multicultural deben distanciarse parcialmente de sus propias culturas a fin de desarrollar un enfoque de equipo nuevo y único. Aunque no es posible separarnos completamente de nuestras propias culturas, ya que están demasiado arraigadas, para participar eficazmente en un equipo multicultural debemos mantener a raya nuestras propias formas de pensar y hacer las cosas y abrirnos a nuevas maneras. La fase de formación del equipo se convierte entonces en un estado liminal en el que el equipo pasa de ser un grupo de individuos que tienen concepciones fijas y culturalmente formadas de cómo deben hacerse las cosas a ser un grupo sinérgico que ha establecido conjuntamente un conjunto compartido de valores de equipo de los que se apropian juntos y que les definen como grupo. Una de las principales tareas del jefe de equipo multicultural es crear y preservar el espacio liminal que permite corregir los desequilibrios culturales de poder y que cada miembro se sienta seguro y libre para contribuir al desarrollo de la identidad única del equipo.

---

18 Homi Bhabha, "The Third Space: Interview with Homi Bhabha", en *Identity: Community, Culture, Difference*, ed. Jonathan Rutherford (Londres: Routledge, 1990), 209.

19 Arnold van Gennep, *The Rites of Passage* (Londres: Routledge & Kegan Paul, 1960).

20 Victor Turner y Edith Turner, *Image and Pilgrimage in Christian Culture: Anthropological Perspectives* (New York: Columbia University Press, 1996).

IMPLICACIONES PARA EQUIPOS MULTICULTURALES

Cada miembro de un equipo multicultural tiene que interactuar con múltiples culturas simultáneamente. Cuanto mayor sea el número de culturas en un equipo, mayor será la diversidad, la complejidad y la ambigüedad. Los equipos multiculturales necesitan ayuda adicional, en comparación con los equipos monoculturales, para hacer frente a los factores añadidos que influyen en la dinámica del equipo. Los jefes de equipo deben ayudar a los miembros del equipo a comprender las culturas de sus compañeros.

Es importante aceptar que estar totalmente de acuerdo en todo y no tener nunca ningún conflicto es poco realista y que incluso la idea de lograrlo es poco útil. Un problema que puede surgir en las organizaciones en las que se da gran valor a los equipos multiculturales y diversos es que los miembros del equipo eviten el conflicto y hagan concesiones innecesarias por miedo a que se socave la unidad del equipo. Es importante reconocer que los malentendidos interculturales son inevitables. Las diferencias culturales deben hacerse explícitas para que los problemas se ventilen abiertamente en lugar de dejar que se conviertan en agravios interétnicos.

Uno de los mayores retos a la hora de crear equipos multiculturales eficaces se produce cuando el equipo existe dentro de una organización dominada por una cultura étnica, o cuando hay un grupo mayoritario de una cultura en un equipo. Los equipos en esta situación suelen adoptar por defecto las normas de la cultura dominante porque este camino parece más fácil.[21] Si el líder del equipo también pertenece al grupo de la cultura mayoritaria, será más difícil lograr la equidad.[22] En tal situación, es imperativo que el comportamiento del líder del equipo refuerce el valor y la plena participación de todos los miembros del equipo y que se aborden intencionadamente las discrepancias de poder. Si el líder no lo hace, es probable que surjan tensiones importantes en las relaciones del equipo. Los miembros de los grupos no dominantes pueden enfadarse cuando se les obliga a conformarse y pueden sentirse excluidos. Esto puede hacer que se pregunten si merece la pena formar parte del equipo.

---

21 Claire Halverson, "Group Process and Meetings", en *Effective Multicultural Teams: Theory and Practice*, ed. Claire Halverson y Aqeel Tirmizi (Dordrecht, Países Bajos: Springer, 2008), 111–33.

22 Roembke, *Building Credible Multicultural Teams*, 111–12, 153.

Es fundamental que los miembros de las culturas dominantes que quieran trabajar en equipos multiculturales examinen sus actitudes y suposiciones. Resulta especialmente útil hacerlo en un grupo con personas de otras culturas que tengan confianza para compartir sus propias opiniones. En un equipo verdaderamente multicultural, las suposiciones de cada miembro se pondrán en tela de juicio. Esto puede resultar especialmente confuso y desorientador para los miembros del grupo dominante, que no están acostumbrados a cuestionar su propia cultura. Un equipo multicultural debe ser un lugar lo suficientemente seguro como para que sus miembros se sientan libres de cuestionar las suposiciones y actitudes de los demás y de preguntar por qué hacen las cosas como las hacen, sin tener la sensación de que una cultura se impondrá necesariamente a la otra.

Si los miembros del equipo que proceden de la cultura dominante no han experimentado la vida en otra cultura, les resultará difícil superar su etnocentrismo. Las organizaciones pueden ayudar a afrontar este reto seleccionando personal, y especialmente líderes, para los equipos multiculturales que tengan experiencia intercultural. Sin embargo, la experiencia intercultural no siempre significa que los miembros del grupo dominante hayan comprendido los problemas asociados al privilegio del grupo dominante, y pueden necesitar ayuda para identificar sus suposiciones y ser capaces de permitir que las personas de otras culturas tengan la misma voz y el mismo acceso a los recursos.

La elección de la lengua del equipo suele transmitir un mensaje inconsciente sobre la orientación cultural del equipo y puede reforzar sutilmente los supuestos de superioridad de una cultura dominante. Cuando hay distintos niveles de fluidez en la lengua de equipo elegida, es importante que el equipo establezca procesos que aborden este desequilibrio, como hablar despacio, pedir aclaraciones, permitir el uso de las lenguas de los miembros del equipo con traducción, utilizar resúmenes y registros visuales y permitir debates fuera del contexto de la reunión de equipo. Es importante que todos los miembros del equipo tengan la sensación de que se les escucha y también de que se reconoce su contribución. Los equipos multiculturales deben tener formas no amenazadoras de debatir las diferencias, desarrollar un vocabulario común y procesos que promuevan la comprensión de los problemas e incidentes dentro del grupo.

El líder debe facilitar la creación de un espacio seguro para que los miembros del equipo hablen y una sensación genuina de que se valoran la opinión y las experiencias de cada persona. Sin embargo, dado que las formas de hablar están moldeadas culturalmente, al tener sólo un estilo de interacción el equipo o su líder pueden reforzar inadvertidamente un patrón de dominación cultural. El líder debe crear múltiples contextos y formas de interacción entre los miembros del equipo, incluidos diferentes entornos físicos y modos de comunicación, para que pueda desarrollarse una participación igualitaria.

La complejidad de los equipos multiculturales hace que no se presten a enfoques simplistas de formación de equipos o liderazgo. Cuidado con el empresario que ofrece un seminario de un día con todas las respuestas y un plan de tres pasos que resolverá todos los problemas. Los líderes de equipos multiculturales deben ser profesionales reflexivos que consideren la tarea de liderazgo como un conjunto de habilidades en continuo desarrollo basadas en algunos éxitos, pero también en muchos errores. Necesitan reflexionar continuamente sobre lo que está ocurriendo y lo que están haciendo en respuesta a ello. Controlan constantemente sus propias acciones y reacciones, así como las de las personas con las que interactúan, aprenden de otros miembros del equipo y de fuera de él (incluso leyendo y asistiendo a experiencias de aprendizaje más formales), experimentan con distintos enfoques y ajustan lo que hacen en respuesta a lo que ocurre. También mantienen a la ligera sus propios valores y planteamientos, estando dispuestos a ajustarse y flexibilizarse en relación con lo que aprenden de los demás y de la experiencia del equipo.

CAPÍTULO 4

CREAR UNA COMUNIDAD MULTICULTURAL SALUDABLE

Una comunidad de equipo sana es aquella en la que sus miembros se respetan y confían los unos en los otros. Se sienten seguros y se comunican abiertamente entre ellos. Sienten que tienen la misma voz e influencia. Se sienten seguros para hablar de cualquier cosa, incluso de lo que les incomoda. Planifican, deciden y evalúan su trabajo juntos. Se preocupan los unos por los otros y sienten que son el uno para el otro, que se necesitan y que encajan.

El periodo de formación del equipo es el más crítico para el líder de un equipo. El líder tiene que ganarse el respeto de los miembros del equipo y permitirles relacionarse bien entre sí. Durante la formación del equipo, se establecen pautas de interacción que afectarán en gran medida a la forma en que los miembros del equipo interactúen entre sí y trabajen juntos en el futuro. La formación de equipos multiculturales lleva mucho más tiempo y requiere una mayor inversión de energía y concentración por parte del jefe de equipo que la formación de equipos monoculturales. Por lo general, los jefes de equipos multiculturales deben centrar especialmente su atención en las relaciones del equipo durante los tres a seis primeros meses de vida de éste. Esta atención a las relaciones incluye varios elementos: fomentar proactivamente un espacio liminal en el que los miembros aprendan a mantener sus propias culturas a la ligera y a forjar valores de equipo compartidos, aprender sobre los miembros del equipo y sus culturas, aprender a aprender juntos, preparar al equipo para el conflicto y ayudarle a aprender del conflicto cuando se produzca.

CREAR OPORTUNIDADES TEMPRANAS DE ÉXITO

El resto de este capítulo se centra en la creación de relaciones. Mientras los equipos están inmersos en el proceso de creación de relaciones, es importante que no pierdan de vista su tarea. Durante el proceso inicial de creación de relaciones, el equipo también debe hacer cosas juntos que contribuyan a su tarea. A medida que los miembros del equipo trabajen juntos, aprenderán unos de otros y verán confrontados sus valores culturales. El proceso de finalización de la visión, los objetivos y las estrategias del equipo (en el que nos centraremos en el capítulo 5) puede llevar varios meses, pero mientras tanto el equipo debe trabajar en unos cuantos objetivos a corto plazo que sean fácilmente alcanzables en las primeras semanas o meses de vida del equipo. Lo ideal es que estos primeros objetivos se centren en investigar el contexto y encontrar recursos que puedan ser apropiados para el futuro ministerio. Lograr algo juntos ayuda a crear un "guión" de equipo para trabajar juntos. También sube la moral a medida que los miembros del equipo experimentan el éxito de superar juntos el reto de la diversidad.[1] El éxito ayuda a los miembros del equipo a creer que pueden conseguir cosas juntos y a querer permanecer juntos para conseguir aún más.

CONSTRUIR UNA IDENTIDAD DE EQUIPO ÚNICA FORJANDO FUERTES VÍNCULOS EMOCIONALES.

Convertirse en un equipo implica una transformación de muchos "yoes" a "nosotros". Esta transformación no se limita al lenguaje o la política, sino que implica el desarrollo de una profunda conexión emocional que une a los miembros en una nueva identidad colectiva. Este vínculo emocional se basa en experiencias compartidas y un compromiso con valores comunes que hacen que los miembros quieran trabajar juntos y preocuparse por el bienestar de los demás. Este vínculo se desarrolla pasando tiempo juntos para conocerse mejor y superando juntos los retos. No existe un enfoque único que se adapte a todas las situaciones. Las actividades específicas que más ayudarán al equipo a desarrollar la comunidad dependerán en cierta medida de las personas concretas del equipo y de sus antecedentes. Sin

---

1 Richard Hackman, "Creating More Effective Work Groups in Organizations", en *Groups That Work and Those That Don't: Creating Conditions for Effective Teamwork*, ed., Richard Hackman (San Francisco: Jossey-Bass, 1989), 503.

embargo, se ha comprobado que algunas actividades son especialmente útiles en esta fase, como comer juntos y dedicar tiempo a hacer cosas agradables y divertidas, como jugar juntos, salir a pasar el día o compartir diferentes celebraciones culturales. Otra actividad posible es trabajar juntos en un proyecto comunitario no relacionado con el trabajo del equipo, como una jornada de limpieza del colegio. Todas estas actividades contribuyen a crear un sentimiento de "nosotros". El líder debe explicar el propósito de estas actividades, ya que pueden parecer una pérdida de tiempo para los miembros del equipo que están especialmente centrados en las tareas. Para otros miembros del equipo, la inversión en estas actividades será crucial para desarrollar su sentido de pertenencia y conexión con el equipo.

El sentimiento común de identidad—de ser "nosotros" en lugar de "yo"—se forja especialmente al experimentar juntos retos, dificultades y conflictos. El proceso de tener que resolver problemas difíciles, ser vulnerables unos con otros y comunicarse en profundidad puede crear fuertes lazos entre los miembros. Estas experiencias pueden ser emocionalmente agotadoras, pero tienen un valor incalculable. Es útil que el líder recuerde al equipo este beneficio potencial de atravesar momentos difíciles cuando están en medio de ellos. Cuando el equipo consigue negociar las dificultades y resolver los conflictos en una fase temprana de la vida del equipo, se crea entre sus miembros una sensación de confianza en que pueden hacer cualquier cosa juntos. Esta confianza, también conocida como eficacia del equipo, guarda una estrecha relación con el hecho de que los equipos lleguen a ser eficaces en su ministerio.[2] Cada experiencia, cada conflicto resuelto, cada día juntos (y especialmente los percances y las cosas divertidas que hacen reír a todos juntos) crean una historia de equipo que la gente puede recordar, referirse a ella y relacionarla como parte de lo que hace que el equipo sea lo que es.

El desarrollo de vínculos emocionales ayuda a los miembros del equipo a superar sus ansiedades ante la diferencia y a construir intimidad y comprensión mutua. Hacer cosas divertidas juntos y crear una historia compartida ayuda a transformar a extraños en amigos. Cuando el equipo entre en la fase de tormenta, sus miembros tendrán una confianza mutua suficientemente fuerte y estarán dispuestos a conceder el beneficio de la duda a sus compañeros para capear el temporal.

---

[2] Michael Campion, Ellen Papper y Catherine Higgs, "Relations between Work Team Characteristics and Effectiveness: Implications for Designing Effective Work Groups", *Personnel Psychology* 46 (1993): 823–50; R. Hibbert, "Church Planting Teams", 147, 206.

Una forma útil de ver el desarrollo de este vínculo emocional es en términos de un "saldo bancario emocional" positivo. Stephen Covey describe una cuenta bancaria emocional como "una metáfora que describe la cantidad de confianza que se ha construido en una relación. Es la sensación de seguridad que se tiene con otro ser humano".[3] Una fuerte inversión en la construcción de relaciones de equipo en las primeras etapas de la vida del equipo ayuda a desarrollar una cuenta bancaria emocional amplia y positiva. Cuando las cosas van mal o los miembros del equipo resultan heridos, les resulta más fácil perdonar porque han construido un alto nivel de confianza y cuidado mutuo. Cuanto mayor sea el saldo emocional del equipo antes de las tormentas, más dispuestos estarán sus miembros a hacer el esfuerzo de comunicarse y perdonarse en medio de la tormenta. En otras palabras, el líder del equipo tiene que ayudar al equipo a invertir en el saldo del banco emocional del equipo en las primeras etapas de la vida del equipo para que sus relaciones sean capaces de soportar las tormentas que se avecinan.

CENTRARSE EN EL NÚCLEO CENTRAL DE LA VISIÓN Y LOS VALORES

El modelo de "conjunto centrado" de Paul Hiebert puede aplicarse a los equipos multiculturales. Este modelo sugiere que un grupo como un equipo puede encontrar su definición en su centro más que en sus límites.[4] Si se considera al equipo como un conjunto centrado, la visión de un equipo se sitúa en el centro, con los valores del equipo dispuestos alrededor de ese centro. Esto se representa en la figura 5, en la que cada una de las diferentes formas dispuestas alrededor de la visión y los valores del equipo representa a un miembro del equipo.

Todo en un equipo debe centrarse y orientarse en torno a su centro o núcleo, formado por su visión y sus valores. Todos los demás límites y definiciones son relativamente fluidos. Los miembros del equipo forman parte de este conjunto centrado y están en proceso de descubrir cómo la visión y los valores del equipo repercuten en sus vidas y afectan a su crecimiento y desarrollo personal y corporativo. No importa lo lejos que esté cada miembro del centro, en el sentido de cuánto haya interiorizado la visión y los valores

---

3 Stephen Covey, *The 7 Habits of Highly Effective People* (New York: Free Press, 1989), 188.
4 Paul Hiebert, *Anthropological Reflections on Missiological Issues* (Grand Rapids: Baker Books, 1994), 122–31.

del equipo. Lo importante es que todos centren su atención y energía en la visión y los valores y se comprometan con ellos. Aunque un miembro del equipo parezca estar más cerca del centro, el tiempo que ese miembro del equipo tarda en llegar al centro puede ser en realidad mayor que el de un miembro del equipo que parezca estar más lejos. No es la distancia lo que importa, sino la importancia del centro para cada miembro del equipo. Puesto que acordar una visión y unos valores es tan importante para la cohesión y el éxito del equipo, es fundamental invertir tiempo y esfuerzo en acordar una visión y unos valores compartidos.

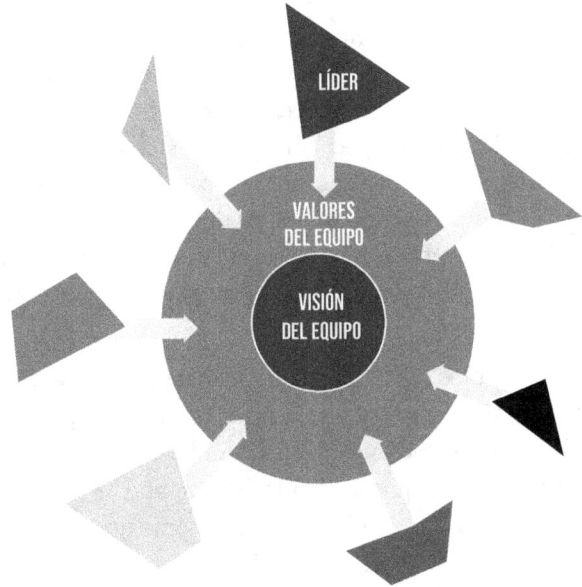

Figura 5: Diversos miembros del equipo, todos orientados hacia la visión y los valores centrales del equipo

CREAR UN CLIMA SEGURO

En una comunidad sana todos se sienten seguros de ser quienes realmente son.[5] En un equipo sano, los miembros se sienten libres para ser ellos mismos y expresar sus pensamientos, sentimientos, preocupaciones, opiniones, ideas y desacuerdos sin miedo al rechazo, la censura, el juicio o el castigo. Se sienten lo suficientemente seguros como para arriesgarse a pasar vergüenza. Se sienten capaces de compartir libremente y no temen ser heridos. Se sienten libres para discrepar y expresar sus opiniones, dudas e incertidumbres.

---
5 Scott Peck, *The Different Drum* (Londres: Arrow Books, 1987), 67.

Un miembro del equipo que entrevistamos dijo que sentirse seguro significaba que todos podían "ser ellos mismos y decir lo que realmente piensan". Un supervisor lo expresó de esta manera: "Es un entorno seguro, un lugar donde puedes decir lo que realmente piensas, revelar lo que realmente piensas, lo que realmente sientes, lo que realmente crees. Así que un buen líder multicultural crea un espacio donde la gente puede hacerlo de verdad".[6]

El líder contribuye a crear un clima seguro haciendo que todos los miembros del equipo se sientan como en casa. El resultado es, según un miembro del equipo, que los compañeros "no se tienen miedo unos a otros y no temen la reacción de los demás. Se sienten realmente seguros para expresarse y no les preocupa lo que ocurra cuando dicen lo que realmente piensan". Las personas de este tipo de equipo se sienten seguras para expresar su desacuerdo: "En cierta situación yo era el único miembro del equipo que no estaba de acuerdo con una decisión que se estaba tomando, y como el líder del equipo había creado esa comunidad, me sentí seguro para expresar que no estaba de acuerdo aunque todos los demás pensaran lo mismo."

La creación de un entorno seguro en el equipo también ofrece a sus miembros la posibilidad de evaluar juntos las experiencias difíciles. Un entrevistado explicó:

> Aunque pasamos por una etapa muy mala, había seguridad para hablar de cómo se sentía la gente por todo lo que había pasado y para solucionarlo. ... Cuando la superamos, la "seguridad" en el equipo significaba que podíamos hablar de cómo se había afrontado la crisis, de cómo nos sentíamos cada uno, y eso hizo que se restablecieran las relaciones, que nos apreciáramos más los unos a los otros y que el equipo se uniera.

En un clima de equipo seguro, los errores se aceptan como inevitables y normales. Un equipo multicultural dio un paso más y creó un ritual para celebrar los errores.[7] Esto ayudó al equipo a aceptar los errores como parte esencial de su desarrollo.

---

6 Éste y otros comentarios y citas atribuidos a varios miembros del equipo, líderes y supervisores que entrevistamos proceden de la investigación doctoral de Evelyn. Para más detalles sobre esta investigación, véase el principio del capítulo 8. No se identifica a los entrevistados para preservar su anonimato.

7 William Loewen, "Participation and Decision-making in a Changing Workforce", en *Cultural Diversity and Employee Ownership*, ed. Margaret Showers, Cathy Ivancic, William Loewen, Anthony Mathews y Pamela Stout (Oakland: National Center for Employee Ownership, 2002): 59–74.

Para crear y mantener un clima seguro, el jefe de equipo debe ser capaz de manejar las emociones en el equipo. Esto incluye ayudar a los miembros del equipo a manejar las emociones para que puedan escuchar realmente lo que dicen los demás y también expresarlo de forma constructiva.

Los líderes deben proteger la integridad personal de los miembros del equipo y no tratar de obligarles a hacer cosas que van en contra de lo que son. Cuando los miembros de un equipo se sienten obligados a actuar en contra de lo que son, se estresan mucho y se cuestionan su valía personal. Los líderes deben encontrar formas de fomentar la participación, pero también procesos creativos o alternativos de comunicación que hagan que los miembros del equipo se sientan seguros para comunicarse. Una forma de hacerlo es alargar el proceso de consulta y debate para la toma de decisiones, de modo que las opiniones de los individuos puedan recogerse fuera de las reuniones de equipo, en lugar de exigir que todos hablen en las reuniones de grupo. Si los miembros del equipo parecen molestos en una reunión de equipo y no quieren hablar, se les debe dar permiso para comunicarse en otro momento, y la reunión de equipo debe interrumpirse con delicadeza hasta que todos estén preparados para seguir adelante. Si los jefes de equipo comunican sistemáticamente que las personas son más importantes que las agendas y que están dispuestos a escuchar de verdad las opiniones discrepantes y a ajustar los procesos por respeto a lo que son las personas, la comunicación será más fácil con el tiempo, a medida que los miembros del equipo se sientan más seguros, y se establecerán procesos de equipo que garanticen el respeto mutuo.

Parte de la creación de un clima seguro consiste en resistir la tentación de simplificar demasiado los problemas. Los equipos multiculturales pueden parecer a menudo caóticos y confusos. Para crear un clima seguro en medio de la confusión, el líder debe tener una gran tolerancia a la ambigüedad.[8] El líder debe evitar el pensamiento en blanco y negro y desarrollar una "mentalidad paradójica" que acepte interpretaciones opuestas como plausibles y no considere que la paradoja deba eliminarse. Esta capacidad de negociar la complejidad y la paradoja es intrínseca al buen liderazgo, especialmente cuando se trata de diferencias culturales. Mientras que una mentalidad de simple resolución de problemas se centra excesivamente en encontrar una solución final, una mentalidad paradójica ve la paradoja como una lente

---

8 Janet Bennett, "Transformative Training: Designing Programs for Culture Learning", en *Contemporary Leadership and Intercultural Competence: Exploring the Cross-cultural Dynamics within Organizations*, ed., Michael Moodian (Los Ángeles: SAGE, 2009), 97.

para una mayor comprensión y un catalizador para el cambio.[9] Un líder capaz de resistirse a la tentación de simplificar en exceso los comentarios y preocupaciones de los miembros del equipo y que promueve debates abiertos sobre los problemas permite al equipo desarrollar procesos sólidos de toma de decisiones.

EVITAR LAS NORMAS NO ESCRITAS

Las normas no escritas son expectativas que no se han hecho explícitas. Son bastante comunes en las organizaciones y suelen ser destructivas.[10] Las normas no escritas suelen ser impuestas por los líderes y los recién llegados no suelen ser conscientes de ellas hasta que las infringen. Como las normas no están documentadas ni acordadas mutuamente, los recién llegados se sienten impotentes para cuestionarlas o desafiarlas, sobre todo porque rara vez está claro cuál es el origen de las normas, lo que significa que no pueden identificar a quién apelar sobre ellas. Es esta falta de transparencia sobre las normas no escritas lo que socava la seguridad y la confianza. Las normas no escritas son "la forma en que hacemos las cosas" y puede que no sean lo que los recién llegados pensaban que estaban firmando, porque se añaden a las políticas escritas de la organización o incluso las contradicen.

Las normas no escritas pueden evitarse explicitando las expectativas. Cuando surge un problema y el líder (u otro miembro del equipo) piensa que así es "como deben hacerse las cosas", el equipo necesita un clima lo suficientemente abierto como para hablar del tema en lugar de dar por sentado que prevalecerá la opinión del líder o de un miembro concreto del equipo. Las normas no escritas también se evitan cuando existe una cultura transparente en el equipo y la organización. Esto significa que no hay documentos secretos y que todos los miembros tienen acceso a la información sobre debates y procesos. Ningún grupo o individuo debe tener el monopolio del poder, y sus decisiones y procesos deben estar abiertos al escrutinio de cualquiera que decida mirar. La transparencia y la rendición de cuentas también se ven favorecidas por el hecho de que otras personas, además de los líderes, documenten las decisiones y gestionen el dinero y otros recursos.

---

9   Jeffrey Yip, "Leading through Paradox", en *Leading across Differences: Cases and Perspectives*, ed. Kelly Hannum, Belinda McFeeters y Lize Booysen (San Francisco: Pfeiffer, 2010), 171.

10   David Johnson y Jeff VanVonderen, *The Subtle Power of Spiritual Abuse: Recognizing and Escaping Spiritual Manipulation and False Spiritual Authority within the Church* (Minneapolis: Bethany House, 1991), 67.

DESARROLLAR PROCESOS EFICACES DE COMUNICACIÓN EN EQUIPO

El líder de un equipo multicultural debe centrarse más en los procesos de comunicación del equipo que en sus productos, especialmente en las primeras etapas de la vida del equipo. Construir una comunidad implica establecer lo que cada miembro del equipo cree, valora y disfruta. Esto requiere mucho tiempo, escuchar activamente y trabajar para integrar lo que la gente dice en un conjunto compartido de valores de equipo. Puede ser útil que los miembros del equipo intenten adoptar la perspectiva de sus compañeros y que luego el equipo intente construir una visión colectiva teniendo en cuenta todas las perspectivas. A veces resulta útil prolongar el proceso de toma de decisiones más allá de las reuniones de equipo, reuniéndose individualmente con los miembros del equipo y debatiendo los problemas con ellos. Este tiempo adicional permite a los hablantes no nativos de la lengua del equipo reflexionar y comprender mejor los problemas y preparar sus respuestas. Esto puede significar que la comunicación sea más lenta, pero también ofrece la oportunidad de reflexionar mejor sobre las cuestiones que se están estudiando.

Una comunicación deficiente genera confusión y frustración en el equipo. En nuestra investigación, los miembros del equipo que entrevistamos deseaban sistemáticamente que sus líderes les ayudaran a hablar entre ellos, especialmente en casos de conflicto. Como comentó un miembro del equipo: "Habría estado bien que el líder del equipo nos hubiera ayudado a comunicarnos entre nosotros, a hablar del conflicto y a llegar a una solución."

Cuando los miembros de un equipo no comparten una lengua materna común, existe un gran potencial de malentendidos y el riesgo de excluir a los hablantes no nativos de la lengua del equipo. El equipo y su líder deben aceptar que la comunicación llevará más tiempo y desarrollar un espíritu de perdón por los errores de comunicación y de clarificación de lo que quieren decir los demás. Las estrategias para aclarar la comunicación incluyen

- Redactar documentos de posición en el idioma del equipo y distribuirlos antes de la reunión para que todos tengan tiempo de reflexionar,
- asegurarse de que queda claro el significado de la comunicación oral formulando preguntas aclaratorias,

- animar y hacer participar a los miembros más tranquilos del equipo en los debates de grupo,
- simplificar el uso del lenguaje para facilitar la comunicación,
- adaptar el funcionamiento del grupo para que los miembros del equipo puedan hablar en su lengua materna, y
- utilizar preferentemente la comunicación cara a cara frente a los medios electrónicos.

La utilidad potencial de los documentos de posición fue ilustrada por un jefe de equipo que dijo que ayudó a su equipo a "iniciar la conversación y nos dio tiempo para entender realmente lo que la otra persona estaba tratando de decir". Un miembro de otro equipo comentó con entusiasmo lo útil que resultaba para los miembros de su equipo comprobar lo que querían decir sus compañeros para asegurarse de que "todos estaban de acuerdo".

En última instancia, es función del jefe de equipo asegurarse de que los miembros del equipo se comunican eficazmente entre sí. Ayudar a clarificar la comunicación puede implicar hacer preguntas aclaratorias, reinterpretar o articular lo que un miembro del equipo dice a otro, o comprobar que ha entendido correctamente para asegurarse de que el significado se transmite correctamente. Un miembro del equipo explicó que el líder debe "extraer el significado de lo que dice un miembro y explicarlo con otras palabras a los demás". En otra situación de equipo multilingüe, un miembro del equipo describió cómo a veces su líder "se comunicaba para que yo explicara mis problemas o dificultades al resto del equipo o al revés, y eso era útil".

Cuando hay malentendidos, el jefe de equipo tiene que ayudar a los miembros del equipo a articular lo que está mal para que puedan solucionar el problema. Los conflictos y los malentendidos sólo pueden resolverse cuando los fallos de comunicación se abordan explícitamente y alguien hace que el equipo hable de ello con vistas a mejorar la comunicación en el futuro. El jefe de equipo debe animar a los miembros del equipo a tomar la iniciativa de dirigirse a otras personas que hayan hecho un comentario hiriente y solucionarlo con ellas.

Una de las funciones del líder puede ser ayudar a los miembros del equipo a identificar y expresar las emociones que pueden estar impidiéndoles escuchar lo que dicen los demás. Un miembro del equipo expresó su agradecimiento por la forma en que su jefe de equipo le ayudó a hacer frente a sus respuestas emocionales en el equipo: "Ha habido muchas ocasiones durante las reuniones de equipo en las que me he sentido emocional o disgustada, y siempre he apreciado el hecho de que el líder viera que me sentía incómoda y me preguntara al respecto en lugar de tener que ser yo quien iniciara mis sentimientos."

Un reto que se plantea en muchos equipos multiculturales es la diferencia entre los miembros del equipo que hablan mucho y los que son más callados. Esto puede deberse a la personalidad, la cultura o la falta de dominio del idioma. Para desarrollar una comunicación eficaz, los líderes deben sacar a relucir a los miembros más callados en los debates para ayudar al equipo a escuchar sus ideas.

Muchos entrevistados hablaron de la importancia del idioma en los equipos multiculturales. Para muchos equipos multiculturales, los distintos grados de dominio de la lengua del equipo entre sus miembros es una de las principales causas de falta de comunicación. En el equipo de uno de los entrevistados, todos utilizaban una segunda o tercera lengua para comunicarse, por lo que los malentendidos eran muy frecuentes. Los entrevistados subrayaron que los errores son inevitables en los equipos multiculturales debido a los malentendidos. El jefe de equipo tiene un papel especial a la hora de ayudar a resolver los malentendidos. Un líder ayudó al equipo a superar un gran malentendido traduciendo pacientemente "del inglés al inglés, traduciendo de lo que una persona entendía por la frase a lo que otra persona entendía por la frase". Como resultado, al final "se encendieron las bombillas y la gente dijo: '¡Oh!' Entonces el problema ya no era un problema, era sólo un malentendido".

Conseguir que los miembros del equipo simplifiquen el lenguaje que utilizan es otra estrategia útil que ayuda a una comunicación eficaz. Un jefe de equipo tuvo que formar específicamente a los miembros de su equipo para que ajustaran su uso del lenguaje:

> Intento formar al resto del personal que no ha estado expuesto a esa cultura para que cambie ligeramente su lenguaje y se asegure de que recibe la información correcta y de que interactúa como un equipo. Adaptar el lenguaje, la jerga normal australiana, cambiar el tono, cambiar la velocidad, escribirlo... parece que funciona. A algunos miembros del personal no les gusta hacerlo, pero acaban viendo resultados más positivos. Funciona bien.

Los jefes de equipo también deben hacer un esfuerzo especial para seguir explicando las cosas hasta estar seguros de que se entienden. Un líder explicó:

> A veces hay que tener mucha paciencia y explicar las cosas, y también si no entienden o tienen una barrera lingüística, o no entienden del todo el tono en el que lo estás diciendo o las palabras que estás utilizando, tienes que mostrar mucha paciencia para asegurarte de que entienden.

Dar preferencia a la comunicación cara a cara permite dar una respuesta inmediata y pedir aclaraciones. Tiene la ventaja añadida de incluir elementos no verbales de la comunicación, como el tono de voz y el lenguaje corporal. Una líder explicó por qué prefería la interacción cara a cara: "Si se malinterpreta cara a cara, puedes resolverlo allí mismo, porque puedes ver la mala interpretación en sus ojos y puedes rebatirla".

GENERAR CONFIANZA

Establecer la confianza es fundamental para el funcionamiento de un equipo. Si la confianza no se establece muy pronto en la vida de un equipo, es poco probable que se desarrolle más adelante. Un alto nivel de confianza proporciona una sensación de seguridad, optimismo y eficacia en el rendimiento del equipo, mientras que un bajo nivel de confianza se asocia con el escepticismo y la sensación de que las cosas no van a funcionar.[11] Una vez que los miembros del equipo se han vuelto escépticos, su escepticismo puede convertirse en una profecía autocumplida. Cuando los miembros del equipo no esperan que algo funcione, no intentan que funcione. Y cuando no funciona, lo utilizan como prueba de que tenían razón al creer que nunca habría funcionado.

La confianza es uno de los principales fundamentos del funcionamiento de un equipo. No impide que surjan problemas, pero proporciona una base sobre la que pueden resolverse. Permite la vulnerabilidad, compartir, preocuparse y sentirse seguro de ser uno mismo. La confianza no juzga ni vigila a los demás miembros del equipo. La confianza es a la vez un don y algo que hay que ganarse. También se socava fácilmente. Se fomenta invirtiendo tiempo en las relaciones, valorando a las personas, aceptando las diferencias, dando responsabilidades y perdonando los errores. Si la confianza del equipo se ha roto, es responsabilidad del líder identificar la causa y tratar de restablecerla.

---

11 Sirkka L. Jarvenpaa y Dorothy E. Leidner, "Communication and Trust in Global Virtual Teams", *Journal of Computer-mediated Communication* 3, no. 4 (1998): 0.

Un entrevistado creía que la confianza es "una de las bases principales para que un equipo pueda funcionar" y que "si no la tienes, es el principio del fin del equipo". Otro entrevistado subrayó que la confianza no eliminaba los malentendidos y la falta de comunicación, pero proporcionaba una base que permitía abordarlos. Dijo que la confianza "nos abrió a otro nivel de vulnerabilidad y de compartir, porque sabía que mis compañeros se preocupaban por mí y yo por ellos".

La confianza permite hacer las cosas de forma diferente. Permite a los miembros del equipo hacer las tareas de distintas maneras mientras persiguen una visión común. Ayuda al equipo a aceptar las diferencias en lugar de luchar siempre contra ellas. Un supervisor explicó que la confianza permite que "la gente funcione con lo que hace bien".

Se han descrito tres tipos de confianza: (1) confianza basada en la pertenencia al mismo grupo, (2) confianza basada en expectativas predecibles de comportamiento desarrolladas a través de la construcción de relaciones, y (3) confianza basada en el interés propio recíproco.[12] Aunque las tres formas de confianza operan en un equipo, la confianza basada en la pertenencia es la que el jefe de equipo pretende crear entre sus miembros.

Un ejemplo de confianza basada en el interés propio recíproco en una situación de equipo puede encontrarse en una forma de compartir recursos. Elijo dar dinero del equipo a un compañero para que compre una motocicleta para ir a los pueblos, confiando en que cuando necesite algo para mi ministerio, ese compañero estará encantado de dar para mi causa. Este tipo de confianza podría aplicarse especialmente en las culturas que hacen regalos, donde se espera que los regalos se equilibren recíprocamente entre las personas a lo largo del tiempo.

Cuando la confianza se basa en la previsibilidad, está relacionada con saber cómo se comportarán las personas en función de su comportamiento anterior y de los valores o actitudes demostrados. Independientemente de que las relaciones sean positivas o no, lo relevante es la previsibilidad. Cuando se puede predecir cómo se comportarán las personas, se puede confiar en que actuarán de esa manera y, por tanto, planificar cómo se gestionará. Si, por ejemplo, un miembro del equipo siempre habla más alto y de forma más agresiva cuando está estresado o enfadado, puede trabajar para identificar

---

12 Debra Shapiro, Blair Sheppard y Lisa Cheraskin, "Business on a Handshake", *Negotiation Journal* 8, no. 4 (1992): 365–77.

los factores estresantes que provocan que esto ocurra y no enfadarse por lo que ese miembro del equipo dice cuando está estresado.

La confianza más fuerte y duradera es la que nace de la pertenencia. En gran medida, esta confianza se mantendrá independientemente de lo que hagas. Significa que la gente está más dispuesta a perdonarte o a ser paciente cuando actúas de forma impredecible, y puedes estar seguro de que siempre trabajarán por tus intereses, porque saben que tienes en mente los intereses del equipo. Este tipo de confianza se basa en las relaciones y los vínculos emocionales.

Cuando la confianza es escasa, a menudo se produce una comunicación deficiente y malentendidos, lo que puede conducir a una espiral de pérdida de confianza. A continuación se presenta un ejemplo de cómo puede producirse la espiral de confianza decreciente. Un jefe de equipo de contexto bajo puede no confiar en que un miembro del equipo de contexto alto gestione bien el dinero del equipo, al menos según sus propios valores y prácticas contables de contexto bajo. El líder puede entonces retener el control del dinero y dar una pequeña asignación al miembro del equipo. Entonces, el miembro del equipo tiene que pedir siempre dinero al líder para gastos adicionales, incluso para asuntos del equipo. El miembro del equipo ve que el líder no confía en él, ya que la comunicación no verbal del líder hace muy explícita su falta de confianza. Al principio, el miembro del equipo se siente confuso, luego dolido y, finalmente, enfadado. ¿Por qué tiene que pedir siempre dinero, si es un recurso compartido por el equipo? Cuando se enfrenta al líder, éste se muestra evasivo y habla de los requisitos de responsabilidad de la organización o de los donantes. Cuando el miembro pide aprender estos requisitos, el líder acepta a regañadientes enseñarle. Cuando el miembro ve los registros, se sorprende al descubrir cuánto dinero hay disponible y se enfada por lo difícil que se le ha hecho su trabajo por falta de fondos. Se dirige directamente a los donantes y consigue su apoyo directo para su propio trabajo. El equipo ya se ha dividido en distintas facciones que apoyan al líder, al miembro y a los que quieren evitar el conflicto. Inevitablemente, el equipo fracasa y se producen daños destructivos en las relaciones. Al no aplicar una generosidad arriesgada y confiar en todos los miembros del equipo en un primer momento, la desconfianza se ha convertido ahora en un mal endémico en las relaciones, no sólo entre el miembro y el líder, sino entre todos los que los conocen. No sólo se ha cumplido el temor original del líder a perder el control del dinero, sino que también ha perdido al propio equipo.

Al igual que ocurre con las normas no escritas y como se muestra en el ejemplo anterior, cualquier falta de transparencia también disminuirá la confianza. La falta de transparencia también se pone de manifiesto en el ejemplo anterior de disminución de la confianza. El secretismo, o incluso la insinuación de secretismo, debe evitarse en los equipos. Hasta que el equipo no haya alcanzado la fase en la que todos sus miembros sientan que pertenecen a él, los miembros del equipo confiarán en la reciprocidad y la previsibilidad, que se ven socavadas cuando las acciones y los motivos no son transparentes. Es muy importante que el jefe de equipo ayude a los miembros del equipo a hablar entre ellos y modele la disciplina de pensar positivamente sobre los compañeros para que no se desarrolle la espiral de disminución de la confianza.

Parte del proceso de creación de confianza consiste en desarrollar una percepción de límites compartidos entre las personas.[13] En lugar de tener límites que excluyan a la otra persona, los miembros del equipo tienen que colaborar activamente para construir límites comunes. Esto sólo puede ocurrir cuando los miembros del equipo se sienten seguros. Cuando nos sentimos seguros, nos preocupa menos que nos hagan daño y, por tanto, nos resulta más fácil comunicarnos. Confiamos de forma natural en las personas con las que nos identificamos, así que cuanto más pueda hacer el líder del equipo para crear experiencias compartidas que construyan una historia y una identidad de equipo comunes, más capaces serán los miembros del equipo de confiar los unos en los otros. Para los equipos multiculturales, esto significa que las actividades y debates de creación de comunidad son imprescindibles desde las primeras etapas de la vida del equipo.

INSISTIR EN PENSAR BIEN DE LOS MIEMBROS DEL EQUIPO

Pensar bien de los demás y concederles el beneficio de la duda es clave para desarrollar y mantener buenas relaciones. Cuando un compañero de equipo ha hecho algo que no entendemos, es demasiado fácil atribuirle motivos negativos. Insistir en pensar bien de los compañeros de equipo es un hábito que podemos desarrollar meditando y aplicando enseñanzas bíblicas como ésta: "Fijad vuestros pensamientos en lo que es verdadero, honorable, recto,

---

13 Jenai Wu y David Laws, "Trust and Other-anxiety in Negotiations: Dynamics across Boundaries of Self and Culture", *Negotiation Journal* 19, no. 4 (2003): 329–67.

puro, amable y admirable. Piensa en cosas excelentes y dignas de alabanza" (Flp 4,8). El líder debe tener cuidado de interpretar continuamente las acciones de los compañeros de equipo de forma positiva para los demás, negándose a especular sobre motivos e incógnitas e insistiendo en que los miembros del equipo hablen entre sí sobre los problemas en lugar de hacer suposiciones. En la interacción humana es normal atribuir motivos negativos a comportamientos y palabras que no entendemos. Es lo que se denomina atribución negativa.[14] La única forma de superar la atribución negativa es rechazarla y hablar con la otra persona para entender mejor lo que piensa y hace. Los jefes de equipo no deben permitirse hacer atribuciones negativas sobre otras personas y deben negarse a que los miembros del equipo las hagan. El jefe de equipo debe modelar y fomentar esta insistencia en pensar bien de los demás y comunicarse bien con ellos.

DEBATIR Y CELEBRAR ABIERTAMENTE LAS DIFERENCIAS INTERCULTURALES

Las diferencias culturales en el equipo deben discutirse abiertamente y llegar a un consenso sobre las normas y prácticas de grupo culturalmente sensibles. Al mismo tiempo, los miembros del equipo deben darse cuenta de que no siempre se pueden respetar las preferencias de todos. Se acepten o no sus preferencias, los miembros del equipo deben sentirse cómodos con lo que se elija. Es importante que todos los miembros del equipo sean conscientes de los valores, supuestos y comportamientos de su propia cultura y de la de sus compañeros. Se puede sentar una buena base debatiéndolos juntos al principio del equipo, pero éste debe ser consciente de que surgirán conflictos de valores cuando empiecen a hacer cosas juntos y que no se pueden evitar.

Los equipos deben sacar el máximo partido de su diversidad. Los líderes pueden ayudar en este proceso afirmando específicamente al equipo y a los demás cómo la diversidad de culturas, personalidades y funciones ha ayudado al equipo a lograr lo que ha logrado. También se puede ayudar a celebrar las diferencias incorporando las celebraciones culturales de todos los miembros del equipo a la vida del mismo. Un miembro del equipo en nuestra investigación comentó: "Creo que es realmente bueno celebrar las grandes diferencias, reírse de las diferencias, porque reír da espacio para

---

14 Duane Elmer, *Cross-cultural Servanthood: Serving the World in Christlike Humility* (Downers Grove, IL: IVP Books, 2006), 50.

la apreciación, quita tensión, abre la mente para entenderse unos a otros y darse cuenta de las diferencias y aceptar las diferencias de unos y otros."

APRENDER A APRENDER JUNTOS

Los equipos deben aprender a aprender juntos y convertirse en profesionales reflexivos. Los profesionales reflexivos reflexionan sobre lo que hacen a la luz de lo que otras personas han escrito y experimentado en situaciones similares.[15] Para aprender a reflexionar juntos hay que describir la situación desde el punto de vista de todos los implicados, interpretarla a la luz de la información cultural y teórica obtenida de libros y otras fuentes, y utilizar un proceso integrador para formular soluciones. Una vez formulada una solución, se pone en práctica durante un tiempo y luego se evalúa lo que se ha hecho. A través de la evaluación, se identifican nuevos problemas y el ciclo de aprendizaje comienza de nuevo. Animar a los miembros del equipo a seguir estudiando o a asistir a seminarios y talleres pertinentes relacionados con el trabajo del equipo y luego hacer que compartan lo que han aprendido con el resto del equipo es una forma valiosa de ayudar a todo el equipo a aprender.

Para estar abiertos a aprender, los miembros del equipo deben estar dispuestos a cambiar. Para modelar esto, un buen líder debe ser un aprendiz permanente que se toma tiempo para reflexionar sobre la práctica y luego cambia y se adapta a la luz de esa reflexión. La innovación y el cambio pueden estimularse dando libertad para explorar nuevas ideas y fomentando la experimentación. Ello implica un clima de equipo que permita asumir riesgos y en el que se perdonen los errores. El fracaso no se percibe como algo negativo, sino como una oportunidad colectiva de aprendizaje. Edgar Schein subraya el papel emocional del líder, especialmente durante los periodos de aprendizaje y cambio. El líder debe proporcionar estabilidad y seguridad emocional y hacer frente a la incertidumbre y el riesgo que conllevan la reflexión, la experimentación y los cambios.[16]

---

15 Donald Schön, *The Reflective Practitioner: How Professionals Think in Action* (Aldershot, Inglaterra: Arena, 1995).

16 Edgar Schein, *Organizational Culture and Leadership*, 4.ª ed. (San Francisco: Jossey-Bass, 2010), 375.

CONSTRUIR UN ENTENDIMIENTO COMPARTIDO DEL LIDERAZGO

Dado que las diferentes culturas tienen diferentes expectativas de liderazgo, el líder de un equipo multicultural debe facilitar la aceptación y la adaptación de los miembros del equipo a estilos de liderazgo desconocidos.[17] Los equipos altamente eficaces suelen compartir el liderazgo en torno al equipo en función de la experiencia de sus miembros. Para que esto funcione bien, el equipo debe desarrollar un modelo mental compartido de liderazgo.[18] El líder también debe ser capaz de desarrollar la capacidad de liderazgo en los demás.

A medida que el liderazgo compartido empieza a desarrollarse en un equipo, la dirección de la influencia pasa a ser no sólo de líder a miembros, sino también de miembro a miembro. El equipo se vuelve más interdependiente e interconectado. No es posible que los líderes sigan intentando ajustar su estilo de liderazgo en función de cada cultura individual representada en el equipo. Todos los miembros del equipo deben comprometerse y adaptarse. Lo ideal es que se desarrolle una dinámica compleja, similar a una red, de comprensión mutua, compromiso y ajuste, en la que los líderes fomenten y faciliten el desarrollo de una dinámica de equipo saludable, incluido el liderazgo compartido.

Los equipos altamente eficaces se caracterizan por un liderazgo compartido.[19] A medida que el equipo se desarrolla, se descubren y clarifican los dones, las capacidades y las funciones de cada uno de sus miembros, y a medida que este proceso se desarrolla, los distintos miembros asumen la responsabilidad de liderar en las áreas pertinentes a su experiencia. En un equipo de plantación de iglesias, por ejemplo, un miembro experto en narración bíblica podría tomar la iniciativa de formar y animar a sus compañeros a contar historias bíblicas a la población local. Otro miembro que tenga especial interés en hacer que los demás oren podría coordinar la recogida y el envío de información sobre la oración a los simpatizantes y

---

17 Peter Dorfman, Paul Hanges y Felix Brodbeck, "Leadership and Cultural Variation: The Identification of Culturally Endorsed Leadership Profiles", en *Culture, Leadership, and Organizations: The GLOBE Study of 62 Societies*, ed., Robert House et al. (Thousand Oaks, CA: SAGE, 2004), 671.

18 Katzenbach y Smith, *The Wisdom of Teams*, 45.

19 Katzenbach y Smith, 80.

quizás también organizar reuniones de oración para el equipo. Del mismo modo, cada uno de los demás miembros del equipo asume un área de responsabilidad especial en la que dirige al equipo. Este tipo de liderazgo compartido ayuda a fomentar la cohesión, la confianza y un sentimiento de propiedad colectiva de la visión del equipo. Mediante el liderazgo compartido, los miembros del equipo tienen un mayor control sobre los procesos y los resultados, lo que también aumenta su sensación de eficacia como equipo.[20] El equipo sigue teniendo un líder general, pero su papel consiste en facilitar y fomentar este desarrollo del liderazgo compartido en áreas específicas, en lugar de sentirse amenazado por él.

DESARROLLAR UN EQUILIBRIO DE FUNCIONES Y PERSONALIDADES

Debe haber un equilibrio de funciones y personalidades en el equipo. Cualquier desequilibrio debe resolverse activamente, ya sea contratando nuevo personal, reubicando a los miembros del equipo o ayudando a los miembros del equipo a desarrollarse en las áreas en las que el equipo es débil. Es importante que el líder no sólo comprenda la dinámica interpersonal del equipo, sino que también ayude al equipo a comprenderla. Como comentó uno de los entrevistados: "Cualquier líder de equipo debe entender a cada uno de los miembros del equipo y cuáles son sus talentos y cuáles son sus habilidades y cómo se equilibra con el otro. No pondrás a dos personas fuertes en una cosa en un mismo grupo, así que entender la dinámica interpersonal es muy importante".

El capítulo 6 ofrece una exploración más detallada de cómo el líder puede desarrollar esta comprensión de los roles y personalidades del equipo y cómo los líderes pueden trabajar para lograr un buen equilibrio entre ellos.

ACEPTAR EL CONFLICTO

El conflicto es una oportunidad de crecimiento y desarrollo. Aceptar el conflicto y gestionarlo bien conduce a tomar mejores decisiones y a desarrollar nuevas ideas y enfoques. Los líderes pueden ayudar a sus equipos a aceptar los conflictos asegurándose de que los posibles conflictos se aborden en

---

20 Stephanie Solansky, "Leadership Style and Team Processes in Self-managed Teams", *Journal of Leadership and Organizational Studies* 14 (2008): 332–41.

una fase temprana y, cuando se produzcan conflictos más importantes, asegurándose de que el equipo persevere hasta que el conflicto se resuelva por completo. En el proceso y a lo largo del mismo, el líder puede asegurarse de que el proceso de gestión de conflictos acordado por el equipo se aplique y revise sistemáticamente, y de que, una vez resueltos los conflictos, el equipo dedique tiempo a aprender del proceso. El líder del equipo debe reforzar la idea de que el conflicto es normal y que la capacidad del equipo para perseverar hasta la resolución es un indicador de su fortaleza. Los conflictos no deben ser un secreto ni ignorarse. No debe ser una zona "prohibida", ni debe avergonzar a las personas en conflicto. Cuando se produce un conflicto, todos los miembros del equipo pueden sentirse consternados, pero deben estar decididos a superarlo y alegrarse de los resultados que produzca. La negativa del líder del equipo a permitir que el conflicto se encone es un factor clave para el éxito del equipo en la gestión de conflictos. En el capítulo 7 analizaremos con más detalle los conflictos y cómo gestionarlos.

PROMOVER Y PRESERVAR CONTINUAMENTE EL ENFOQUE DEL EQUIPO

Los jefes de equipo son los principales responsables de ayudar al equipo a interiorizar su visión y sus objetivos y a seguir trabajando para alcanzarlos. Para ello, hacen que el equipo rinda cuentas de su visión y sus objetivos, ayudan al equipo a revisar sus progresos hacia la consecución de sus objetivos y permiten a los miembros del equipo realizar los ajustes necesarios en su forma de trabajar.[21]

Los buenos líderes de equipo actúan siempre de acuerdo con la visión y los valores del equipo. Este estilo de liderazgo basado en la visión y los valores permite a los líderes responder con flexibilidad a las necesidades de los miembros del equipo y a los cambios del contexto. En lugar de dirigir a partir de un conjunto de prescripciones fijas o de imponer rígidamente enfoques que se han desarrollado en contextos diferentes y para equipos diferentes, los buenos líderes basan sus decisiones en lo que el equipo ya ha decidido: la visión y los valores compartidos del equipo. Los líderes de este tipo no actúan en función de su propia idiosincrasia o de un deseo de

---

21 Nick Nykodym, Sonny Ariss, Jack Simonetti y Jean Plotner, "Empowerment for the Year 2000 and Beyond", *Empowerment in Organizations* 3, no. 4 (1995): 36–42.

control, sino en función de lo que es mejor para el equipo y su realización de la visión.

Una función esencial de un buen jefe de equipo es ayudar al equipo a centrarse y minimizar las distracciones. Si los miembros de un equipo no están alineados en su enfoque de acuerdo con una visión compartida, la potenciación de los individuos dará lugar al caos. Si hay falta de congruencia entre los objetivos individuales y los del grupo, o hay distracciones de fuerzas internas o externas, el equipo será incapaz de centrarse lo suficiente como para ser productivo. Para que los líderes del equipo puedan centrarse, deben estar personalmente centrados y comprometidos con la visión y los objetivos del equipo, y deben tener cuidado de no diluir los esfuerzos del equipo con demasiadas prioridades.

Los líderes de equipo deben ser "miembros consumados del equipo", ya que deben proporcionar un modelo de trabajo en equipo para el equipo.[22] Un equipo reflejará a su líder. Por esta razón, los líderes deben encarnar y modelar la visión y los valores que están influenciando a la gente a seguir.

PERMITIR QUE EL EQUIPO TOME DECISIONES CONJUNTAMENTE

Los procesos de trabajo en equipo, incluida la calidad de la interacción interpersonal entre sus miembros, no pueden separarse del producto que el equipo pretende conseguir. Desde la primera reunión del equipo, el líder trabaja para construir una comunidad de equipo sana. Para crear un clima de colaboración en el equipo, el líder debe ayudar al equipo a tomar decisiones conjuntamente. Un equipo empieza a alcanzar un alto rendimiento cuando el liderazgo se comparte entre sus miembros. Esto no significa que el líder abdique de su papel. Por el contrario, significa que la responsabilidad y la autoridad de las decisiones pasan a ser colectivas y compartidas. En un equipo altamente eficaz, el liderazgo no es tanto una persona como un proceso comunitario dinámico en el que todos los miembros del equipo deciden juntos lo que es importante y ponen en práctica sus decisiones. La toma de decisiones comunitaria no significa que todos tengan el mismo tiempo de palabra, ni siquiera que las decisiones se tomen en una única reunión. Significa que el equipo ha desarrollado su propia manera eficaz de decidir

---

22 Ron Cacioppe, "An Integrated Model and Approach for the Design of Effective Leadership Development Programs", *Leadership and Organization Development Journal* 19 (1998): 37.

conjuntamente, que aprovecha los puntos fuertes y la experiencia de cada miembro y maximiza su contribución al proceso de toma de decisiones y ejecución. El papel del líder en el desarrollo de esta eficacia colectiva -la confianza que el equipo tiene en sí mismo para alcanzar su visión es capacitar al grupo para decidir y actuar en lugar de dirigir o decidir por él. Este concepto de liderazgo se plasma en el dicho de que los grandes líderes son aquellos que hacen que sus dirigidos digan: "Lo hicimos nosotros mismos". [23]

PROTEGER AL EQUIPO DE INFLUENCIAS EXTERNAS NEGATIVAS

Para que el equipo sea un lugar seguro en el que los miembros estén dispuestos a asumir riesgos por el bien del equipo y su visión, los miembros del equipo deben saber que su líder siempre estará a su lado, incluso cuando fracasen. Esto aporta seguridad al equipo y un sentimiento de identidad común. El líder proporciona una frontera protectora dentro de la cual todos pertenecen juntos, y no hay miedo a influencias externas que puedan separarlos.

El líder se sitúa entre el equipo y el mundo exterior. Los comentarios sobre el equipo procedentes de la organización y de otras personas tenderán a llegar al líder más que a los miembros del equipo. Cuando los comentarios son positivos, el líder no debe dudar en transmitirlos al equipo. Pero cuando los comentarios son negativos o poco útiles, el líder debe ser discreto a la hora de transmitirlos a los miembros del equipo. En muchos casos, es más útil que el líder absorba las críticas y proteja el bienestar del equipo. Si es necesario un cambio, el líder puede abordarlo sin transmitir comentarios negativos que puedan dañar la moral del equipo o de un miembro del equipo.

De este modo, el líder actúa como guardián para proteger al equipo de influencias externas que podrían perjudicarlo, concentrándose en cambio en reforzar a los miembros del equipo y su sinergia interactiva. Un ejemplo de esto es cuando algunos miembros del equipo han hecho una presentación a otras personas ajenas al equipo y el líder recibe comentarios de que la presentación no ha sido buena. No suele ser útil decir a los miembros del equipo que la presentación no ha sido buena. El líder debe tomar nota de la crítica y centrarse en ayudar al equipo a enfocar sus presentaciones de

---

23 Peter Senge, *The Fifth Discipline: The Art and Practice of the Learning Organization* (New York: Doubleday, 1990), 431.

forma diferente la próxima vez. En muchos casos, el líder ya es consciente de los puntos débiles de los miembros del equipo, y transmitir críticas sólo les perjudicará en lugar de fortalecerles.

CAPÍTULO 5

ACLARAR EL OBJETIVO Y EL ENFOQUE DEL EQUIPO

DEFINIR LA VISIÓN ES LA PRIMERA TAREA DE UN EQUIPO

Todos los equipos existen con un propósito concreto y se centran en realizar juntos una tarea específica. Esta es la principal diferencia entre los equipos y otros tipos de grupos que trabajan juntos. En un grupo de trabajo, por ejemplo, los individuos trabajan unos junto a otros en paralelo en lugar de trabajar juntos de forma interdependiente.[1]

El propósito de un equipo le impulsa a superar los retos del trabajo conjunto para crear una fuerte cohesión de grupo y lograr la sinergia, en la que el rendimiento del equipo es mayor que la suma de los esfuerzos individuales de sus miembros. Muchos grupos se autodenominan equipos pero no tienen este enfoque singular. Llamar equipo a un grupo que no tiene este objetivo claramente definido y compartido suele generar frustración y confusión entre sus miembros, que buscan la mayor cohesión y eficacia que prometen los equipos. Si no hay un enfoque claro, cada uno acaba haciendo lo suyo. Esto impide que el grupo desarrolle un sentido claro de identidad de grupo o un enfoque común suficiente para ser productivos juntos. Puesto que tener un propósito compartido es tan fundamental para un trabajo en equipo eficaz, el líder del equipo debe centrarse primero en aclarar el propósito del equipo.

---

1 Katzenbach y Smith, *The Wisdom of Teams*, 88–91.

Una de las mejores maneras de que los líderes de equipo piensen en el propósito del equipo es en términos de visión: la imagen de cómo sería el futuro si Dios derramara su bendición sobre el equipo y su trabajo y el equipo tuviera un éxito total. Una vez que la visión del equipo está clara, pueden establecerse los objetivos, que actúan como señales en el camino hacia la visión. Una vez acordados los objetivos, pueden discutirse las estrategias para alcanzarlos. Si no se sigue este orden de planteamiento, es fácil que el propósito del equipo se confunda con las formas de alcanzarlo, y el equipo puede empezar a hacer cosas que van en contra de su propósito.

Definir la visión puede llevar muchas horas de debate, pero este tiempo es una inversión esencial para el éxito del equipo. En el caso de los equipos multiculturales, el proceso de definición de la visión puede parecer interminable, ya que los miembros del equipo no sólo intentan decidir cosas juntos, sino que también aprenden a entenderse y a trabajar con sus diferentes expectativas culturales sobre los líderes, la toma de decisiones y la gestión de conflictos Sin embargo, el líder y el equipo deben perseverar en esta tarea para que la visión se vuelva cristalina y se establezcan procesos de equipo saludables.

En algunos equipos multiculturales, cuando se habla de la visión durante la fase de formación del equipo—en lo que se ha denominado la "fase de luna de miel"—el proceso de toma de decisiones puede parecer fácil. Los miembros del equipo en las primeras semanas de formación suelen estar entusiasmados con la tarea del equipo y con trabajar juntos en un nuevo proyecto. Todos se esfuerzan por llevarse bien y evitan cualquier conflicto. Sin embargo, si las diferentes expectativas sobre la visión del equipo no se discuten desde el principio, es posible que algunos componentes de la visión no sean plenamente aceptados por algunos miembros del equipo o no se hayan entendido del todo. Esto significa que en el primer año de vida de un equipo multicultural, si bien el propósito general del equipo debe estar claro, puede ser necesario que los componentes específicos de la visión se mantengan más sueltos y se revisen con frecuencia para garantizar que la visión refleja realmente lo que todos los miembros del equipo quieren y creen que pueden lograr juntos.

Un equipo se define por el compromiso de sus miembros con una visión, unos objetivos y unas estrategias acordados en común para alcanzarlos. Este es el principal rasgo distintivo de un equipo frente a otros tipos de grupos que trabajan juntos. Ayudar a un equipo a definir su visión, sus objetivos y su estrategia es la primera tarea de un jefe de equipo multicultural. En el resto de este capítulo se describe cómo guiar al equipo a través del proceso de clarificar la visión y decidir los objetivos y las estrategias.

EFICACIA DEL EQUIPO

El único factor que predice sistemáticamente si un equipo multicultural alcanzará sus objetivos es la creencia de sus miembros de que puede hacerlo.[2] La creencia de los miembros del equipo de que éste puede tener éxito se denomina eficacia del equipo. En nuestra propia investigación sobre equipos multiculturales de plantación de iglesias, descubrimos que la eficacia del equipo era el factor más útil para predecir la efectividad en la fundación de nuevas iglesias.[3] Parece haber un poder creativo en las personas que creen en algo lo suficiente como para estar dispuestas a trabajar juntas para conseguirlo. Creer que una tarea aparentemente imposible es realizable parece generar la capacidad de pensar creativamente sobre los obstáculos y el compromiso de perseverar a través de los retos. Si algunos miembros del equipo se desaniman, el resto del equipo es capaz de animarlos. Dado que la eficacia del equipo se centra en su visión, tener una visión clara ayuda a los miembros del equipo a articular aquello en lo que creen, a recordarse mutuamente su visión cuando están desanimados y a animarse unos a otros a seguir persiguiendo su visión cuando se enfrentan a obstáculos.

Un equipo diverso tiene la capacidad de ser más eficaz que un equipo no diverso. Esto se debe a que la diversidad de experiencias y puntos de vista en el equipo aporta una perspectiva más rica a la toma de decisiones y a los planteamientos de los retos por parte del equipo. Sin embargo, los equipos diversos se enfrentan a mayores dificultades, que a menudo les impiden alcanzar el grado de unión necesario. Es el creer juntos lo que constituye la eficacia del equipo. Esta es la cualidad a la que Dios se refirió en Babel: "El pueblo está unido y todos hablan la misma lengua. Después de esto, nada de lo que se propongan les será imposible". (Gn 11:6). Por esta razón, el líder de un equipo multicultural debe afirmar continuamente el valor de la diversidad en la vida y el funcionamiento del equipo.

El jefe de equipo puede ayudar a que el equipo crezca en su convicción de que puede tener éxito asegurándose de que los objetivos del equipo son claros y mensurables. Cuando se alcanza cada objetivo, hay que celebrar el éxito. El cumplimiento de cada objetivo es un hito en el camino hacia la visión. Al marcar cada hito con una celebración, los miembros aprenden a valorar sus logros colectivos y a sentir su éxito. Así pueden referirse a cada celebración como prueba de su capacidad para triunfar cuando se enfrenten

---

2 Campion, Papper y Higgs, "Relations", 823–50.

3 R. Hibbert, "Church Planting Teams", 147, 206.

a nuevos retos, y esperar con ilusión la sensación de logro en el futuro. Los equipos que van por buen camino fijando objetivos claros y celebrando sus logros al principio de su trabajo en común tienden a seguir trabajando eficazmente a largo plazo.[4]

Tener objetivos claros y mensurables también permite al equipo supervisar continuamente sus progresos, evaluar sus acciones a la luz de los resultados, ajustar su enfoque y reevaluar. Este proceso forma parte del proceso de convertirse en profesionales reflexivos. Supervisar, evaluar y ajustar lo que hace el equipo refuerza la eficacia, ya que aumenta la confianza del equipo en su capacidad para afrontar retos mayores y más complejos. El equipo gana confianza porque su experiencia previa ha sido positiva. Es importante que el líder recalque continuamente al equipo que los procesos que utilizan para alcanzar sus objetivos son tan importantes como los productos de su trabajo.

Como el proceso de creación de un equipo puede ser largo, los equipos multiculturales deben fijarse unos cuantos objetivos iniciales a corto plazo que sean fácilmente alcanzables. Esto es importante para que el equipo desarrolle la sensación de ser capaz de lograr cosas juntos. Si, por ejemplo, se espera que el propósito del equipo tarde más de tres años en cumplirse, sería bueno tener objetivos iniciales que puedan alcanzarse en el primer y tercer mes, mientras se define más claramente la visión del equipo. Estos objetivos a corto plazo deben ser significativos e implicar la colaboración de todos. De este modo, el equipo se convence de que puede trabajar unido y se crean oportunidades para alcanzar éxitos tempranos que el equipo puede celebrar conjuntamente.

Un equipo de plantación de iglesias en Europa del Este ejemplificó este proceso inicial de fijación de objetivos. Durante los tres meses que este equipo tardó en elaborar su visión, objetivos y estrategias, también se fijó el objetivo de visitar todas las ciudades y pueblos de su región para el final de este período y que cada miembro se reuniera y empezara a conocer al menos a cinco personas nuevas por semana durante este tiempo. Estos objetivos claros y alcanzables a corto plazo les resultaron muy útiles. Los objetivos se centraban simplemente en conocer su contexto, y no comprometían ningún elemento de visión o estrategia que el equipo estuviera debatiendo durante el mismo periodo, pero la investigación seguía aportando información valiosa para la toma de decisiones del equipo. Como los objetivos eran claramente mensurables, los miembros del equipo pudieron calibrar sus progresos hacia su cumplimiento y celebrar cuando los habían alcanzado.

---

4 Hackman, "More Effective Work Groups", 481–82.

ACLARAR LA VISIÓN Y EL PROPÓSITO DEL EQUIPO

Si no aspiras a nada, seguro que lo consigues. La visión define el objetivo de un equipo. La visión articula un sueño. La visión de un equipo puede ser más amplia de lo que el equipo pretende conseguir, pero debe contener elementos específicos que sean alcanzables en un plazo concreto.

La visión es visual. Comienza con una imagen, que luego puede articularse en una declaración. La visión debe ser lo suficientemente clara como para que pueda colgarse en una pared, consultarse con frecuencia y mostrarse y explicarse fácilmente a los demás. Es el rasgo definitorio del equipo y tira de él hacia su cumplimiento. También sirve como herramienta de evaluación constante para cualquier actividad que el equipo considere emprender.

Sin visión, la gente se limita a hacer. Hacen cualquier cosa que les parezca bien en ese momento, pero que no conduce necesariamente a ninguna parte. Sin una referencia constante a la visión, especialmente cuando se enfrentan a retos, los miembros del equipo pueden sentirse abrumados por las tareas que les rodean y olvidar lo que intentan conseguir. Un adagio muy útil dice: "Cuando estás hasta el cuello de cocodrilos, es difícil recordar que tu visión era vaciar el pantano". El pantano nunca se vaciará si estás continuamente luchando contra cocodrilos, pero si drenas el pantano, los cocodrilos desaparecerán. La visión permite al equipo mantener las cosas en perspectiva y no agotarse haciendo cosas que pueden ser buenas pero que en realidad le impiden lograr lo que se propuso.

DE LA VISIÓN A LA ACCIÓN: PASOS DE LA PLANIFICACIÓN ESTRATÉGICA

Paso 1: Investigar el contexto

Dado que la visión es específica del equipo y su contexto, el primer paso para definirla es comprender el contexto en el que trabajará el equipo. La comprensión del contexto por parte del equipo debe desarrollarse continuamente a lo largo de su vida. Sin embargo, cuanto más a fondo investigue el equipo dónde va a trabajar y con quién va a hacerlo al principio de su vida, más sólida y pertinente será su visión. Comenzar con la investigación también incorpora al ADN del equipo una orientación hacia el aprendizaje continuo.

El proceso de examinar el contexto y analizar la tarea del equipo es también uno de los primeros pasos en la formación de equipos. En esta primera fase de la vida del equipo, el líder debe dar libertad a los miembros para que lleven a cabo las tareas de investigación de la forma que les parezca más adecuada y reafirmar estas distintas formas de hacer las cosas. El líder también debe ayudar al equipo a reflexionar sobre cada una de sus actividades. De este modo, los miembros del equipo se dan cuenta de sus propias suposiciones y las de sus compañeros sobre cómo deben hacerse las cosas, y estas suposiciones pueden explorarse y hacerse explícitas. Reflexionar juntos en esta primera fase de la vida del equipo, cuando suele haber pocos conflictos, ayuda a los miembros del equipo a acostumbrarse al proceso de aprendizaje reflexivo antes de que adquiera una carga emocional.

No es útil fingir que los obstáculos a los que se enfrenta el equipo son menores o exagerarlos. Un análisis realista de los retos a los que se enfrenta el equipo le permite planificar con eficacia y aumenta sus probabilidades de éxito. El proceso de examen de los retos también debe permitir a los miembros del equipo expresar sus temores y dudas sin censura. Esto crea un clima de apertura y seguridad en el equipo. Si se desestiman, ignoran o ridiculizan las preocupaciones de los miembros del equipo, se sentirán devaluados como personas y no se sentirán seguros para participar en futuros debates del equipo. El líder del equipo debe fomentar la expresión honesta de las preocupaciones y asegurarse de que todos los miembros del equipo las respeten y las aborden de forma realista y compasiva. Los equipos que abordan a fondo las preocupaciones desde el principio y no pasan por alto las cosas de las que puede resultar difícil hablar se sentirán más identificados con la visión del equipo.

Paso 2: Obtener y comunicar alguna idea de las posibilidades

Como los líderes son los responsables de iniciar el proceso de clarificación de la visión, es bueno que tengan alguna idea de la visión como punto de partida. Si ellos mismos son más visionarios, pueden empezar con su propia formulación de una visión, que luego puede ser debatida por el equipo. Los miembros del equipo de culturas de alto contexto y mayor distancia de poder (véanse las explicaciones de estos términos en el capítulo 2) pueden mostrarse reticentes a contribuir a la visión si la opinión del líder se considera definitiva. Los miembros del equipo de culturas de bajo contexto pueden oponerse a cualquier sugerencia del líder que parezca prescriptiva. Por ello, es importante que los jefes de equipo subrayen el carácter provisional de la visión que esbozan y que ésta sirva de plantilla o punto de partida para el debate y el desarrollo del equipo. En algunos contextos, los objetivos de la organización de la que forma parte el equipo proporcionan componentes del esquema básico de la visión.

Los líderes que tienen una forma de pensar más concreta, detallada y orientada al presente (en lugar de abstracta, de visión amplia y orientada al futuro; véase el capítulo 6 para más explicaciones) suelen tener dificultades para imaginar posibilidades futuras. Puede que no les sea posible considerar o proponer posibles opciones de visión. En esta situación, el líder debe identificar a los miembros del equipo que tengan esta capacidad y capacitarlos para iniciar o incluso dirigir el proceso. Si no hay nadie en el equipo que pueda hacerlo, puede que el líder tenga que invitar a un facilitador ajeno al equipo para que ayude en el proceso.

Paso 3: Aclarar juntos la visión

La visión de un equipo define el punto final del trabajo del equipo y garantiza que todos los miembros del equipo vayan en la misma dirección. En la imagen siguiente (fig. 6), la visión se representa como una estrella en la lejanía, más allá de muchas montañas. Las montañas representan los retos y obstáculos para alcanzar la visión. Los miembros del equipo están reunidos en la parte inferior izquierda de la figura, de cara a la visión, pero sin haber definido aún su ruta para alcanzarla.

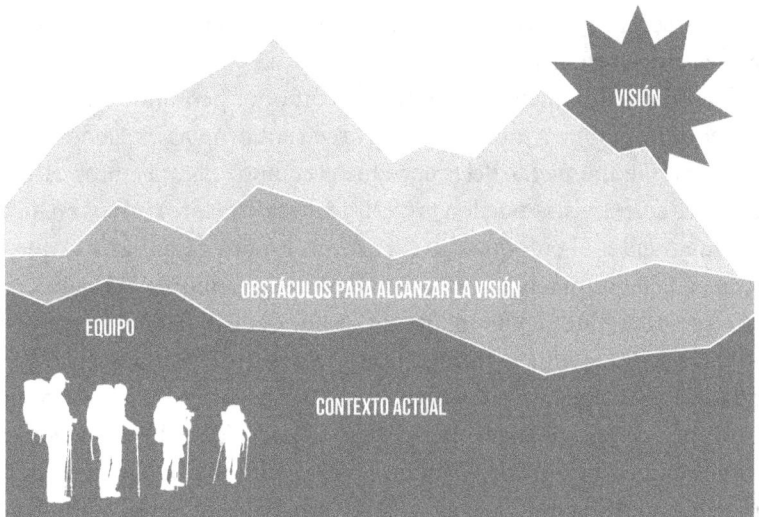

Figura 6: Definir la visión

Recomendamos que la visión sea definida por los miembros individuales del equipo compartiendo sus sueños para el futuro, negociándolos y uniéndolos en una imagen corporativa. Esto no significa superponer imágenes individuales en un gran lienzo. Hay que señalar los puntos en común, discutir las discrepancias y los conflictos, descartar con sensibilidad las propuestas poco realistas y crear una imagen única, sencilla y clara que incorpore todos los elementos acordados. También hay que evaluar la imagen final para asegurarse de que es coherente con los objetivos de la organización.

Si en el equipo hay una mayoría de pensadores concretos, o los miembros no están familiarizados con la reflexión sobre la visión, puede ser útil empezar con un ejercicio de lluvia de ideas. Esto ayuda a la gente a empezar a pensar en posibilidades. La lluvia de ideas es una actividad especial y disciplinada en la que todos los miembros del equipo tienen total libertad para sugerir cualquier idea, incluso las que parecen ridículas. Cada idea se anota, preferiblemente en una pizarra grande o en un trozo de papel que todos puedan ver. Durante la tormenta de ideas, no se permite discutirlas. Pueden pedir aclaraciones simplemente para entender lo que se quiere decir, pero está prohibido discutir la viabilidad de cualquier idea. En la tormenta de ideas se pueden sugerir hasta las ideas más extravagantes. A veces, estas ideas resultan ser las más productivas. El proceso de lluvia de ideas es valioso porque refuerza la idea de que las sugerencias de todos los miembros son valiosas, fomenta el pensamiento creativo y ayuda al equipo a aprender a escucharse unos a otros sin ser negativos y a considerar perspectivas y posibilidades alternativas.

Una vez que los miembros se sientan cómodos pensando en el futuro, el líder debe dar tiempo a todos para que creen sus propias imágenes de cómo podría ser el cumplimiento del propósito del equipo. Los miembros del equipo de culturas colectivistas pueden preferir realizar esta tarea juntos en lugar de individualmente. El enfoque debe ser flexible, pero garantizando que cada miembro del equipo tenga la oportunidad de contribuir a la imagen final.

La pregunta que el equipo intenta responder es: "Si Dios derramara su bendición sobre la vida y el ministerio de nuestro equipo, ¿cómo sería el resultado?". Los miembros del equipo deben ser alentados a ser específicos en términos de las cosas que piensan que sucederían si Dios derramara su bendición. El equipo está considerando el resultado final de su tarea. Otra forma de plantear la pregunta es: "¿Cómo sabremos si hemos tenido éxito?".

Cada individuo o grupo debe preparar una forma creativa de expresar su respuesta a esta pregunta—una imagen, modelo, poema, drama, canción o historia—que comunique todos los elementos de lo que creen que habrá llegado a existir si el equipo ha tenido éxito en su tarea. Expresar la visión de forma creativa ayuda a ampliar el pensamiento de los miembros del equipo más allá de los objetivos mensurables que finalmente se adoptarán. También involucra creativamente a los miembros del equipo que no están tan centrados en las palabras o que dominan menos el lenguaje del equipo. Por último, anima a la gente a pensar desde perspectivas inusuales y despierta emociones que ayudan a los miembros del equipo a conectar con la visión del equipo.

El siguiente paso es pedir a los miembros del equipo que presenten y expliquen sus expresiones creativas de visión a todo el equipo. Entonces puede comenzar el proceso de extraer elementos comunes y negociar una imagen colectiva. Como este proceso de análisis y negociación puede ser complejo y difícil, puede ser útil contar con la presencia de un facilitador externo al equipo, como un entrenador de equipo (véase el capítulo 10 para una explicación más detallada del papel del entrenador de equipo). Contar con la presencia de un entrenador de equipo libera de presión al líder y le ayuda a formar parte del "nosotros" del equipo, ya que su imagen se fusiona con la de todo el grupo.

La visión de equipo no es la combinación de todas las actividades en las que participan o quieren participar los miembros del equipo. Un conglomerado de actividades no es visión. La visión es el resultado de las actividades y debe indicar cuándo ha llegado el momento de cesar la actividad. Una visión clara ayudará al equipo a determinar qué actividades son apropiadas y pertinentes para alcanzar el propósito del equipo. Algunas de las actividades en las que participan los miembros del equipo pueden ayudar a alcanzar la visión, pero muchas no lo harán. Si estas actividades inútiles se incorporan a la visión, la consecución de ésta se verá comprometida antes de empezar.

Si el proceso de definición de la visión se ha hecho bien, los miembros del equipo se apasionarán por su visión, la comunicarán continuamente y la defenderán con pasión. Se hará referencia a ella constantemente y se utilizará para evaluar todas las decisiones y actividades del equipo. Es el elemento más importante para definir la identidad del equipo y ayudarle a pasar de ser un grupo de individuos a un "nosotros" colectivo. Este paso en la formación del equipo es esencial, y el líder debe asegurarse de que se le dedica el tiempo suficiente. No importa si esto se hace en un retiro de equipo durante un número concentrado de días, o si se hace gradualmente a lo largo de semanas o meses. Cada enfoque tiene ventajas e inconvenientes. Lo que aparece en la imagen de la visión se convierte en algo valioso para los miembros del equipo. Es vital asegurarse de que en esa imagen aparecen las cosas correctas.

Una vez que la visión en forma de imagen está clara, el siguiente paso es articular la visión en una declaración de tan pocas palabras como sea posible. Algunas personas han sugerido que es útil aspirar a veinticinco palabras o menos, ya que así será más fácil de memorizar. Debe responder (con palabras) a la pregunta: "Si nuestro equipo ha tenido éxito en su propósito, ¿cómo será el resultado?". El trabajo de poner la imagen en palabras ayuda al equipo a identificar claramente los elementos centrales de la visión y proporciona al equipo una declaración que les ayuda a explicar rápidamente a los demás en qué consiste el equipo. Dado que esta declaración de visión se citará constantemente en los debates del equipo, debe redactarse de forma que sea fácil de recordar, comprender y aplicar a la toma de decisiones.

Paso 4: Clarificar y articular los valores del equipo

La declaración de valores describe la forma en que el equipo trabajará para cumplir su visión en términos de ética, principios y valores. Muchos de los resultados del trabajo del equipo dependerán de cómo éste haga las cosas y de lo que modele con estas pautas de trabajo conjunto. La formulación de una declaración de valores ayuda al equipo a analizar cómo debe realizar su trabajo para garantizar el logro de su visión.

Este proceso de creación de una declaración de valores puede iniciarse pidiendo a los miembros del equipo que piensen en afirmaciones con las que estén seguros de que todos los miembros del equipo no estarán de acuerdo o con las que se sentirán extremadamente incómodos cuando las oigan, y después debatir estas afirmaciones para ver si todos se sienten incómodos y qué es lo que les crea esa incomodidad. Si las afirmaciones se escriben de forma anónima y se sacan de una caja, se pueden discutir sin que la gente se sienta avergonzada si no todo el mundo está de acuerdo. A continuación se presentan algunas preguntas que pueden ayudar a debatir estas afirmaciones y a obtener los valores del equipo.

- ¿Qué sintió al considerar y anotar ideas como ésta?
- ¿Por qué eligieron los miembros del equipo las declaraciones que eligieron?
- ¿Qué temas comunes tienen?

Aclarar el objetivo y el enfoque del equipo

- ¿Qué muestran estas afirmaciones sobre la opinión que tienen los miembros del equipo?
- ¿Qué puntos ciegos o prejuicios podrían indicar las declaraciones?
- ¿Qué tabúes del equipo se desprenden de las declaraciones?
- ¿Qué implican las declaraciones sobre los objetivos del equipo?
- ¿Qué implican las declaraciones sobre la forma de trabajar del equipo?
- ¿Hay alguna afirmación que difiera significativamente del resto? ¿A qué se debe?

Puede ser útil que los miembros del equipo rellenen, individualmente o en pequeños grupos, el siguiente diagrama (fig. 7), identificando las coincidencias entre los valores personales, los del equipo y los de la organización. Los diagramas rellenados pueden presentarse y debatirse para encontrar los elementos con los que todos los miembros del equipo estén de acuerdo. También puede ser útil debatir por qué existen diferencias entre los tres círculos.

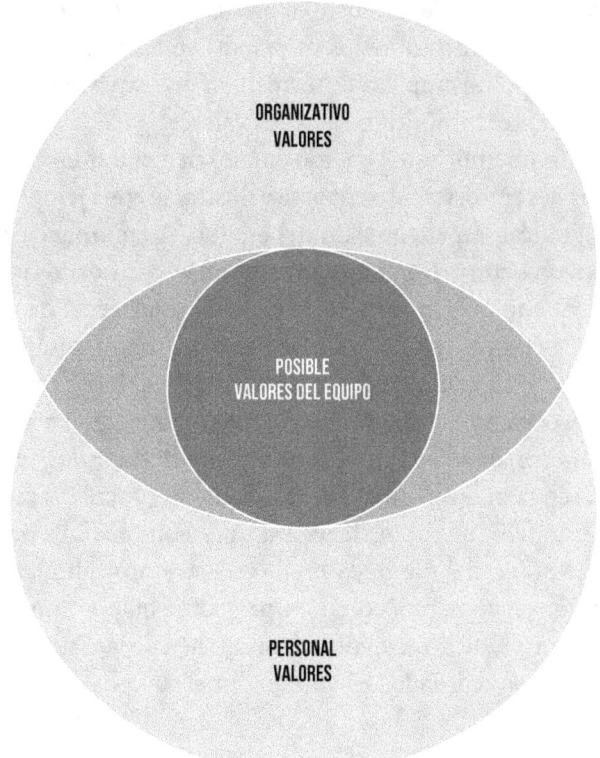

Figura 7: Círculos que indican áreas de solapamiento de valores

Cuando el equipo discute sus valores, es útil insistir en que los miembros del equipo ilustren cada uno de los valores que sugieren con ejemplos concretos de la experiencia que demuestren lo que esos valores significan en la práctica. De este modo se pone de relieve lo que las palabras significan realmente para cada miembro del equipo y se aclaran las posibles áreas de conflicto.

En las fases iniciales de la formación de un equipo multicultural, no es realista esperar que una declaración de valores sea algo más que una lista de principios genéricos sobre cómo deben llevarse las personas entre sí. Los verdaderos valores de los miembros del equipo sólo saldrán a la luz a través del conflicto. Aun así, es importante debatir inicialmente los valores entre todos, ya que cada interacción ayuda a construir relaciones y entendimiento. Los líderes y entrenadores de equipo experimentados también podrán plantear cuestiones con las que otros equipos han tenido problemas. En esta primera etapa de la vida del equipo, sus miembros suelen estar demasiado centrados en no ofenderse unos a otros como para ser capaces de comprender las implicaciones prácticas de articular valores compartidos. Es relativamente fácil ponerse de acuerdo sobre los principios en términos generales, pero hasta que el equipo no empieza a "tormentar" y a experimentar conflictos no se hace evidente la importancia de los valores.

Cuando los miembros del equipo empiezan a entrar en conflicto entre sí, los valores deben revisarse, refinarse e ilustrarse con ejemplos concretos de lo que significan en el contexto del equipo. A continuación, conviene ilustrar los valores con procedimientos específicos, acordados mutuamente, que ayuden al equipo a poner en práctica sus valores. Por ejemplo, un equipo puede tener un valor como "las personas son más importantes que los programas". Para ayudar a los miembros del equipo a entender lo que esto significa, el pacto del equipo puede incluir un comentario explicativo de que, si una persona llega tarde a una reunión, todos los miembros del equipo le darán la bienvenida intencionadamente, o que los miembros del equipo esperarán a que todos lleguen a una reunión antes de empezar a trabajar en el orden del día de la reunión. Estos procedimientos pueden recogerse en un documento, como un pacto de equipo o un memorando de entendimiento. Este documento es un registro de la visión, los valores y los procedimientos acordados en común por el equipo.

Paso 5: Determinar los objetivos

Los objetivos son indicadores de progreso. Definen los pasos necesarios para alcanzar la visión y ofrecen oportunidades para celebrar los logros del equipo en el camino hacia el punto final. Para determinar si se han alcanzado o no, los objetivos deben estar muy claramente definidos y ser específicamente mensurables. Los objetivos se determinan mediante un análisis cuidadoso de la tarea a la que se enfrenta el equipo, la identificación de los elementos específicos de la visión que deben alcanzarse y el acuerdo conjunto sobre las cosas esenciales que deben estar en su lugar y en qué orden y plazo. Si un objetivo no puede medirse, no es un objetivo. Debe estar tan claramente especificado que nadie, miembro del equipo o persona ajena a él, pueda cuestionar si el equipo lo ha alcanzado o no.

Los objetivos guían al equipo hacia su visión. Para hacerlo bien, deben ser realistas y empujar al equipo un poco más allá de lo que parece probable. Este empuje adicional es una respuesta a la fe en la capacidad ilimitada de Dios, y genera eficacia, sinergia y creatividad en el equipo. Hay que reconocer que es un equilibrio difícil de alcanzar. Si los objetivos son demasiado fáciles, los equipos los alcanzan con poco esfuerzo y no se ven estimulados a lograr lo imposible (perdiéndose así la energía sinérgica creativa del "espíritu de equipo"). Si los objetivos son constantemente poco realistas y demasiado difíciles, los miembros del equipo se desanimarán y desilusionarán y es probable que abandonen. Está bien que un equipo fracase de vez en cuando, ya que esto estimula la reflexión, la evaluación, la revisión y el cambio de prácticas, pero el fracaso repetido puede destruir la moral del equipo y conducir finalmente a su fracaso.

Como los objetivos son hitos en el camino hacia la visión, también actúan como puntos de descanso y reflexión. Cuando se alcanzan los objetivos, el equipo debe celebrarlo. Incluso si no se alcanzan o sólo se alcanzan parcialmente, el equipo puede celebrar su llegada al hito. Estos hitos también brindan una excelente oportunidad para que el equipo revise lo lejos que ha llegado, reflexione sobre los procesos de equipo que le han ayudado a llegar hasta allí y mire hacia delante, hacia el siguiente objetivo, y elabore cualquier ajuste que pueda ser necesario ahora que tienen una visión más cercana de la visión. El equipo debe aprovechar al máximo estas oportunidades para celebrar, descansar y reflexionar a medida que construye una comunidad de equipo y un sentimiento colectivo de logro.

La imagen siguiente (fig. 8) añade las señales de los objetivos al plan estratégico. Los objetivos indican los elementos progresivos que deben existir para alcanzar la visión. En este punto de la planificación estratégica, la gente suele desviarse hacia debates sobre cómo podrían alcanzarse los objetivos y si disponen de los recursos necesarios. La ausencia de una carretera en la imagen en esta fase es un recordatorio intencionado de que pensar en la carretera distrae inútilmente al equipo de la fijación de objetivos. En este paso de la fijación de objetivos, el equipo se pregunta: "Si se quiere alcanzar la visión, ¿qué hay que poner en marcha para garantizar que así sea?".

No es posible predecir el futuro, y rara vez es posible prever con exactitud cómo se desarrollará el trabajo del equipo. Esto es aún más cierto cuando el equipo trabaja en entornos impredecibles. Esto significa que, si bien es importante fijar objetivos que avancen de manera lógica hacia la visión, los progresos del equipo o los acontecimientos ajenos al equipo pueden cambiar la situación, y entonces el equipo puede tener que revisar y ajustar sus objetivos. La visión es fija. Los objetivos son lo más fijos posible, dado lo cambiantes que pueden ser la situación y el trabajo del equipo. Los equipos deben estar seguros de cuáles serán los próximos objetivos y de cuáles serán los siguientes. A medida que alcanzan cada objetivo, evalúan los objetivos futuros a la luz de la visión y acuerdan juntos la ruta hacia los siguientes objetivos.

Figura 8: Determine sus objetivos

Paso 6: Acordar estrategias para alcanzar los objetivos

La siguiente imagen (fig. 9) traza un único camino desde el punto de partida del equipo hasta la visión. Este camino representa las estrategias que el equipo utiliza para ir de un objetivo al siguiente. El camino no suele ser recto. En lugar de ello, debe sortear numerosos obstáculos, representados en la imagen por montañas. Estos obstáculos significan que el equipo no puede ver todo el camino. A menos que el equipo tenga una tarea muy sencilla o a corto plazo, el camino hacia la visión rara vez es recto.

Figura 9: Las estrategias definen la forma en que el equipo avanzará de un objetivo a otro.

Las estrategias son el aspecto más flexible de la planificación. Hay muchas formas diferentes de alcanzar los objetivos. A menudo, la forma más obvia de hacer algo no es la más eficaz para alcanzar la visión o respetar los valores del equipo. Con demasiada frecuencia, los equipos optan por la forma en que siempre se han hecho las cosas, o la forma en que la voz más fuerte o poderosa del equipo quiere hacer las cosas, en lugar de tomarse el tiempo para pensar en diferentes enfoques y evaluar su valor relativo o probable eficacia. Cuando un equipo recurre por defecto a métodos conocidos sin reflexionar sobre su eficacia potencial en su contexto particular, puede acabar obteniendo resultados que obstaculicen o incluso impidan el cumplimiento de la visión.

Las estrategias deben evaluarse siempre en función de la visión y los valores del equipo. El equipo nunca debe suponer que sólo hay una manera de cumplir un objetivo. Siempre hay varias formas de alcanzar un objetivo, pero puede que no se haya pensado en los enfoques alternativos.

La creatividad es especialmente valiosa en esta fase del proceso de planificación, y la lluvia de ideas es una buena manera de iniciar el debate. Este es un ámbito en el que, si realmente se respeta y valora a todos los miembros del equipo, su diversidad es una gran baza. El abanico de experiencias y perspectivas de los miembros del equipo procedentes de distintas culturas puede generar muchas más ideas y planteamientos útiles que los que podría concebir un equipo monocultural. Es bueno fijar un límite de tiempo específico para la lluvia de ideas (por ejemplo, veinte minutos). Una vez transcurrido el tiempo, las ideas deben agruparse para ver si aparecen temas comunes, y entonces el equipo puede empezar a debatir las posibilidades. La experiencia que los miembros del equipo aporten de contextos diferentes también puede ayudarles a encontrar la manera de adaptar los planteamientos alternativos al contexto local.

Como hay muchas formas de alcanzar distintos objetivos, no todos los miembros del equipo tienen por qué utilizar la misma estrategia. El objetivo que tiene ante sí el equipo no es negociable y es fijo, pero la forma de alcanzarlo no lo es. Los miembros del equipo pueden experimentar utilizando diversos enfoques. Al hacerlo, el equipo desarrollará una comprensión más amplia y profunda de su contexto y de la eficacia de los distintos métodos. Cuando el jefe de equipo permite que se utilicen diferentes estrategias, se puede aprovechar la diversidad de dones y puntos fuertes de los miembros del equipo, ya que cada uno puede trabajar de la manera que mejor se adapte a sus puntos fuertes, lo que también les ayuda a sentirse valorados. Por el contrario, obligar a todos a utilizar el mismo enfoque puede ser perjudicial para el autoconcepto de los miembros del equipo. Esto no significa que los miembros del equipo deban tener permiso para hacer lo que quieran. Todas las estrategias deben ser evaluadas y aceptadas por todo el equipo antes de emplearlas. La imagen siguiente (fig. 10) muestra cómo pueden utilizarse varias estrategias alternativas, representadas por caminos alternativos, para llegar a los objetivos del equipo.

Aclarar el objetivo y el enfoque del equipo 107

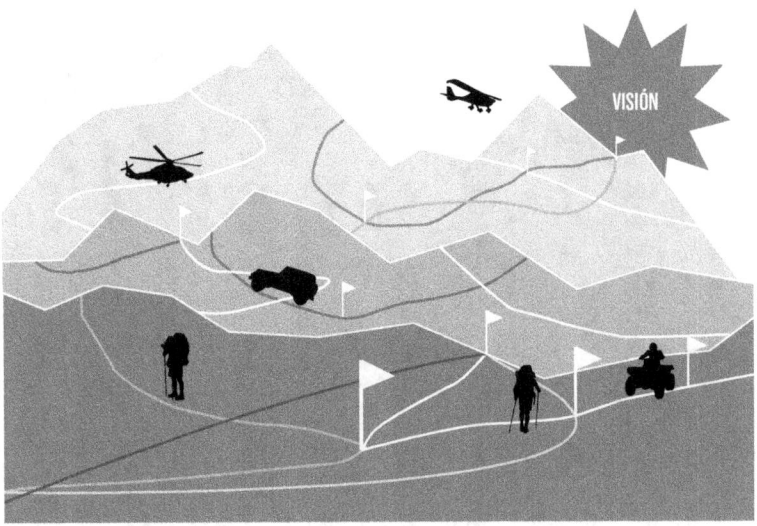

Figura 10: Siempre hay muchas formas diferentes de alcanzar un objetivo concreto

Por muy bien que planifique un equipo, sus miembros no pueden conocer todas las eventualidades antes de que sucedan. Las personas y las circunstancias cambian por múltiples razones. Incluso la investigación más exhaustiva no revelará todos los problemas a los que se enfrentará el equipo al trabajar en su tarea. Dado que las circunstancias pueden cambiar y el progreso puede no ser tan predecible como se esperaba, el equipo debe fijar objetivos pero estar preparado para revisarlos periódicamente. Los equipos deben tener muy claro adónde quieren llegar (su visión) y la forma en que quieren hacer las cosas (sus valores), ambas cosas fijas. Sin embargo, los equipos deben estar dispuestos a ser algo flexibles en cuanto a sus objetivos si es necesario. Los objetivos también pueden cumplirse de forma sorprendente, por lo que los miembros del equipo deben estar preparados para ajustar su planificación y enfoque si los objetivos se cumplen en un orden inesperado. La figura 11 representa el orden imprevisible en que pueden alcanzarse los objetivos. Esto significa que, aunque los equipos puedan tener un enfoque general de la estrategia articulado en sus valores, las estrategias específicas deben decidirse sólo a corto plazo (por ejemplo, para seis meses cada vez), y los equipos deben estar preparados para revisar y elegir nuevas estrategias en respuesta al progreso de los objetivos.

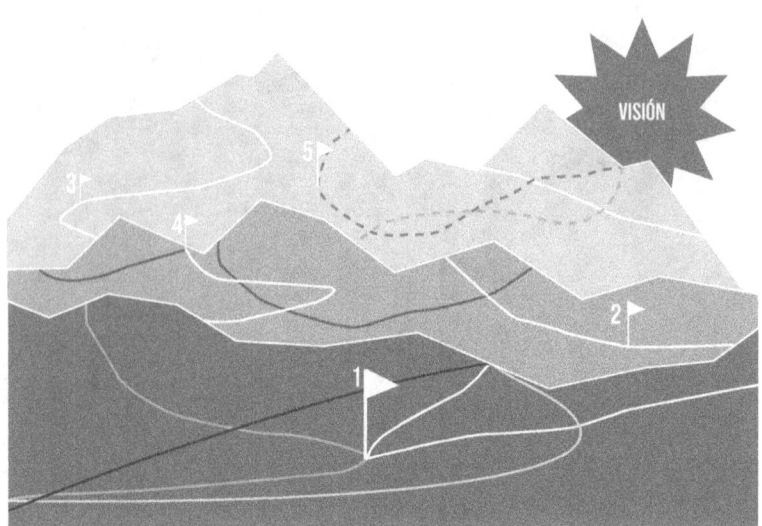

Figura 11: Puede que los objetivos no se alcancen uno tras otro, aunque a menudo sí.

Paso 7: Empezar a trabajar (y seguir comunicando la visión)

La planificación estratégica, si se hace bien, es un proceso largo y agotador. Suele llevar días o incluso semanas hacerlo a fondo. Algunos miembros del equipo pueden sentirse frustrados por las horas de discusión y tener dificultades para ver el sentido del proceso. Es importante que el líder siga explicando por qué el proceso es esencial y que se asegure de que haya suficientes descansos para que todos los miembros puedan comprometerse realmente con el proceso. Una vez definidos la visión, los valores, los objetivos y las estrategias iniciales, no es necesario planificar debates de equipo tan prolongados. Son una característica inicial esencial del equipo que no es necesario repetir. A partir de ese momento, el equipo puede centrarse en el trabajo en sí.

Una vez establecidos la visión y los valores, deben reiterarse y revisarse con frecuencia. Si el proceso de planificación estratégica del equipo se ha hecho bien, otros miembros del equipo habrán interiorizado suficientemente la visión y los valores como para seguir recordándoselos. Pero el líder también debe programar momentos específicos para revisar la visión, los valores y los objetivos, de modo que los miembros del equipo sean continuamente conscientes de a qué aspiran. Con una visión clara a la que aspirar, puntos de revisión medibles (objetivos) a lo largo del camino y claridad sobre cómo proceder (estrategias), los miembros del equipo pueden empezar a trabajar con confianza sabiendo que todos están de acuerdo sobre lo que van a hacer y cómo van a hacerlo. El proceso de haber invertido tanto tiempo y energía en ponerse de acuerdo también garantizará que crean que juntos pueden lograr lo imposible (eficacia).

CAPÍTULO 6

APRECIAR PERSONALIDADES, FUNCIONES Y DONES DE LOS MIEMBROS DEL EQUIPO

Cuando un equipo funciona bien, los resultados del trabajo conjunto de sus miembros y de la aplicación de sus distintas habilidades a su tarea son mayores que si cada individuo hubiera trabajado solo. Esta característica de los equipos se denomina sinergia. La sinergia en los equipos es la interacción o cooperación de sus miembros para producir un efecto combinado mayor que la suma de sus efectos individuales. Es el resultado de que los miembros del equipo trabajen en sus tareas de forma colaborativa e interdependiente, y les permite conseguir mucho más de lo que habrían conseguido si cada persona hubiera trabajado simplemente en paralelo.[1] Si, por ejemplo, hubiera que realizar tres tareas importantes y tres miembros del equipo trabajaran en cada una de ellas por separado de los demás, serían menos eficaces y producirían menos resultados que si los tres miembros trabajaran en colaboración en esas tareas. Esta sinergia—el efecto adicional de trabajar en colaboración—se representa en el siguiente diagrama (fig. 12).

---

1 Jon Katzenbach, *Teams at the Top: Unleashing the Potential of Both Teams and Individual Leaders* (Boston: Harvard Business School Press, 1998), 115.

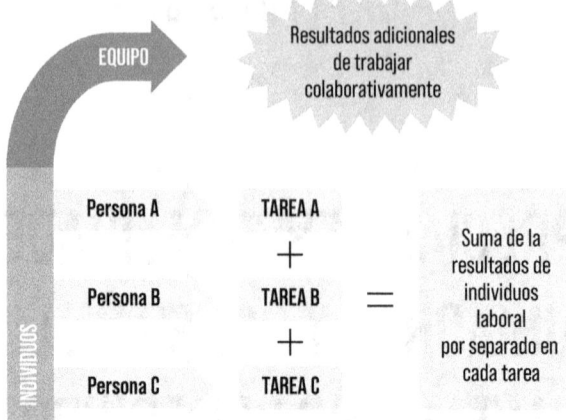

*Figura 12: Equipos e individuos trabajando juntos
(adaptado de Katzenbach,* Teams at the Top, *115)*

La sinergia y los resultados adicionales de trabajar en colaboración forman parte del designio de Dios para su pueblo. El apóstol Pablo explicó que Dios ha formado a su pueblo en un solo cuerpo y que a cada persona se le han dado dones para que los utilice en beneficio de todo el cuerpo. El propósito de Dios es que cada individuo o parte del cuerpo utilice los dones que le han sido dados para ayudar a los demás (Rom 12:3-8; 1 Cor 12:1-11; Ef 4:1-16). Los apóstoles, profetas, evangelistas, pastores y maestros, por ejemplo, deben usar los dones que Dios les ha dado para equipar a la gente para hacer el trabajo que Dios les ha dado, usando cada uno sus propias habilidades. El resultado es que el cuerpo de Cristo crece en madurez y semejanza a Cristo (Ef 4:11-15). Este crecimiento en madurez no puede ser alcanzado por cristianos individuales viviendo y trabajando por su cuenta.

Para que se desarrolle la sinergia, los miembros del equipo deben conocer bien sus propias habilidades y capacidades, así como las de sus compañeros. Cuando tienen este conocimiento, pueden trabajar de forma complementaria.

Una de las principales funciones del jefe de equipo es ayudar a sus miembros a comprender sus puntos fuertes y los de los demás. A partir de esta comprensión mutua de las capacidades de cada miembro, el líder debe ayudar al equipo a aclarar las funciones de cada uno. Hay muchas maneras de ayudar a los miembros del equipo a desarrollar esta comprensión fundamental. Dos herramientas que nos han resultado especialmente útiles en este proceso son los tipos de personalidad descritos por Katherine Briggs e Isabel Myers

Apreciar personalidades, funciones y dones de los miembros del equipo

y los roles de equipo descritos por Meredith Belbin.[2] La mayor parte de este capítulo se centra en explicar cómo estas dos herramientas pueden ayudar a los equipos a comprender los puntos fuertes y las capacidades de cada uno de sus miembros.

La sinergia depende de que cada miembro del equipo se sienta respetado y valorado porque se reconoce y valora su contribución única al equipo. La personalidad única de cada miembro del equipo aporta una perspectiva esencial al equipo. El valor de cada perspectiva debe ser comprendido y apreciado por todo el equipo. Del mismo modo, hay que aclarar el papel de cada miembro en el equipo, de modo que queden claras las expectativas del equipo respecto a cada uno de ellos y se explicite el modo en que las funciones de cada uno interactúan y se complementan entre sí. El líder es responsable de guiar este proceso de clarificación. Los líderes también deben asegurarse de que la distribución de personalidades y funciones en el equipo sea lo más equilibrada posible.

Algunas personas se oponen al uso de herramientas para comprender las personalidades y los roles, ya que consideran que las herramientas son demasiado simplistas, o se oponen a que se les encasille. Sin embargo, el propósito de utilizar estas herramientas no es hacer una categorización final de nosotros mismos o de nuestros compañeros de equipo, sino crear una puerta a través de la cual empezar a comprender y apreciar a nuestros compañeros de equipo. Los conflictos suelen deberse a diferencias de personalidad (a veces denominadas choques de personalidad), que se complican aún más por los diferentes orígenes culturales. Cada herramienta para entender la personalidad o el papel de una persona en el equipo es una puerta para conocerla mejor. Nos ayuda a empezar a comprenderlos. Utilizar estas herramientas puede ayudarnos a ver por qué las personas hacen las cosas como las hacen, y esto puede ayudarnos a dejar de sacar conclusiones negativas sobre nuestros compañeros de equipo. Cuando los miembros de un equipo entienden cómo "funcionan" ellos y los demás, son más capaces de apoyarse, animarse y comunicarse entre sí, y pueden trabajar juntos con más eficacia.

---

2 La teoría fundacional y la historia del Indicador de Tipo Myers-Briggs (MBTI) se explican en Isabel Myers, *Gifts Differing: Understanding Personality Type* (Mountain View, CA: Davies-Black, 1995); las funciones de los equipos se explican en Meredith Belbin, *Management Teams: Why They Succeed or Fail* (Oxford: Butterworth-Heinemann, 2010), y en Meredith Belbin, *Team Roles at Work* (Oxford: Butterworth-Heinemann, 2010).

LOS TIPOS DE PERSONALIDAD DE MYERS-BRIGGS

El Indicador de Tipo Myers-Briggs (MBTI) es un cuestionario de autoinforme diseñado para ayudar a las personas a comprenderse mejor a sí mismas y a los demás. Se basa en la teoría de los tipos psicológicos de Carl Jung y describe las preferencias de las personas sobre cómo perciben el mundo y toman decisiones. Los resultados del MBTI describen diferencias importantes entre las personas, diferencias que son fuentes habituales de malentendidos y falta de comunicación en equipos multiculturales. Un aspecto excelente del MBTI es que enmarca las diferencias en términos positivos y no incluye una dimensión negativa de la personalidad. En una situación de equipo, esto es especialmente bueno, ya que significa que las diferencias pueden discutirse como puntos fuertes y no se habla de defectos de carácter.

Según el modelo de personalidad de Myers-Briggs, hay cuatro formas principales en las que las personas se diferencian entre sí. Isabel Myers las denominó "preferencias" y las comparó con la preferencia que tienen las personas por utilizar una de sus manos en lugar de otra.[3] Estas cuatro preferencias pueden expresarse en forma de cuatro preguntas, cada una de ellas con dos respuestas alternativas. Cada una de las preguntas representa un espectro, y la preferencia personal de cada persona puede situarse entre uno y otro extremo.

¿De dónde extraes tu energía primaria: del mundo exterior de las personas (Extraversión [E]) o del mundo interior de los pensamientos y las ideas (Introversión [I])?

¿Cómo prefiere asimilar la información nueva: como hechos claros y tangibles y detalles sobre el aquí y el ahora (pensador paso a paso [S]) o como conceptos abstractos y posibilidades a gran escala (pensador de nuevas posibilidades [N])?

¿Cómo prefiere tomar decisiones: sintiendo por las personas y los efectos que las decisiones tendrán en ellas (Sintiendo [F]) o pensando en los principios de forma objetiva y lógica (Pensando [T])?

---

3 Myers, *Gifts Differing*, 193.

Apreciar personalidades, funciones y dones de los miembros del equipo

¿Cómo prefieres organizar tu vida: planificando, organizando y trabajando juiciosamente para cerrarla (juicioso [J]) o explorando el mundo de forma lúdica y flexible y abierta (lúdico [P])?[4]

Los tipos del MBTI son preferencias o tendencias hacia una determinada forma de pensar o de hacer las cosas, y no casillas fijas "o lo uno o lo otro". La mejor manera de entender a una persona es situarse en algún punto del espectro de cada preferencia, por lo que es posible que una persona se sitúe en un extremo del espectro de la extraversión y otra sea sólo ligeramente extravertida. También hemos observado que, en general, las distintas culturas tienden a situarse en lugares diferentes del espectro, de modo que un gitano introvertido [I] de Bulgaria puede parecer muy extravertido a un introvertido de Alemania, o un planificador muy juicioso [J] de una cultura túrquica puede parecer un explorador juguetón [P] a un inglés. Así pues, aunque existen numerosas pruebas que demuestran que el tipo de personalidad es coherente en todas las culturas,[5] la forma en que se expresa cada rasgo varía en las distintas culturas.

Tanto si rellena el cuestionario Myers-Briggs como si no, el verdadero valor del modelo Myers-Briggs de la personalidad está en averiguar su tipo Myers-Briggs por sí mismo. A menudo nos encontramos con que, cuando las personas utilizan cuestionarios, responden como han sido entrenadas para responder según las expectativas de su familia, escuela o iglesia, y éstas suelen estar sesgadas hacia rasgos concretos. Daremos ejemplos de cómo ocurre esto cuando hablemos de las preferencias individuales.

Aprendemos quiénes somos realmente en el proceso de interactuar con otras personas. En el mundo occidental, las personas están cada vez más aisladas y a menudo no han tenido una amplia experiencia en relacionarse profundamente con los demás antes de incorporarse a un equipo multicultural.[6] Esto significa que muchos occidentales no se conocen muy bien a sí mismos. Por estas razones, si usted es nuevo en el ministerio, debe ser consciente de los distintos rasgos, pero no hacer una evaluación inicial de

---

4 Hemos cambiado el nombre de algunas de las categorías del MBTI para que sean más fáciles de relacionar con la dinámica de equipo. En el esquema MBTI, S significa Sensibilidad, N Intuición, J Juicio y P Percepción.

5 Isabel Myers et al., *MBTI Manual*, 3.ª ed. (Mountain View, CA: Consulting Psychologists Press, 1998), http://www.myersbriggs.org/more-about-personality-type/international-use/multicultural-use-of-the-mbti.asp.

6 Sherry Turkle, *Alone Together: Why We Expect More from Technology and Less from Each Other* (New York: Basic Books, 2011).

sí mismo. De hecho, trabajar en equipo es una de las formas más valiosas de aprender sobre uno mismo. A medida que veas los contrastes entre tú y tus compañeros de equipo, empezarás a descubrir quién eres realmente. Una de las tareas de los jefes de equipo multiculturales es garantizar que en el equipo exista un clima abierto que permita a los miembros del equipo explorar sus propias personalidades y las de los demás, y que afirme los descubrimientos que las personas hacen sobre sí mismas y sobre sus compañeros de equipo. Este clima abierto ayuda al equipo a valorar los diferentes puntos fuertes que las personas aportan al equipo y evita la alternativa poco saludable de centrarse en las cosas que los miembros del equipo consideran negativas.

Hay muchos libros y sitios web que pueden ayudarle a determinar su tipo de Myers-Briggs. Algunos de los más útiles figuran al final de esta página.[7] En lugar de profundizar en todas las dimensiones de la personalidad, exploraremos ahora los aspectos que más a menudo provocan tensiones en los equipos.

Un equipo sano necesita un equilibrio de las cuatro preferencias de personalidad para funcionar bien. Si hay un desequilibrio particular en el equipo, éste tendrá que encontrar la manera de resolverlo. Es bueno recordarlo, ya que subraya lo mucho que nos necesitamos los unos a los otros para poder tener una perspectiva completa de lo que afronta el equipo y poder abordar la tarea con eficacia.

Acercamiento a las personas y al pensamiento: Extravertidos [E] e Introvertidos [I]

Aunque todo el mundo ha sido creado para poder relacionarse con otras personas, no todo el mundo tiene la misma capacidad para relacionarse continuamente con los demás. Esto es un reflejo de la dimensión introversión/extraversión de la personalidad. La introversión y la extraversión no determinan la capacidad de las personas para relacionarse

---

[7] Uno de los sitios web más útiles es http://www.keirsey.com, en el que David Keirsey ofrece un buen test en línea, el Keirsey Temperament Sorter (http://www.keirsey.com/sorter/register.aspx), que proporciona un informe personalizado con sus cuatro preferencias/letras y también ofrece una explicación de cada tipo (http://www.keirsey.com/4temps/overview_temperaments.asp). Algunos libros especialmente útiles que explican los tipos de personalidad con más detalle son: David Keirsey, *Please Understand Me II: Temperament, Character, Intelligence* (Del Mar, CA: Prometheus Nemesis, 1998); Jean Kummerow, Nancy Barger y Linda Kirby, *Work Types* (New York: Warner Books, 1997); y Otto Kroeger, Janet Thuesen y Hile Rutledge, *Type Talk at Work: How the 16 Personality Types Determine Your Success at Work* (New York: Dell, 2002).

Apreciar personalidades, funciones y dones de los miembros del equipo

con otras, sino la amplitud y el tiempo que prefieren interactuar con los demás. Los introvertidos pueden ser muy hábiles relacionándose con los demás, y los extravertidos a veces pueden ser completamente ajenos a lo que dicen los demás. Esta dimensión se centra en el origen de la energía de los individuos y en cómo piensan.

A un extravertido fuerte [E] le encanta interactuar con la gente. Esto no significa simplemente sentarse tranquilamente en presencia de otras personas. Significa sobre todo hablar con ellos. Los extravertidos son aquellas personas que no pueden evitar hablar siempre que están en presencia de otros: en una cola, en el autobús, en la mesa de una comida. No les importa de qué están hablando. Simplemente disfrutan hablando. Los extravertidos buscan activamente a los demás. Después de pasar un rato hablando con los demás, suelen estar llenos de energía, aunque estén cansados físicamente. Para los extravertidos, la gente es emocionante. Un extravertido se quemará si se le impide relacionarse con la gente durante más de un breve periodo de tiempo.

Una característica de los extravertidos que puede causar problemas en los equipos es que a menudo necesitan hablar para pensar. Procesan las ideas explorándolas con los demás. En la planificación de equipos, los extravertidos deben tener la oportunidad de debatir sus ideas para poder trabajarlas. Pueden producirse malentendidos importantes cuando los miembros del equipo asumen que la discusión entusiasta de una idea por parte del extravertido significa que éste está de acuerdo con ella. En realidad, el entusiasmo del extravertido se debe tanto a la conversación como a la idea en sí. A menudo, al día siguiente, el extravertido discutirá o defenderá con el mismo entusiasmo una perspectiva opuesta. Hemos visto a miembros del equipo confundirse, frustrarse e incluso enfadarse cuando esto ocurre. El extravertido puede ser acusado de ser cambiante, poco comprometido o incluso de mentir. Los extravertidos acaban por decidirse, pero necesitan tiempo de conversación para hacerlo.

Los extravertidos son un gran activo para los equipos, porque siempre buscarán personas, tanto dentro del equipo como fuera de él, y ayudarán a sacar de su caparazón a los introvertidos. Especialmente en los equipos ministeriales que se centran en las personas, los extravertidos son esenciales para ayudar al equipo a relacionarse con la comunidad local. Otra gran ventaja que los extravertidos aportan al equipo es que no temen decir lo que piensan. Esto significa que tenderán a decir lo que todos los demás piensan, pero pueden tener dudas a la hora de expresarlo. También significa que, como líder, puedes estar bastante seguro de que sabes lo que les pasa a los extravertidos, porque ellos te lo habrán dicho.

Por el contrario, una persona introvertida [I] extrae su energía personal de su interior. Pasar tiempo con otras personas, y especialmente tener que hablar con otras personas durante períodos prolongados, agotará la energía personal del introvertido y lo dejará exhausto. Los introvertidos fuertes se quemarán rápidamente si se encuentran en una situación ministerial en la que tienen poco descanso de la gente, tanto si se trata de compañeros de equipo como de otras personas. Los introvertidos necesitan tiempo para recargar sus baterías internas. Si se acepta a los introvertidos por lo que son, muchos serán capaces de sobrellevar el tiempo con la gente siempre que no se les obligue a hablar. Especialmente en las culturas colectivistas, los introvertidos estarán encantados de formar parte continuamente de un grupo porque no sienten la misma presión para hablar en el grupo que suelen ejercer las culturas individualistas.

Los introvertidos tienden a pensar antes de hablar y suelen necesitar un poco de tiempo para reflexionar antes de responder a los demás. Procesan las ideas internamente y no sienten necesariamente la necesidad de discutirlas antes de que estén completamente formadas. De hecho, para el introvertido fuerte que no ha aprendido el valor de refinar las ideas debatiéndolas con los demás, cuestionar sus ideas puede hacerle sentir que su integridad se ve amenazada. Esto se debe a que las ideas de los introvertidos suelen surgir de lo más profundo de su ser y a menudo han invertido mucho tiempo y energía en formularlas, por lo que al introvertido le resulta difícil separar la idea de su identidad.

Los miembros de un equipo pueden tratar a los compañeros que no hablan mucho como si no tuvieran ideas, sobre todo si hay extravertidos dominantes en el equipo que tienden a monopolizar la toma de decisiones. Es posible que los introvertidos necesiten poder expresar su opinión, y hablar no siempre es la mejor manera para ellos. Los introvertidos pueden encontrar más fácil expresar su opinión a través de otro miembro del equipo. A menudo agradecen que se les entregue un orden del día escrito y borradores de ideas antes de las reuniones de equipo para que tengan tiempo de reflexionar y formular una respuesta por escrito o verbal. Los intentos bienintencionados de obligar a los introvertidos a dar respuestas verbales a los temas de las reuniones pueden hacer que se sientan alienados y continuamente estresados.

Apreciar personalidades, funciones y dones de los miembros del equipo

Los introvertidos son necesarios en los equipos, ya que aportan estabilidad y respuestas cuidadosamente meditadas a ideas, problemas y situaciones. Suelen tomarse más tiempo que los extravertidos para observar las reacciones de la gente que les rodea ante lo que se dice y pensar en respuestas adecuadas. Como los introvertidos se sienten a gusto en su propia compañía, a menudo durante largos periodos de tiempo, suelen sentirse más cómodos que los extravertidos con el trabajo de oficina o creativo que pueden hacer solos, o con la planificación estratégica detallada u otros trabajos administrativos o de evaluación que se centran más en los documentos que en la interacción con las personas. Como la mayoría de los equipos tendrán tareas que requieran relacionarse con la gente y otras que requieran más trabajo individual, es bueno tener un equilibrio de miembros del equipo para gestionar ambos tipos de tareas.

La introversión tiende a valorarse más que la extraversión en las iglesias tradicionales y conservadoras de las culturas individualistas. Hay varias expresiones de esta valoración de la introversión. Por ejemplo, se enseña y modela directamente que la fe personal se cultiva con un "tiempo de silencio" (en el que cada uno lee la Biblia y ora por su cuenta); se enseña a guardar silencio en las reuniones y se enseña a ejercer la autodisciplina cuidando la lengua (cf. Stg 3:1–12) y pensando antes de hablar (cf. Prov 21:23). En los institutos bíblicos y seminarios occidentales, el estudio individual se refuerza con exámenes individuales competitivos y tareas escritas en las que los estudiantes suelen trabajar solos y, en la gran mayoría de los casos, con un enfoque de tipo conferencia en el que los estudiantes aprenden y piensan en silencio por su cuenta. En consecuencia, a los graduados de los institutos bíblicos que ejercen el ministerio puede resultarles difícil redescubrir su extraversión y aceptarla como un rasgo positivo.

Un desequilibrio entre introvertidos y extravertidos en el equipo afectará a la capacidad del equipo para relacionarse con el mundo exterior, construir una identidad de equipo coherente, reflexionar sobre sus procesos de equipo y gestionar su tiempo juntos. Los muy extravertidos pueden ejercer una presión excesiva sobre los introvertidos para que pasen tiempo juntos o hablen antes de estar preparados. Los introvertidos fuertes pueden inhibir la capacidad del equipo para comunicarse y pueden impedir que los extravertidos hagan lo que mejor saben hacer: salir y relacionarse con otras personas.

Cuando la tarea del equipo requiere relacionarse o crear redes con otras personas, a un equipo sin extravertidos le resultará muy difícil llegar a la gente de su entorno. Incluso si los introvertidos se obligan a hacerlo, se agotarán rápidamente. Aunque el trabajo de un equipo consista en examinar archivos de documentos en un búnker, seguirá necesitando a quienes sean capaces de tender puentes con las personas que controlan y gestionan esos archivos y, posiblemente, también de relacionarse con quienes se menciona en los archivos. Los extravertidos son los miembros del equipo que más fácilmente pueden tender puentes entre el equipo y el mundo exterior. Si un equipo no tiene extravertidos, debe reclutarlos activamente y, mientras tanto, animar a los que son menos introvertidos a centrarse en desarrollar su extraversión.

Si en un equipo hay pocos o ningún introvertido, el equipo centrará continuamente su energía fuera del equipo. Aunque esto es bueno para la actividad y para relacionarse con la gente, los procesos del equipo tenderán a resentirse y la identidad del equipo puede disiparse. Los introvertidos ayudan al equipo a reflexionar sobre lo que está haciendo y se contentan con mantener actividades de oficina que cumplan los requisitos organizativos y burocráticos. Los introvertidos son más propensos a ser las personas del equipo que supervisan el progreso del equipo hacia el cumplimiento de sus objetivos y que garantizan que las estrategias y procesos del equipo son coherentes con su visión y sus valores.

Enfoque del tratamiento de la información: Pensadores paso a paso [S] y pensadores de nuevas posibilidades [N].

La dimensión S/N de la personalidad describe cómo las personas prefieren recibir y estructurar la nueva información para procesarla. Los pensadores paso a paso [S] empiezan con lo que tienen delante y van construyendo un todo. Los pensadores de nuevas posibilidades [N] empiezan por el todo y luego identifican los componentes necesarios.

Los pensadores paso a paso empiezan con lo que tienen delante—los hechos u objetos concretos—y los ordenan cuidadosamente uno tras otro hasta llegar a una conclusión final. No necesitan conocer el resultado hasta llegar a él. Les gusta que el proceso de toma de decisiones sea coherente, predecible y esté bien controlado. Desconfían de la imaginación, la intuición y las corazonadas, a menos que la persona que las utilice tenga un historial probado de aciertos. No es que les desagrade especialmente la intuición, sino que simplemente no pueden entender en qué se basa. No tiene sentido para ellos. No suelen ser capaces de tomar decisiones mediante saltos intuitivos, sino que llegan a sus conclusiones paso a paso. Es como si el pensador paso

Apreciar personalidades, funciones y dones de los miembros del equipo

a paso estuviera en una caja cerrada y no pudiera imaginar el mundo fuera de ella. Para salir de la caja, el pensador paso a paso corta sistemáticamente una puerta a través de la pared de la caja o construye escalones por encima del lateral de la caja. Una vez fuera, empieza a examinar los detalles de lo que ve. Deben centrarse en las realidades detalladas del momento presente y el contexto para construir gradualmente una imagen de la situación en su conjunto.

En cambio, los pensadores de nuevas posibilidades son intuitivos e imaginativos. Tienden a centrarse en el futuro. Para algunos, el futuro puede parecer más real que el presente. Estas personas no se sienten limitadas por la realidad a la que se enfrentan. Los pensadores de nuevas posibilidades necesitan saber cuál será el punto final de cualquier proceso de toma de decisiones para considerar cómo se debe llegar a ese punto. No son capaces de procesar información sin saber cuál es el objetivo del proceso. Para ellos, el punto final determina qué información debe tenerse en cuenta y cómo debe abordarse. Lo importante para los pensadores de nuevas posibilidades es la visión. No les preocupan los detalles de cómo puede lograrse la visión, ya que los consideran contingentes y cambiantes. Como creen firmemente que el presente debe flexionar por el bien del futuro, pueden sentirse muy frustrados con los pensadores paso a paso, a los que perciben como que intentan fijar cosas concretas que podrían tener que cambiar a medida que evolucione la situación.

A medida que la Iglesia se establece en la sociedad, se preocupa cada vez más por preservar y promover la buena conducta. Se establece una determinada forma de hacer las cosas y los líderes desarrollan un interés personal en mantener las cosas como siempre han sido. A la Iglesia, como a otras instituciones más antiguas de la sociedad, le resulta difícil cambiar, porque el cambio amenaza el statu quo. Como lo semejante atrae a lo semejante, los miembros de las instituciones más antiguas, incluida la Iglesia, tienden a elegir líderes que son pensadores paso a paso, hábiles para mantener los valores y las tradiciones y que se concentran en los detalles de su contexto inmediato en lugar de la incómoda consideración del mundo exterior y las nuevas preguntas y posibilidades de cambio que evoca. Los pensadores de nuevas posibilidades que plantean preguntas difíciles y consideran nuevas formas de hacer las cosas tienden a ser considerados difíciles o incluso rebeldes y a menudo son marginados.

Un desequilibrio en este ámbito de la personalidad del equipo afectará especialmente a su planificación estratégica y al seguimiento de los progresos. También puede afectar a la capacidad del equipo para tomar decisiones conjuntamente debido a las diferencias en el enfoque del procesamiento de la información.

Cuando la mayoría de los miembros del equipo son pensadores paso a paso, el equipo gastará la mayor parte de su energía fortificando su propia "caja" (manteniendo el statu quo y perfeccionando los detalles de la misma) en lugar de determinar si necesita adaptar o modificar su caja para adaptarse a su entorno o alcanzar su visión. El equipo tenderá a obsesionarse con los detalles y a olvidar la visión de conjunto. Cuando se enfrenta a retos, el equipo puede verse abrumado por la masa de nuevos detalles y ser incapaz de encontrar ninguna solución a su dilema. En el ejemplo clásico de un equipo cuya tarea consiste en drenar un pantano infestado de cocodrilos, normalmente serían los pensadores paso a paso los que no serían capaces de ver más allá de los cocodrilos que les chasquean los tobillos para centrarse en cómo deshacerse del agua.

Una visión muy poco realista también es un riesgo en un equipo, y puede desarrollarse cuando un equipo tiene un exceso de pensadores de nuevas posibilidades. Sin la base en la realidad actual que aportan los pensadores paso a paso, la imaginación puede sustituir a la visión. En algunos casos, los pensadores fuertemente intuitivos pueden incluso actuar como si la visión se hubiera alcanzado antes de convertirse en realidad. Como a los pensadores de nuevas posibilidades les preocupan más los objetivos que las estrategias necesarias para alcanzarlos, a veces pueden prestar poca o ninguna atención a la estrategia. Sin pensadores paso a paso que bajen a tierra la planificación estratégica, el propósito del equipo corre el riesgo de convertirse en un deseo más que en una realidad. Si la visión de un equipo es demasiado poco realista, el equipo puede desanimarse rápidamente.

Enfoque de la toma de decisiones: Sentir por las personas [F] y pensar en los principios [T].

Cuando las personas toman decisiones, tienden a dar prioridad a la objetividad, la lógica y los principios [T], o a cómo afectará la decisión a las personas y cómo se sentirán éstas [F]. Esto no significa que los que toman decisiones basadas en principios [T] no se preocupen por el efecto en las personas o que los que dan prioridad a cómo afectarán las decisiones a las personas [F] descuiden los principios en su toma de decisiones.

Los miembros del equipo que conceden mayor prioridad al efecto de las decisiones en las personas se preocupan por cómo se sentirá la gente y cuál será el impacto de las decisiones en la vida y el trabajo de los demás. Piensan en las reacciones de quienes se verán afectados por la decisión y dan valor y credibilidad a sus emociones y respuestas. Los miembros del equipo que consideran los efectos que las decisiones tendrán en las personas tenderán a tener en cuenta a todos los grupos de personas afectadas, incluida la comunidad en general. También tendrán en cuenta el impacto a largo plazo en los miembros del equipo y en sus relaciones.

Los miembros del equipo que dan prioridad a los principios en la toma de decisiones no ignoran el efecto que sus decisiones tendrán en la gente, pero consideran que las reacciones de la gente son menos importantes que lo que es correcto o incorrecto, o lógicamente lo mejor, en la situación. Es posible que a estos miembros del equipo les siga importando mucho cómo se siente la gente, pero están dispuestos a capear sus reacciones por lo que consideran un bien mayor. Las personas que toman decisiones basadas en principios no sólo elegirán principios generales, sino que también defenderán firmemente la visión y los valores del equipo y la organización.

Hasta hace poco, la Iglesia occidental estaba formada principalmente por personas procedentes de culturas INA y empleaba una forma de comunicación muy descontextualizada (véase el capítulo 2). Un aspecto importante de esta orientación de bajo contexto es que las iglesias occidentales tienden a centrarse en la palabra escrita, la ley y la teología sistemática.[8] La teología sistemática, que sustenta la doctrina, encarna un enfoque racional, lógico, sistemático e intelectual de la fe, que a menudo ha tendido a restar importancia a la emoción y a la experiencia subjetiva. A los nuevos creyentes se les enseña a ignorar sus sentimientos y a confiar en la verdad, que se define como afirmaciones proposicionales derivadas de la palabra escrita de Dios. Aunque esta postura tiene cierta validez, representa el sesgo de las culturas

---

8 Richard Hibbert y Evelyn Hibbert, "Contextualizing Sin for Cross-cultural Evangelism", manuscrito inédito, 2012.

de bajo contexto. En cambio, las culturas de contexto elevado comprenden muy pronto que Jesús, la persona, es la verdad (Juan 14:6) y que la verdad es un concepto relacional basado en nuestra relación con la persona que es la verdad, y no una lista de leyes.

La verdad, basada en la persona de Jesús, se centra en preservar las relaciones de acuerdo con cómo Jesús pensaría y actuaría en cualquier situación. A veces, la aplicación rígida de las leyes (definidas como verdad) puede causar daño a las relaciones en formas que deshonran a Jesús y entristecen al Espíritu Santo. Un ejemplo sencillo de esto es el "sí relacional" utilizado en culturas de alto contexto, que a menudo confunde y ofende a los misioneros de culturas de bajo contexto. Por ejemplo, si un misionero invita a una persona a la iglesia y esa persona percibe que el misionero se sentirá muy decepcionado si no acude, el invitado puede decir: "Sí, iré a la reunión". En ese contexto, todos los lugareños entenderían que el invitado no acudirá a la reunión. Es obvio para ellos, pero no para el misionero, que el invitado está diciendo: "Me gustas como persona y quiero complacerte. No quiero que te enfades y sientas dolor o angustia". El invitado está expresando amor por el misionero y buscando tanto su bienestar como la preservación de la relación. Sin embargo, la orientación del misionero hacia la comunicación en un contexto bajo le lleva a juzgar al invitado como un mentiroso. El misionero considera que el invitado no es como Cristo, porque percibe que ha infringido una ley. Cuando el invitado ve que el misionero se ofende, se enfada y es incapaz de actuar razonablemente con él, también considera que el misionero no es como Cristo, porque sus acciones destruyen las relaciones.

Aunque a menudo se argumenta que los sentimientos pueden nublar el juicio, es muy importante que un equipo sopese los efectos de sus decisiones en las personas (incluidos otros miembros del equipo). El principal problema que causa en la toma de decisiones en equipo un énfasis excesivo en los sentimientos hacia las personas es la parálisis. Las situaciones a las que se enfrentan los equipos suelen ser tan complejas y afectar a tantas personas que resulta difícil equilibrar todas las posibles necesidades, reacciones y respuestas de todos los implicados. Por lo general, la única forma de superar esta parálisis es evaluar las opciones a la luz de la visión y los valores del equipo. El proceso de hacer esto no sólo refuerza la visión y los valores del equipo, sino que también ayuda al equipo a tomar una decisión más meditada y a estar preparado para cualquier reacción. Ser capaz de dar una respuesta razonada a las preocupaciones de la gente ayuda a los miembros del equipo a hacer frente a sus propias reacciones y a apoyarse mutuamente si se enfrentan a reacciones negativas a su decisión por parte de otras personas ajenas al equipo.

Por el contrario, quienes se centran más en la lógica y los principios objetivos a la hora de tomar decisiones tienden a ignorar el impacto humano de sus elecciones. Si las personas que se centran más en la lógica y los principios son mayoría o tienen la voz más alta, el equipo corre un gran riesgo de perjudicar a los demás en el cumplimiento de su tarea. Los miembros del equipo que sólo se preocupan por lo que es lógico no suelen ser conscientes del impacto negativo a largo plazo de sus decisiones en las personas. Dado que la formación teológica tiende a seleccionar y reforzar una orientación basada en principios para la toma de decisiones, puede resultar muy difícil para los miembros del equipo con esta formación aprender a escuchar a los miembros del equipo que dan prioridad al impacto humano. Es fundamental para la salud de un equipo y para la eficacia a largo plazo de su ministerio que los miembros del equipo tengan un enfoque equilibrado de esta dimensión de la personalidad y que los miembros de ambos lados del espectro sean capaces de respetar, escuchar y valorar los puntos de vista de los demás.

Acercamiento al mundo exterior: Organizador juicioso [J] y explorador juguetón [P].

La cuarta dimensión de la personalidad descrita por Myers-Briggs se refiere a la forma en que las personas se relacionan con su entorno. Algunas personas necesitan un mayor grado de control que otras. En una situación de equipo, hay dos entornos principales que hay que gestionar: el equipo y el mundo exterior al equipo. Como las personas del equipo también forman parte del entorno, pueden surgir tensiones cuando los miembros del equipo intentan comprender y negociar los límites del control.

Los miembros del equipo juicioso-organizador [J] son por antonomasia quienes intentan dar forma y estructurar el mundo que les rodea. Concienzudos y fiables, los miembros juiciosos de un equipo invertirán mucho tiempo y esfuerzo en hacer "lo que hay que hacer" y ayudar a los demás a hacer lo mismo. Sin ellos no se alcanzarían los objetivos del equipo, no se establecerían los procesos y estructuras necesarios y no se cumplirían los requisitos organizativos y otros requisitos burocráticos. Se esfuerzan sistemáticamente por cumplir todo lo que la sociedad exige de ellos, tal y como lo definen figuras de autoridad respetadas, como los líderes eclesiásticos u organizativos. Les gusta que la vida sea ordenada y predecible, y cuando no lo sea crearán cajas para vivir que les protejan de la ambigüedad y les proporcionen una frontera controlable con el mundo exterior.

La mayoría de las situaciones del ministerio son impredecibles. Muchas tareas de equipo son incontrolables. Muchos organizadores juiciosos, que pueden arreglárselas bien en sus situaciones domésticas, donde todo está bajo control o al menos parece estar bajo su propio control, no pueden flexibilizarse lo suficiente para hacer frente a la imprevisibilidad de su situación de trabajo en equipo. En situaciones de equipo, los demás compañeros no siempre respetan el deseo de planificación, orden y previsibilidad de los organizadores juiciosos, e ignoran u olvidan las estructuras y los procesos. Los organizadores juiciosos pueden experimentar un estrés importante si sienten que han perdido el control de una situación o se enfrentan a una ambigüedad abrumadora.

En cambio, los miembros del equipo Explorador lúdico [P] gestionan la imprevisibilidad de la vida con relativa facilidad. Les gusta tomar decisiones abiertas y disfrutan con la imprevisibilidad. Tienden a adaptarse al mundo que les rodea en lugar de sentir la necesidad de cambiar el mundo para que se adapte a ellos. Esto les confiere una deliciosa capacidad para explorar el mundo, experimentar con él y no preocuparse demasiado por el rechazo o el fracaso. Todas las dificultades y retos son excusas para experimentar de forma más divertida. También son más propensos a correr riesgos y a distraerse. Pueden frustrar a sus compañeros llegando tarde a las reuniones y llevando al equipo por la tangente. Por otro lado, no dudarán en asumir riesgos que puedan ayudar a alcanzar más rápidamente los objetivos del equipo y pueden evitar que sus compañeros, organizadores juiciosos, queden empantanados en un lodazal de previsibilidad. A menudo es el acto exploratorio espontáneo de un explorador juguetón el que revela un enfoque o una idea que lleva al equipo a hacer más de lo que de otro modo habría imaginado posible. En situaciones ministeriales más arriesgadas, la confianza del explorador juguetón ante la ambigüedad puede ayudar a mantener la calma y la capacidad de reacción de los organizadores juiciosos.

A medida que las instituciones, incluidas las iglesias y las agencias misioneras, maduran, tienden a centrarse cada vez más en la estructura y el control necesarios para mantener el statu quo.[9] Con el tiempo, la forma correcta de hacer las cosas pasa a ser definida por las personas más aptas para mantener el orden—los organizadores juiciosos—porque están dispuestos a invertir el tiempo y el esfuerzo necesarios para mantenerlo. Los organizadores juiciosos observan el mundo que les rodea y construyen vallas y cajas para mantener a raya su imprevisibilidad. Los exploradores juguetones escalan las vallas y abren las cajas para volver al mundo impredecible. De hecho, es posible que los exploradores juguetones ni siquiera se percaten de las vallas en su afán por volver al exterior y disfrutar de lo que la vida les depara. Esto puede provocar graves conflictos en los equipos. Los miembros del equipo de exploradores juguetones suelen sentirse desconcertados por los intentos de controlarlos y se resisten a ser controlados. Los miembros del equipo organizador juicioso tienden a juzgar las acciones de los exploradores juguetones como rebeldes y los tachan de "poco fiables". Dado que tanto la iglesia como la sociedad respaldan la previsibilidad, los exploradores juguetones suelen verse condenados y marginados. Sin embargo, los exploradores juguetones son fundamentales para los equipos. Al igual que los extravertidos, estos miembros del equipo sacan al equipo al mundo exterior y evitan que el equipo se ensimisme. Los miembros juguetones también ayudan al equipo a disfrutar de su trabajo, asumir riesgos y superar los fracasos.

El desarrollo de la sinergia en un equipo es un proceso dinámico e imprevisible que resulta de la interacción entre los miembros del equipo y las tareas que tienen que realizar juntos. En un equipo monocultural, las expectativas de cada miembro del equipo y la interacción entre ellos son relativamente predecibles. Los miembros de los equipos monoculturales tienen formas culturalmente aprendidas y compartidas de abordar los conflictos sobre cuestiones de control. En general, los organizadores juiciosos serán más tolerantes con los exploradores juguetones de su propia cultura, percibiendo que su comportamiento está dentro de los límites de lo que

---

9 Para un análisis muy útil de los puntos fuertes y débiles de la institucionalización en los grupos religiosos, incluidas las iglesias, léase Thomas O'Dea, "Five Dilemmas in the Institutionalization of Religion", *Journal for the Scientific Study of Religion* 1 (1961): 30-39.

ocurre en la sociedad, aunque a veces resulte molesto o frustrante. Pero en un equipo multicultural, la imprevisibilidad del comportamiento de los demás es mucho mayor y a menudo se siente fuera de control. Los organizadores juiciosos suelen sentirse bastante estresados y sienten la necesidad de ejercer control sobre la situación para disminuir el estrés. Para complicar aún más la dinámica de equipo, lo que en una cultura puede parecer un comportamiento muy controlado, en otra puede parecer descontrolado. Ejemplos de ello son un australiano que reprende a un compañero turco por llegar más de una hora tarde a una reunión del equipo, o un miembro del equipo inglés que prohíbe a una familia brasileña llevar a sus hijos a las reuniones del equipo porque hacen demasiado ruido.

Si hay demasiadas personas de diferentes culturas intentando ejercer el control sobre el equipo al mismo tiempo, es inevitable que se produzcan graves conflictos. Cuando en un equipo hay demasiados organizadores juiciosos de una misma cultura, es posible que obliguen al equipo a hacer las cosas de la forma en que ellos se sienten cómodos para salir adelante. Si esto ocurre, se inhibirá el desarrollo de nuevas formas de hacer las cosas y es muy posible que se impida al equipo debatir y establecer sus propios valores únicos. Otro problema de tener demasiado control en el equipo es que puede impedirle asumir riesgos. Los equipos necesitan libertad para asumir riesgos y cometer errores, de modo que puedan aprender de ellos y experimentar con posibilidades nuevas y potencialmente muy fructíferas.

Los equipos necesitan estructuras y acuerdos para construir y preservar su identidad colectiva. Necesitan procedimientos consensuados a los que recurrir, especialmente cuando se producen conflictos de gran carga emocional. Tienen una tarea que cumplir y necesitan estrategias acordadas para llevarla a cabo, así como objetivos que ofrezcan oportunidades para la celebración, la reflexión y la evaluación colectivas. Los organizadores juiciosos se asegurarán de que todo esto esté en su sitio. Los exploradores lúdicos verán los objetivos, las estrategias y los procedimientos acordados mutuamente como males necesarios o se resistirán a ellos. En cualquier caso, los exploradores lúdicos no verán las estructuras o reglas como algo concreto y a veces tenderán a desestabilizar al equipo llevándolo por la tangente. Si las voces de los exploradores lúdicos son demasiado fuertes, el equipo puede pasar tanto tiempo por la tangente que nunca alcance sus objetivos. Un énfasis excesivo en la exploración lúdica impedirá al equipo construir las estructuras necesarias para apuntalar su identidad colectiva. Otra posibilidad es que pierda mucho tiempo renegociando acuerdos u objetivos a causa de una nueva idea que haya encontrado un explorador lúdico.

Cada dimensión del modelo de personalidad de Myers-Briggs es esencial para los equipos, pero deben estar en equilibrio entre sí. Cuando hay desequilibrios, el equipo debe ser consciente de ellos y esforzarse por corregirlos. Una forma de hacerlo es animar a los miembros del equipo a desarrollar formas de pensar menos naturales para ellos. Por ejemplo, si en un equipo no hay organizadores juiciosos, se puede pedir a uno de los miembros del equipo que adopte esa forma de pensar. Utilizando la idea de Myers, es como animar a los diestros a utilizar la mano izquierda. Una segunda forma de abordar el desequilibrio es contratar a nuevos miembros del equipo que tengan las cualidades que faltan. Comprender la importancia de cada dimensión de la personalidad para el funcionamiento eficaz del equipo puede ayudar a sus miembros a apreciarse y valorarse mutuamente, así como a esforzarse por escuchar las perspectivas de los demás. El líder del equipo desempeña el importante papel de reforzar continuamente la importancia de las diferencias para la salud y la eficacia del equipo.

COMPRENDER LAS FUNCIONES DEL EQUIPO

Para trabajar juntos con eficacia, cada miembro de un equipo debe tener claro cuál es su papel en el proceso. El conflicto y la frustración pueden surgir cuando los límites no están claros y hay disonancia entre las expectativas de los distintos miembros del equipo sobre su papel y el de los demás en el cumplimiento de la tarea del equipo. El conflicto y la frustración también pueden surgir en un equipo cuando se percibe que uno o más miembros no hacen su parte justa (o esperada) del trabajo. El líder del equipo debe ser capaz de aclarar las funciones de cada miembro del equipo y animarlos a cumplir su papel en la realización de la tarea del equipo.[10]

El modelo de roles de equipo de Belbin, desarrollado por Meredith Belbin y su equipo en el Reino Unido, es una herramienta útil que el jefe de equipo puede utilizar para identificar y aclarar los roles que asumen las personas en un equipo. Este modelo se centra en los comportamientos que adoptan los distintos miembros de un equipo cuando participan en él. La investigación inicial de Belbin le llevó a identificar ocho grupos de comportamientos, a

---

10 Carl Larson y Frank LaFasto, *Teamwork: What Must Go Right / What Can Go Wrong* (Thousand Oaks, CA: SAGE, 2001).

los que denominó roles de equipo. Encontrará más información sobre estos roles de equipo, la investigación en la que se basan y cómo pueden ayudar a su equipo en los libros de Belbin *Management Teams: Why They Succeed or Fail* y *Team Roles at Work*, que figuran en la bibliografía. Puedes averiguar cuáles son tus propias funciones preferidas rellenando el cuestionario que figura al final del libro de Gordon y Rosemary Jones *Trabajo en equipo*[11] o completando el Inventario de autopercepción de Belbin.[12] A continuación se describen los ocho roles de equipo que nos han resultado más útiles para trabajar con equipos multiculturales.

Existen dos funciones de liderazgo: coordinador y formador. Un equipo ideal tendría un coordinador y un formador, y debe tener al menos uno de estos papeles para funcionar bien. Los coordinadores tienen don de gentes y suelen ser maduros, seguros de sí mismos y saben reconocer los puntos fuertes de los demás miembros del equipo. Dirigen aclarando los objetivos y permitiendo que el equipo trabaje para alcanzar esos objetivos compartidos, motivando y animando a los miembros del equipo a hacer cosas juntos y delegándoles tareas. El formador está muy centrado en lo que el equipo debe conseguir. Los formadores son líderes dinámicos, decididos y con una sola mentalidad, que tienen mucho empuje para superar las dificultades y llevar a cabo la tarea. Les gusta dirigir y empujar a los demás a la acción. Se aseguran de que todas las actividades del equipo estén en consonancia con su visión y la mantienen constantemente presente. Los formadores perciben los obstáculos como retos y ayudan al equipo a superarlos. Son esenciales al principio de la vida de un equipo o cuando éste pierde el norte o se paraliza por la indecisión o los obstáculos. Los formadores van por delante de los equipos y trazan su rumbo, mientras que los coordinadores reúnen a los miembros del equipo y los llevan con ellos. Como la función de modelar es tan fuerte e individual, tener dos modeladores fuertes en un equipo suele ser una receta para el fracaso, ya que cada uno siente la necesidad de trazar un rumbo diferente para el equipo. Cuando hay dos formadores, es mejor tener dos equipos.

---

11 Gordon Jones y Rosemary Jones, *Teamwork: How to Build Relationships* (Bletchley, Reino Unido: Scripture Union, 2003).

12 Disponible en http://www.belbin.com.

Apreciar personalidades, funciones y dones de los miembros del equipo

En los equipos hay dos tipos de personas con ideas: el investigador de recursos y la planta. Cada una de estas personas aporta ideas al equipo, pero lo hacen de formas diferentes. Las plantas extraen ideas de sí mismas, mientras que los investigadores de recursos las encuentran en otras personas. Las plantas son creativas e imaginativas y son capaces de generar muchas ideas y ofrecer múltiples soluciones a los problemas. Son esenciales para los equipos. Si un equipo no tiene una planta, tendrá que pedirla prestada periódicamente a otra persona para generar una lista de ideas que el equipo pueda examinar. Muchas de las ideas que genera una planta son extrañas o poco realistas, pero algunas de ellas contendrán la chispa de genialidad necesaria para encender la sinergia del equipo. A diferencia de las plantas, los investigadores de recursos obtienen sus ideas de otras personas. Desarrollan contactos fuera del equipo para encontrar ideas y recursos que ayuden al equipo a cumplir su tarea. Suelen ser personas cálidas, inquisitivas, extrovertidas y entusiastas a las que se les da bien comunicarse con la gente. Utilizan estas habilidades para relacionarse con los demás y, en el proceso, descubren ideas, personas y otras herramientas que pueden ayudar al equipo a cumplir sus objetivos.

Los trabajadores de equipo son el pegamento que mantiene unido al equipo. Se preocupan por las personas y las relaciones del equipo. Muy sensibles a los conflictos y los malentendidos, se esfuerzan por resolver los problemas interpersonales y restablecer la armonía en el equipo. No necesariamente muy visibles en el equipo, trabajan entre bastidores para ayudar a que las personas se lleven bien y hacen cosas que contribuyen a crear un buen clima emocional en el equipo, como asegurarse de que haya buena comida en las reuniones de equipo. Animan a los miembros del equipo e intentan calmar las tensiones antes de que estallen en un conflicto total. Un equipo sin trabajadores de equipo tendrá dificultades para mantenerse unido.

Las tres funciones restantes—ejecutora, supervisora-evaluadora y finalizadora- ayudan al equipo a cumplir sus estrategias y objetivos centrándose en aspectos de la propia tarea. Los ejecutores son especialmente buenos a la hora de llevar las ideas a la práctica. Destacan por su sentido común y se les da bien tomar ideas y encontrar formas prácticas de hacerlas realidad. Trabajan concienzuda y eficazmente en lo que hay que hacer, abordando los problemas de forma sistemática. También son especialmente capaces de sugerir rutinas y estructuras que el equipo puede utilizar para realizar la tarea con mayor eficacia. Los supervisores-evaluadores tienen una buena capacidad analítica y emiten juicios sagaces que tienen en cuenta todos los factores posibles. Son buenos analizando problemas, evaluando sugerencias y sopesando los pros y los contras. También comprueban que lo que hace el equipo está en consonancia con su visión, sus objetivos y sus estrategias, y ayudan a contener al equipo cuando tiende a salirse por la tangente con entusiasmo, lo que puede ser bueno pero no cumplirá los objetivos o la visión del equipo. Los finalizadores se aseguran de que las tareas se terminen bien. Prestan una atención excepcional a los detalles. Cuando el entusiasmo ha decaído y la tarea está casi terminada, es el finalizador el que se asegura de que se atiendan los últimos detalles. Esto permite al equipo seguir avanzando con confianza, sabiendo que todos los documentos están completos, las cuentas cerradas y los recursos entregados o eliminados adecuadamente. Los finalizadores también son muy valiosos cuando las tareas exigen un alto grado de precisión.

El proceso de clarificar las funciones del equipo es importante por varias razones. En primer lugar, permite a los miembros del equipo apreciar y aprovechar las habilidades y puntos fuertes que cada uno aporta al equipo. En segundo lugar, les permite disfrutar de su trabajo y sentirse valorados, ya que sus compañeros entienden y aprecian lo que aportan al equipo. En tercer lugar, ayuda a prevenir el agotamiento, que puede producirse cuando los miembros del equipo se ven obligados a trabajar durante largos periodos de tiempo en funciones que no les convienen.

El líder del equipo debe iniciar el proceso de clarificación de las funciones de cada miembro del equipo. Los roles de equipo de Belbin son una herramienta útil para iniciar este proceso. Una vez aclaradas las funciones, el jefe de equipo puede trabajar para garantizar que se asignen a las personas tareas que correspondan a su función en el equipo en la medida de lo posible. Otra tarea clave para el líder es identificar cualquier área de desequilibrio en los roles. La investigación de Belbin demostró que cada uno de los roles era esencial para que los equipos pudieran cumplir su tarea. Un desequilibrio en los roles, ya sea un exceso de un rol o la ausencia de alguno de ellos, resulta perjudicial para la eficacia del equipo. Si hay un desequilibrio grave en las funciones, sobre todo si falta una función en el equipo, se debe animar al miembro del equipo que obtenga la puntuación más alta en la función que falta a que desempeñe esa función en las reuniones del equipo y desarrolle su capacidad en esa área.

Apreciar personalidades, funciones y dones de los miembros del equipo

La mayoría de los equipos pasan mucho tiempo resolviendo problemas de una forma u otra. Cada función del equipo es más fuerte y útil en una o varias fases del proceso de resolución de problemas. La siguiente tabla ilustra cómo los roles trabajan juntos para resolver problemas. Tres de las funciones—formador, coordinador y trabajador en equipo—son importantes a lo largo de todo el proceso. El formador sigue impulsando la acción diciendo: "Pongámonos manos a la obra". El coordinador mantiene al equipo en el buen camino y aprovecha al máximo los puntos fuertes de los miembros en cada momento. El trabajador del equipo construye continuamente la armonía entre los miembros del equipo.

ETAPA DE RESOLUCIÓN DE PROBLEMAS	FUNCIÓN(ES) DE EQUIPO MÁS ÚTIL(S)
1. Identificación del problema	Todo el equipo
2. Recopilación de información	Investigador de recursos
3. Análisis de la información	Monitor-evaluador
4. Generar posibles soluciones	Planta
5. Selección de la mejor solución	Monitor-evaluador
6. Planificación de la aplicación	Investigador de recursos y ejecutor
7. Aplicación de la solución	Todo el equipo, especialmente el Coordinador y el Ejecutor
8. Prueba de la solución	Monitor-evaluador
9. Ultimar los detalles	Completador-acabador

Tabla 3: Funciones del equipo en la resolución de problemas

DONES ESPIRITUALES

Los dones espirituales son otra dimensión de la diferencia que puede ayudar a los equipos del ministerio cristiano a identificar, apreciar y emplear las habilidades dadas por Dios a sus miembros. Dios ha dado a cada cristiano al menos un don espiritual, y el propósito de cada don es ayudar a los demás cristianos a crecer en semejanza de Cristo y edificar todo el cuerpo de Cristo para que llegue a ser maduro (Ro 12:4–5; 1 Co 12:7–11; Ef 4:11–16). Un equipo de cristianos que participan en la misión de Dios es una expresión del cuerpo de Cristo. El don o los dones que Dios ha dado a cada miembro del equipo han sido otorgados para ayudar a sus hermanos y hermanas en Cristo que están en el equipo a crecer para parecerse más a Jesús, para ayudar a todo el equipo a madurar y cumplir su parte en la misión de Dios. Sólo en la medida en que todos los dones del equipo se aprecien y se utilicen cumplirán su propósito de expresar colectivamente la plenitud del cuerpo de Cristo en ese equipo (1 Co 12:12-31; Ef 4:11-16).

Tres pasajes del Nuevo Testamento ofrecen listas de dones: Romanos 12:6-8; 1 Corintios 12:7-10,28; y Efesios 4:11. Todas las listas son importantes y es probable que sean más sugestivas que inclusivas de todos los dones que Dios da. Los dones son diversos y complementarios. Al igual que las personalidades y los roles de equipo funcionan mejor cuando hay un equilibrio entre ellos, es importante que un equipo tenga un equilibrio de dones espirituales y el equilibrio adecuado para el trabajo que tiene que hacer.

También es importante que el equipo busque activamente y fomente el uso de dones que no suelen valorarse en los contextos ministeriales tradicionales, ya que pueden ser mucho más importantes para el cumplimiento de la tarea del equipo que algunos dones que se valoran mucho en las iglesias de origen de los miembros del equipo. Por ejemplo, puede ser muy difícil para los que tienen dones espirituales en las áreas de ayuda, sabiduría, administración y discernimiento aceptar que deben concentrarse en el desarrollo de estos dones en aras del cumplimiento de la visión del equipo, ya que muchos cristianos los consideran de poco valor en comparación con, por ejemplo, el don de la enseñanza y la predicación. Puede ser todo un reto para el equipo, y especialmente para el líder del equipo, animar y afirmar el uso de dones espirituales que no son comúnmente valorados en sus iglesias de origen.

Existen varias herramientas para ayudar a las personas a descubrir sus dones espirituales. Al final de esta página se enumeran recursos especialmente útiles, que proporcionan pruebas y explicaciones sobre los dones espirituales. La forma más fiable de descubrir tus dones espirituales es a través de la experiencia ministerial combinada con la opinión de personas que te conocen bien, incluidos tus compañeros de equipo. Conocer tus dones espirituales es conocer otra dimensión de ti mismo, al igual que la personalidad. El líder del equipo tiene el papel vital de crear un clima abierto en el equipo en el que los miembros del equipo puedan experimentar haciendo cosas diferentes, aprender sobre sí mismos, sentirse libres de cometer errores y ser afirmados y alentados por todas sus contribuciones.

CAPÍTULO 7

GESTIÓN DE CONFLICTOS EN EQUIPO

INTRODUCCIÓN

El conflicto es un problema importante en los equipos multiculturales, y los líderes de equipos multiculturales deben ser competentes para gestionarlo. Duane Elmer cuenta que dirigió un taller para ejecutivos de misiones en el que les preguntó: "¿Cuáles son las necesidades más significativas de los misioneros de campo?" y "¿Qué podemos hacer para ayudar a satisfacer esas necesidades?". Estos líderes misioneros llegaron a la conclusión de que, sin lugar a dudas, el mayor problema era la ruptura relacional entre los misioneros, y que su mayor necesidad era la ayuda para hacer frente a los conflictos.[1] Los estudios sobre equipos misioneros multiculturales revelan que, en algunos casos, los conflictos han dañado las relaciones y han provocado la desintegración del equipo. Dos de los cinco equipos de plantación de iglesias que estudiamos informaron de relaciones dañadas, y dos de los doce equipos misioneros multiculturales estudiados por Lorraine Dierck se habían disuelto debido al conflicto.[2]

El conflicto en un equipo es "una lucha, o un estado de desarmonía o antagonismo, o comportamientos hostiles, resultado de intereses, necesidades o creencias contradictorios, o deseos mutuamente excluyentes."[3] El conflicto se produce dondequiera que los seres humanos vivan o trabajen juntos. El único lugar donde no hay conflicto es el cementerio. Sin conflicto no hay vida. Bill Hybels dice:

---

1 Duane Elmer, *Cross-cultural Conflict: Building Relationships for Effective Ministry* (Downers Grove, IL: InterVarsity Press, 1993), 33.

2 R. Hibbert, "Church Planting Teams", 169; Dierck, "Teams That Work", 9.

3 John Ungerleider, "Conflict", en *Effective Multicultural Teams: Theory and Practice*, ed. Claire Halverson y Aqeel Tirmizi (Dordrecht, Países Bajos: Springer, 2008), 212.

> El concepto popular de unidad es una tierra de fantasía donde los desacuerdos nunca afloran y las opiniones contrarias nunca se exponen con fuerza. Esperamos desacuerdos, desacuerdos contundentes. ... No finjamos que nunca estamos en desacuerdo. ... No dejamos que la gente oculte sus preocupaciones para proteger una falsa noción de unidad. Enfrentemos el desacuerdo y tratémoslo de una manera piadosa. ... La marca de la comunidad—la verdadera unidad bíblica—no es la ausencia de conflicto. Es la presencia de un espíritu reconciliador.[4]

Aunque a menudo es incómodo, el conflicto es una parte normal de los equipos sanos. Si un equipo nunca experimenta conflictos, sugiere que no está haciendo mucho que los miembros valoren mucho o que los miembros del equipo no están comunicando realmente lo que piensan y sienten. Sin conflicto, no se pueden considerar adecuadamente las distintas perspectivas sobre cuestiones, tareas y retos, lo que significa que probablemente no se estén encontrando las mejores soluciones a los problemas. Si un equipo sigue siendo tan amable entre sí como cuando estaba en la fase inicial de "luna de miel" de la vida en equipo, suele significar que los miembros están evitando deliberadamente el conflicto, y finalmente el equipo se separará en sus partes individuales, ya sea psicológicamente, de modo que empiece a funcionar como un grupo de personas que trabajan en paralelo, o físicamente, de modo que el equipo se rompa literalmente. Un proverbio chino dice: "Si no habéis luchado entre vosotros, no os conocéis". Las tormentas—a fase de la vida de un equipo en la que los conflictos son frecuentes y normales—son esenciales para convertirse en un equipo eficaz y de alto rendimiento. Las tormentas son buenas. Sienta mal, pero sólo si se atraviesa con éxito y, en consecuencia, se desarrollan buenos procesos de comunicación y de equipo, podrá un equipo negociar valores de equipo compartidos y cimentar una identidad común.

Si los conflictos se gestionan bien, el grupo estará más capacitado para gestionar futuros conflictos y evitar daños en las relaciones La capacidad del equipo para aceptar y gestionar los desacuerdos está asociada a su éxito final en la consecución de su tarea, así como a su capacidad para tomar buenas decisiones y desarrollar nuevas ideas.[5]

---

4 David Goetz y Marshall Shelley, "Standing in the Crossfire: Interview with Bill Hybels", *Leadership: A Practical Journal for Church Leaders* (invierno de 1993): 14

5 Karen A. Jehn, Gregory Northcraft y Margaret Neale, "Why Differences Make a Difference: A Field Study of Diversity, Conflict, and Performance in Workgroups," *Administrative Science Quarterly* 44, no. 4 (1999): 741–63.

Si los miembros del equipo reconocen que un conflicto pasado dio lugar a una buena decisión, es posible que incluso acepten el conflicto en futuras interacciones. El proceso de resolver bien los conflictos implica aclarar las áreas de confusión, pasar por alto los errores cometidos por los demás y dar una retroalimentación precisa sobre el rendimiento. Cuando se gestionan bien los conflictos, los equipos están más dispuestos a introducir cambios en su manera de hacer las cosas, se restablecen las relaciones y los miembros del equipo se aprecian más entre sí y aprecian más al jefe del equipo. El proceso de resolver conflictos juntos es una experiencia de equipo formativa que ayuda al equipo a estrechar lazos.

La mayoría de los entrevistados en nuestra investigación (65%) describieron los conflictos en sus equipos multiculturales. Una proporción significativa (27%) afirmó que el "compromiso del líder de trabajar en el conflicto para llegar a una resolución" era una de las cinco características más importantes de un buen líder de equipo multicultural. Un entrevistado comentó:

> En todos los equipos multiculturales habrá conflictos, porque aportamos muchos colores y sabores diferentes y ... obviamente habrá algunas situaciones en las que ... habrá choque de ideas ... habría un choque de ideas. ... Un líder multicultural debe comprometerse y esforzarse por resolver ese conflicto en lugar de dejarlo enconarse en el grupo, porque eso acabará por hundirlo.

Otro entrevistado observó que un buen jefe de equipo multicultural tiene que creer en el valor de los equipos multiculturales. De lo contrario, es dudoso que sea capaz de perseverar cuando se enfrente al reto continuo de ayudar a un equipo multicultural a superar conflictos y funcionar eficazmente.

Los miembros del equipo esperan que sus líderes sean capaces de afrontar los conflictos, y muchos de ellos creen que el líder es el principal responsable de resolverlos. El líder del equipo no sólo tiene que mediar personalmente para ayudar a resolver el conflicto, sino también ayudar a todo el equipo a hablar de los problemas que lo están causando.

Este capítulo presenta cómo y por qué se desarrollan los conflictos, cómo influye la cultura en los conflictos y cómo diferentes personas resuelven los conflictos de diferentes maneras. Estos temas se ilustran con los comentarios de los jefes de equipo y los miembros que entrevistamos y con nuestra experiencia como jefes de equipo y entrenadores. Se ofrecen sugerencias prácticas sobre cómo los jefes de equipo pueden gestionar los conflictos en equipos multiculturales y cómo enfrentarse a los distintos métodos culturales de gestión de conflictos.

CAUSAS Y POSIBLES CONSECUENCIAS DE LOS CONFLICTOS EN EQUIPOS MULTICULTURALES

Los conflictos tienen muchas causas, y el análisis de un conflicto concreto suele revelar múltiples factores que intervinieron en su desarrollo.[6] Uno de los principales motivos de conflicto en los equipos multiculturales son las diferencias entre sus miembros derivadas de sus distintos orígenes culturales. Estas diferencias van desde distintos valores y percepciones del comportamiento adecuado hasta distintas expectativas de sus propias funciones y las de los demás miembros del equipo. En nuestra investigación, una fuente importante de conflicto fueron los diferentes estilos culturales de comunicación de los miembros del equipo. Los miembros del equipo diferían en aspectos como el grado de expresividad y la interpretación del lenguaje corporal, lo que daba lugar a malentendidos.

Una segunda causa de conflicto en los equipos multiculturales son las diferentes expectativas sobre la vida y el trabajo en equipo. Algunas de ellas están moldeadas culturalmente, pero otras se deben a diferencias individuales. Un miembro del equipo dijo, por ejemplo: "Esperaba que el equipo estuviera más organizado y más unificado". También había distintas expectativas sobre cuánto apoyo se darían los miembros del equipo entre sí. Otro entrevistado comentó: "Creo que esperaba tener a alguien con quien compartir nuestras cargas en el ministerio, tanto los problemas como la responsabilidad. Esperaba tener la oportunidad de orar y compartir con los demás muy de cerca, no sólo compartir superficialmente las necesidades del ministerio."

También surgieron diferentes expectativas sobre el tiempo libre necesario para atender compromisos familiares. Algunos miembros del equipo estaban descontentos con la falta de compromiso de otros con la tarea del equipo y con la búsqueda de sus propias agendas a expensas del objetivo del equipo.

Una tercera causa importante de conflicto en los equipos multiculturales es la mala comunicación. Esto da lugar a malentendidos entre los miembros del equipo y se agrava cuando algunos de ellos no hablan con fluidez el idioma del equipo. Un miembro del equipo al que entrevistamos comentó: "En diferentes situaciones en las que hubo malentendidos, el mayor obstáculo fue la falta de comunicación. Se decía algo y luego se dejaba que el malentendido se enquistara. La desconfianza echa raíces, y luego o se aclara o sigue creciendo".

---

6 Carlos Cortés y Louise Wilkinson, "Developing and Implementing a Multicultural Vision", en *Contemporary Leadership and Intercultural Competence: Exploring the Cross-cultural Dynamics within Organizations*, ed. Michael Moodian (Los Ángeles: SAGE, 2009), 27.

Los jefes de equipo contribuyen al conflicto al no comunicar con claridad y no estar dispuestos a discutir los problemas. Otras actitudes y comportamientos que desencadenan conflictos son el deseo de ganar o mantener el poder, la frustración o la angustia, la percepción de una amenaza para el territorio, los procesos personales o grupales disfuncionales y el cambio.[7]

Existe un gran potencial de crecimiento a través del conflicto. El conflicto es una fuerza poderosa para el cambio positivo. A través del conflicto se puede dar rienda suelta a la creatividad y sacar a la luz las necesidades y deseos de los miembros del equipo. Si se gestionan bien, los conflictos pueden conducir a una motivación renovada, a la clarificación y el fortalecimiento de la visión y los valores, a la ventilación de frustraciones y al crecimiento y la madurez personales. Los conflictos son también una oportunidad para glorificar a Dios confiando en Él y obedeciéndole.

Los conflictos también pueden causar graves daños a los equipos. Si el conflicto no se gestiona bien, el equipo y su trabajo se resienten. Puede llevar a la desintegración de los equipos. Hay dos formas principales de gestionar mal los conflictos. La primera es ignorarlo y "barrerlo debajo de la alfombra". Esto a menudo conduce a una acumulación de resentimiento, chismes y murmuraciones. La segunda forma de gestionar mal un conflicto es permitir que se convierta en una explosión agresiva e incontrolada de frustración e ira. Ambas situaciones pueden provocar el abandono de al menos una parte del equipo. Incluso si el equipo permanece unido, puede sufrir emocionalmente y su eficacia puede verse notablemente reducida. Los conflictos que no se abordan tienden a agravarse. Bill Hybels comenta: "Los conflictos que se ocultan envenenan el alma y acaban perjudicando a todos. Preferimos el conflicto dentro de la comunidad que la máscara de la unidad".[8] Que los conflictos de equipo resulten constructivos o destructivos depende en gran medida de los líderes de equipo y de su capacidad para guiar al equipo hacia una resolución saludable. La figura 13 ilustra dos resultados alternativos que puede tener un conflicto en función de la ruta por la que el líder del equipo sea capaz de guiar al equipo.

---

[7] Gregory Tillett y Brendan French, *Resolving Conflict* (Melbourne: Oxford University Press, 2010).

[8] Goetz y Shelley, "Standing in the Crossfire", 16.

Figura 13: Vías alternativas en la gestión de conflictos

Cuando el conflicto no se aborda, tiende a agravarse. Cuanto antes se aborde el conflicto, más fácil será llegar a una solución sin que los participantes salgan perjudicados. Un conflicto que empezó con sólo dos miembros del equipo, si no se resuelve, puede extenderse a todo el equipo cuando otros miembros del equipo tomen partido. El conflicto puede salir del equipo y afectar a otras personas.

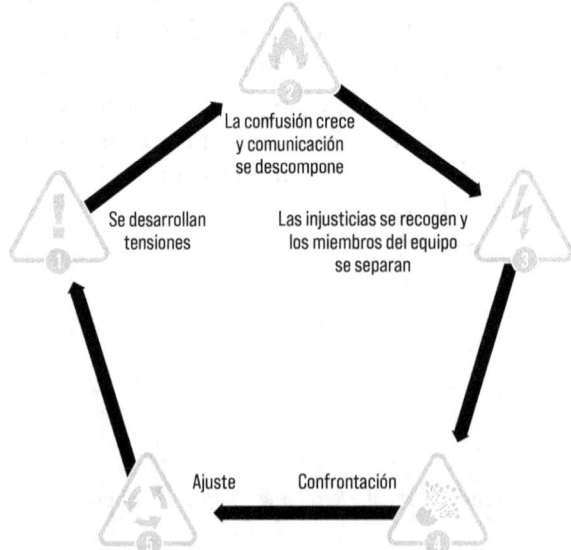

Figura 14: Ciclo de escalada del conflicto

En la figura 14 se muestran algunas etapas típicas en el desarrollo de un conflicto que se deja escalar sin intentos de resolución temprana.[9] En las primeras fases, antes de que el conflicto salga a la luz, los miembros del equipo empiezan a sentir que se desarrolla la tensión. La gente no está segura de lo que pasa y les da vergüenza decir algo. Pero éste es el mejor momento para abordar el conflicto, ya que todavía hay confianza y la comunicación fluye libremente. Si no se abordan las primeras tensiones, los miembros del equipo empiezan a sentirse confusos sobre lo que está ocurriendo exactamente, quién o qué está causando el conflicto y cuál es su papel en el mismo. La comunicación suele empezar a romperse en esta fase. Una vez que esto sucede, los miembros del equipo implicados en el conflicto suelen sentirse amenazados y empiezan a distanciarse unos de otros. Si el conflicto no se aborda en esta fase, los miembros del equipo implicados suelen empezar a guardar rencor y a elaborar una lista de todas las cosas negativas que la otra persona o personas implicadas les han hecho. Suele tratarse de una preparación para algún tipo de confrontación. Si se gestiona mal, las injusticias acumuladas por las distintas partes pueden salir a la luz de una forma que perjudique las relaciones. Sin embargo, si se gestiona bien, puede ser una oportunidad para aclarar y resolver diferencias. Esta etapa no puede prolongarse mucho tiempo, ya que es muy agotadora desde el punto de vista emocional. Tarde o temprano, todos buscan la manera de hacer ajustes para poner fin a la confrontación.

Cuando un conflicto no puede resolverse en un equipo multicultural, hay varios resultados posibles. En algunos casos, la cuestión que causa el conflicto se cubre inicialmente, pero el problema fundamental permanece y a menudo resurge. En otros casos, el equipo se estanca o "se atasca". En algunos equipos, el conflicto no resuelto conduce a la disolución del equipo y a una confusión y trauma continuos para sus miembros que arrastran durante años. Los miembros de equipos que habían formado parte de equipos que se disolvieron debido a conflictos no resueltos señalaron como causas principales la falta de perdón y el agotamiento de los miembros del equipo. En otros casos de conflicto no resuelto, el equipo permanece unido pero la confianza entre sus miembros se erosiona. Un miembro del equipo hizo una descripción especialmente conmovedora de las consecuencias de un conflicto no resuelto:

---

9 Estas etapas se basan en Donald Palmer, *Managing Conflict Creatively: A Guide for Missionaries and Christian Workers* (Pasadena: William Carey Library, 1990), 61–64.

El conflicto estalla y luego se deja. Lo importante es que la población local lo vea: que no estamos de acuerdo, que no pensamos igual. Eso es muy triste, es una agonía. Todos nos sentimos muy dolidos. ... Algunos sentimos un profundo dolor, en cierto modo como un agujero en el corazón, porque sabemos que no está bien.

CONFLICTO Y CULTURA

Aunque los diferentes valores culturales de un equipo son un semillero de conflictos, los miembros del equipo no suelen ser conscientes de estos diferentes valores hasta que experimentan un conflicto. Por lo tanto, el conflicto puede desempeñar un papel importante a la hora de ayudar al equipo a negociar un conjunto de valores de equipo compartidos. Los miembros del equipo pueden pensar que pueden discutir las diferencias culturales y mostrarse respeto mutuo en el proceso, pero luego descubren que están experimentando reacciones emocionales negativas y se encuentran en conflicto con sus compañeros de equipo. Esto sucede porque ven que se contravienen sus valores más arraigados. No es hasta que experimentamos las emociones asociadas al conflicto cuando empezamos a darnos cuenta de lo profunda y apasionadamente que defendemos nuestros valores. Cuando nuestros valores se ven amenazados, cuestiones inesperadamente insignificantes pueden despertar emociones intensas. Una familia de Asia Oriental, por ejemplo, entró en conflicto con un líder de INA cuando éste reguló la cantidad de comida que daban a sus hijos. Cada una de las partes descubrió que tenía un valor cultural diferente en relación con la comida, y el choque de valores provocó fuertes reacciones emocionales. Es la fuerza de la emoción y su imprevisibilidad lo que hace que los conflictos sean tan difíciles de gestionar.

Una vez que el conflicto ha surgido, puede hacerse más complejo e intenso si los miembros del equipo de distintas culturas lo perciben como causado por cosas diferentes. Intentar resolver un conflicto también se hace más difícil en un equipo multicultural, porque las personas de distintas culturas enfocan el proceso de negociación de la gestión de conflictos de maneras diferentes. Lo que es útil en una cultura puede ser un obstáculo en otras. Por ejemplo, las culturas INA suelen necesitar oír una disculpa hablada que incorpore las palabras "lo siento" cuando perciben que otra persona ha actuado de forma inadecuada. Algunas culturas de Asia Oriental, por el contrario, utilizan principalmente medios no verbales para resolver conflictos y restablecer la relación, como invitar a la otra u otras personas a comer juntos o hacerles un regalo. Los conflictos también pueden agravarse cuando los miembros del equipo desconocen los diferentes estilos culturales posibles de gestión de conflictos. Pueden malinterpretar fácilmente el estilo de interacción de sus compañeros como grosero, agresivo, engañoso o falto de compromiso.[10]

Las causas de los conflictos suelen estar arraigadas en suposiciones muy arraigadas que siguen cociéndose a fuego lento bajo la superficie y dan lugar a más conflictos incluso después de que se haya resuelto el conflicto inicial. Un ejemplo de ello es la dinámica de poder entre distintos grupos étnicos en países y organizaciones. Si un miembro de un equipo que pertenece a un grupo cultural minoritario en su propio país se ve envuelto en un conflicto con un miembro de un equipo de cultura mayoritaria (por ejemplo, un miembro de un equipo hispano en conflicto con un estadounidense INA en una organización predominantemente estadounidense INA), aunque el conflicto agudo pueda parecer resuelto, es muy difícil estar seguro de que el proceso de resolución no se ha visto influido por prejuicios de la cultura mayoritaria. Por esta razón, para que los equipos comprendan y gestionen eficazmente los conflictos, es necesario explorar los significados más profundos que subyacen al conflicto para todos los participantes. Las suposiciones etnocéntricas y los sentimientos de que "nuestra manera es la correcta" pueden impedirnos estar abiertos a considerar otras formas de pensar y hacer y, en la medida de lo posible, deben sacarse a la luz. Cualquier tipo de rigidez magnifica el conflicto. Las aspiraciones rígidas relacionadas con la seguridad, la identidad, el respeto, los principios fuertemente arraigados y las opciones de "lo uno o lo otro" tienden a magnificar el conflicto y a dificultar su resolución.[11]

COMPRENDER CÓMO ABORDAN LOS CONFLICTOS LOS MIEMBROS DEL EQUIPO

Antes de examinar las formas de abordar la resolución de conflictos, es importante tener en cuenta que no todos los conflictos pueden resolverse y que no siempre hay una solución para cada asunto. Incluso cuando hay una solución, no siempre está claro si se ha logrado. Por estas razones, aunque

---

10 Mitchell Hammer, "The Intercultural Conflict Style Inventory: A Conceptual Framework and Measure of Intercultural Conflict Resolution Approaches", *International Journal of Intercultural Relations* 29 (2005): 675–95.

11 Dean Pruitt y Sung Hee Kim, *Social Conflict: Escalation, Stalemate, and Settlement* (Boston: McGraw-Hill, 2004), 19.

el líder tenga unas aptitudes excepcionales para la resolución de conflictos, no siempre garantizan una solución. En algunos casos es necesaria la intervención de líderes externos u otras personas. Esto puede implicar la reorganización estructural, la reasignación o la salida de uno o más miembros. Es más probable que estas estrategias sean necesarias cuando el equipo se ha dividido en varios subgrupos, cuando las actitudes negativas no pueden ajustarse, cuando las emociones son demasiado volátiles o cuando los miembros del equipo han perdido demasiado prestigio.

Los enfoques INA de la gestión de conflictos tienden a separar a las personas de los problemas y a menudo se centran en la eficacia a expensas de las relaciones. Se hace hincapié en valores como la equidad, la elección individual y el empoderamiento. En cambio, las personas de culturas colectivistas no suelen separar el problema de la persona con la que tienen el conflicto. Se ha comprobado, por ejemplo, que los directivos japoneses se toman las críticas y objeciones a sus ideas como ataques personales, mientras que los directivos de INA no suelen hacerlo.[12] Las personas de culturas colectivistas hacen hincapié en valores como el honor y la armonía de grupo y son más propensas a ver las situaciones de forma holística. Buscarán soluciones que impliquen combinar varias opciones. Los enfoques INA tienden a tratar los problemas como situaciones en las que hay que elegir una opción y rechazar la otra. Los miembros del equipo INA suelen considerar que los estilos de conflicto asiático y latinoamericano son débiles o pasivos. Sin embargo, las personas de estas y otras culturas colectivistas no ven sus planteamientos de resolución de conflictos como algo negativo, sino como la mejor forma de preservar las apariencias y las relaciones y de alcanzar los objetivos de cada parte.[13]

Los miembros de equipos multiculturales utilizarán estilos diferentes para gestionar los conflictos. El estilo de gestión de conflictos de cada miembro del equipo está influido en parte por la cultura y en parte por sus antecedentes individuales únicos. Un modelo ampliamente utilizado para clasificar los enfoques de los conflictos describe cinco respuestas personales al conflicto: evitar (también conocido como retirarse), acomodarse (también conocido como ceder u obligar), competir (también conocido como dominar), comprometerse y colaborar (también conocido como

---

12 Gudykunst, *Bridging Differences*, 278.

13 Stella Ting-Toomey, "The Matrix of Face: An Updated Face-negotiation Theory", en *Theorizing about Intercultural Communication*, ed. William Gudykunst (Thousand Oaks, CA: SAGE, 2005), 80.

integrar).[14] Estas respuestas se muestran en el siguiente diagrama (fig. 15), que representa cada estilo en función del grado de asertividad (intento de satisfacer las preocupaciones propias) y de cooperación (intento de satisfacer las preocupaciones de la otra parte) que representa cada estilo.

Figura 15: Estilos de gestión de conflictos (adaptado de Thomas, "Conflict")

Cada uno de estos estilos tiene aspectos positivos y negativos. Los escritores de culturas INA suelen considerar que la colaboración es el mejor estilo, y lo ideal es que produzca una solución que satisfaga las necesidades de ambas partes, pero puede llevar mucho tiempo y esfuerzo conseguirla. La colaboración también se describe como "carefronting", un término que expresa el acercamiento directo a la otra persona de forma cariñosa y el trabajo

---

14 Este modelo es descrito por Kenneth Thomas, "Conflict and Conflict Management", en *Handbook of Industrial and Organizational Psychology*, ed., Marvin Dunette (Chicago: Rand-McNally, 1976), 889–935. Los términos descriptivos alternativos proceden de Afzalur Rahim, "A Measure of Styles of Handling Interpersonal Conflict", *Academy of Management Journal* 26 (1983): 368–76.

hacia una solución en la que todos salgan ganando.[15] Se suele considerar que los otros cuatro estilos tienen más inconvenientes que la colaboración. La competición puede resolver el conflicto rápidamente pero dañar las relaciones. La acomodación puede preservar las relaciones, pero a largo plazo puede hacer que la persona guarde resentimiento. La evitación evita el peligro a corto plazo, pero no aborda las verdaderas necesidades o temores de ninguna de las partes. El compromiso sólo satisface parcialmente las necesidades de cada parte, pero es el mejor enfoque en algunas circunstancias y puede ser necesario cuando el tiempo es crítico.

Cada estilo de resolución de conflictos es apropiado en situaciones concretas. En el libro del Génesis, Abram parece haber utilizado un enfoque acomodaticio cuando quedó claro que él y Lot no podían quedarse en el mismo lugar. Aunque, como tío y mayor de los dos, podría haber elegido la tierra que quería, ofreció a Lot la primera opción. Quizá en parte para evitar negociaciones turbias y una posible pérdida del honor de la familia, pero sobre todo como forma de comunicar la prioridad que Abram concedía a su relación (Gn 13:1–12).

Evitar los conflictos es negativo y perjudicial para las relaciones cuando implica fingir que se es tolerante y que no pasa nada pero, mientras tanto, sentirse herido y evitar la relación. Pero hay un tipo positivo de evitación de conflictos. Puede ser apropiado cuando la cuestión es relativamente insignificante o temporal, o cuando una decisión no afectará a la visión o los objetivos a largo plazo del equipo. Cuando la manera de hacer las cosas de un compañero de equipo te ofende, hay muchas situaciones en las que lo mejor es pasar por alto lo que están haciendo. Hay ocasiones en las que aplicar el proverbio bíblico "La sabiduría de una persona produce paciencia; es para su gloria pasar por alto una ofensa" (Prov 19:11 NVI) es el mejor enfoque ante un conflicto. También parece ser lo que Pablo anticipó que se necesitaba en la comunidad cristiana cuando escribió: "Sed completamente humildes y amables; tened paciencia, soportándoos unos a otros con amor" (Ef 4:2 NVI). Pasar por alto una ofensa es un enfoque típicamente confuciano del conflicto y es probable que los miembros chinos y coreanos del equipo lo utilicen con frecuencia. La tolerancia, la indulgencia y el pasar por alto las faltas de los demás se consideran necesarios para la vida en comunidad.

---

15 David Augsburger, *Caring Enough to Confront* (Glendale, CA: Regal Books, 1973).

Este enfoque implica una acción en gran medida no verbal de misericordia por parte de una sola de las partes en conflicto.[16]

Utilizar un estilo competitivo en los conflictos para conseguir lo que uno quiere puede ser una expresión de egoísmo, pero no siempre lo es. Cuando se tiene la certeza de que un compañero está actuando de un modo que contraviene el corazón del Evangelio, es importante seguir aferrándose a lo que es correcto y verdadero. La disputa de Pablo con Pedro, registrada en Gálatas 2:11-21, en la que dice: "Me opuse a él en su cara" (2:11 NVI), tenía que ver con la salvación sólo por gracia y le exigió un estilo competitivo de resolución de conflictos. Este tipo de conflictos son relativamente raros, pero cuando surgen en los equipos conflictos de base teológica de este tipo, pueden dar lugar a que el equipo se separe en dos o más partes. Las cuestiones de si las mujeres pueden o no dirigir y enseñar a los hombres y si todos los dones del Espíritu están o no en funcionamiento hoy en día son los dos conflictos de base teológica que hemos visto dividir equipos.

En Hechos 6:1-7 encontramos un magnífico ejemplo de resolución colaborativa de conflictos. Los judíos helenistas se quejaban de que sus viudas se quedaban sin las provisiones alimenticias distribuidas por la iglesia, mientras que las viudas judías hebraicas recibían esta ayuda. En cuanto tuvieron conocimiento del conflicto, los apóstoles establecieron las pautas para resolverlo diciéndoles que nombraran a siete hombres para supervisar la distribución de alimentos y especificando sus cualidades. Los creyentes se mostraron satisfechos con esta decisión y se les encomendó la elección de los siete hombres. Todos los hombres que eligieron tenían nombres helenísticos y, sin embargo, todo el mundo parece haber quedado satisfecho con el resultado de la colaboración. Fue una auténtica situación en la que todos salieron ganando.

Más adelante, en el capítulo 15 de los Hechos, hay un ejemplo de compromiso que abrió el camino para que la Iglesia siguiera creciendo. Surgió una fuerte disputa entre Pablo y Bernabé y un grupo de judíos que insistían en que los gentiles se circuncidaran para ser cristianos. Se incluyó a todo el mundo en el proceso de discusión de esta cuestión, y se permitió que cada grupo expresara sus puntos de vista. Santiago, el líder de la iglesia de Jerusalén, después de escuchar todos los diferentes puntos de vista, discernió que Dios estaba guiando al grupo a no exigir que los gentiles se

---

16 David Augsburger, *Conflict Mediation across Cultures: Pathways and Patterns* (Louisville: Westminster / John Knox, 1992), 264-66.

circuncidaran, porque era un tema que estaba en el corazón del evangelio. En cuestiones secundarias, sin embargo, transigieron pidiendo que los creyentes gentiles evitaran algunas prácticas que habrían ofendido a los cristianos judíos.

Aunque estos cinco estilos se describieron pensando en los individualistas de INA, también nos ayudan a comprender algunas de las formas en que los miembros de equipos de otros orígenes culturales abordan los conflictos. No obstante, es importante tener en cuenta que estos cinco estilos no abarcan todas las formas posibles en que las personas, y especialmente las de culturas colectivistas (que representan a la mayoría de las sociedades del mundo), afrontan los conflictos.

Para saber cómo resolver conflictos en un equipo multicultural, debemos mirar más allá de la literatura que asume un contexto monocultural INA y la suposición de que la colaboración es siempre el mejor enfoque. La Biblia apoya otras formas de abordar los conflictos que son diferentes de los cinco enfoques. Es vital que los líderes y los miembros del equipo aprecien estas otras maneras de manejar el conflicto y se den cuenta de que, en algunas situaciones y con miembros del equipo de algunos trasfondos culturales, serán las mejores maneras de resolver el conflicto y reconciliar a las personas.

Los enfoques culturalmente aprendidos para gestionar los conflictos varían en dos dimensiones, descritas por Mitchell Hammer, que estudió equipos multiculturales de astronautas y personal de tierra en la NASA.[17] Descubrió que las personas de distintas culturas varían en función de lo directas que se comunican en los conflictos y de lo emocionalmente expresivas que son en ellos. Las culturas que utilizan la comunicación directa centran su atención en las palabras concretas que emplea la gente al tratar los temas y hacen hincapié en un lenguaje preciso y explícito. Prefieren los métodos cara a cara para resolver conflictos y quieren que la gente diga lo que piensa. Las personas de culturas que utilizan la comunicación indirecta se fijan sobre todo en el contexto de la comunicación, incluido el comportamiento no verbal, más que en las palabras pronunciadas, para averiguar lo que la gente quiere decir, y a menudo prefieren recurrir a mediadores para ayudar a resolver los conflictos. En cuanto a la segunda dimensión, las culturas emocionalmente expresivas valoran las muestras manifiestas de emoción

---

17 Hammer, "Intercultural Conflict Style Inventory".

durante un conflicto y quieren oír cómo se siente la otra persona, así como lo que piensa sobre un tema. Para ser auténtico y sincero en una cultura emocionalmente expresiva, hay que mostrar las emociones. Las culturas emocionalmente contenidas, por el contrario, se centran en mantener el control emocional y ocultar los sentimientos fuertes. Para ellas, mantener la calma comunica sinceridad.

Estas variaciones llevaron a Hammer a describir cuatro estilos principales de comunicación en los conflictos, que se muestran en la figura 16. Se trata de los siguientes (1) un estilo de "compromiso" verbalmente directo y emocionalmente expresivo, típico de los afroamericanos; (2) un estilo de "discusión" verbalmente directo y emocionalmente contenido, típico de las culturas INA, los norteamericanos de origen europeo, los canadienses, los australianos y los neozelandeses; y (3) un estilo "dinámico", emocionalmente expresivo pero verbalmente indirecto, típico de los árabes; y (4) un estilo "acomodaticio", verbalmente indirecto y emocionalmente contenido, típico de Asia oriental y sudoriental (China, Japón, Tailandia, Indonesia y Malasia) y América Latina.

COMUNICACIÓN DIRECTA

Estilo de discusión
culturas EDG

Estilo de compromiso
Europa del Sur y del Este,
Centroamérica, Rusia,
afroamericano

CONTENIDO — **EXPRESIÓN EMOCIONAL** — **EXPRESIVO**

Estilo de alojamiento
América Latina,
Asia oriental y sudoriental

Estilo dinámico
Oriente Medio

COMUNICACIÓN INDIRECTA

Figura 16: Estilos de conflicto intercultural
(Hammer, "Intercultural Conflict Style Inventory", 691)

Este modelo de variación intercultural pone de relieve el hecho de que no existe una forma única y universal en que las personas resuelven los conflictos. Es importante que los jefes de equipo ayuden a sus equipos a darse cuenta de que no existe un nivel ideal de expresión emocional o franqueza que los miembros del equipo deban mostrar durante un conflicto. El modelo también cuestiona la idea de que todo el mundo debe utilizar siempre el enfoque de colaboración para resolver los conflictos. Para las personas de algunas culturas—especialmente las colectivistas y de alto contexto—el tipo de comunicación verbal directa que es fundamental en el enfoque de colaboración o de confrontación puede hacer que la gente pierda fácilmente la cara. Esto se expresa poderosamente en el proverbio chino "No quites una mosca de la cara de tu vecino con un hacha".[18] La cara de una persona es su imagen pública o su honor social. Se trata de ser querido y aceptado por los demás. Mientras que la imagen de una persona INA depende en gran medida de que se sienta exitosa, autosuficiente y en control de sí misma, la imagen de las personas de culturas colectivistas depende de que los demás las vean positivamente y quieran incluirlas en su grupo. Los colectivistas no esperan tanto tener éxito por sí mismos (y ser así vistos positivamente por los demás) como ser vistos como simpáticos, cooperativos y buenos en un grupo. Como para ellos la imagen depende en gran medida de la calidad de sus relaciones, se centran en no perder la imagen que tienen.[19]

Para evitar quedar mal con ellos mismos o con sus interlocutores, las personas de culturas colectivistas suelen tratar los conflictos de forma más indirecta que en las culturas INA. Estas formas incluyen el uso de un mediador, la adopción de una "posición de uno menos" (que se explica más adelante), hacer regalos, contar una historia y otros medios indirectos de comunicación. Cada una de ellas es una estrategia de comunicación que protege la necesidad de ambas partes de seguir siendo incluidas en el grupo y de ser vistas positivamente por los demás.

Un mediador es una tercera persona que actúa como intermediario entre las dos partes en conflicto. El uso de un mediador evita la confrontación cara a cara y minimiza así la posibilidad de que cualquiera de las partes en conflicto pierda la cara o se sienta deshonrada. Un objetivo clave de recurrir a un mediador es evitar la ofensa y, de este modo, preservar la

---

18 Augsburger, *Caring Enough to Confront*, 84.

19 Christopher Flanders, *About Face: Rethinking Face for 21st Century Mission* (Eugene, OR: Pickwick, 2011), 93.

relación entre las dos partes y la armonía en el equipo. Una de las ventajas de recurrir a un mediador es que puede interpretar los mensajes de cada parte a la otra y actuar como amortiguador filtrando las palabras, el tono de voz o el lenguaje corporal poco útiles, negativos o potencialmente ofensivos. El mediador debe ser una persona respetada y en la que confíen ambas partes y a la que se considere neutral y justa. También debe poder ejercer cierta influencia sobre ambas partes y ser alguien a quien ambas tomen en serio. En el caso de los equipos multiculturales, los líderes de la organización, como los jefes de campo y regionales o los entrenadores de equipo, son los mediadores ideales.

La Biblia se refiere con frecuencia a los mediadores, y su papel se describe de forma positiva. Dios abordó el conflicto final—la enemistad entre la humanidad y Dios como resultado de la rebelión humana— enviando a Jesucristo como mediador. "Porque hay un solo Dios y un solo mediador entre Dios y los hombres, Jesucristo hombre, que se entregó a sí mismo en rescate por todos los hombres" (1 Tim 2:5,6 NVI). Cuando Absalón huyó de su padre, el rey David, tras matar a otro de sus hijos, Joab actuó como mediador para que David pudiera traer a Absalón de vuelta a Jerusalén (2 Sam 14). Bernabé actuó como mediador entre los cristianos de Jerusalén y Saulo, que creían que no podía haberse convertido en cristiano, llevando a Saulo ante los apóstoles y explicándoles lo que le había sucedido (Hch 9, 26-28). El propio Pablo actuó como mediador entre Filemón y su esclavo fugitivo Onésimo, suplicando: "Así que, si me consideráis compañero, acogedle como a mí" (Flm 17 NVI).

Duane Elmer acuñó el término "la posición de uno abajo" como un enfoque de resolución de conflictos en el que una persona se hace vulnerable adoptando una posición de necesidad y pidiendo la ayuda de la otra persona. Este enfoque puede utilizarse cuando no se dispone de un mediador adecuado o cuando no hay tiempo para encontrar uno. A menudo implica pedir a la otra parte que preserve tu honor y, de paso, preservar también el suyo.[20] Adoptar la posición de uno menos comunica que, por encima de todo, valoras la relación con la otra persona y confías en que pueda ayudarte. En la Biblia, Abigail utilizó este enfoque cuando suplicó a David que se dirigía a matar a todos los hombres de la casa de Nabal (1 Sam 25). El hijo pródigo, en la parábola de Jesús, también se rebajó ante su padre cuando quiso volver a la casa paterna (Lucas 15:21).

---

20 Elmer, *Cross-cultural Conflict*, 80–98.

Hacer regalos puede ser una forma de indicar a otra persona que quieres reconciliarte con ella. En un equipo al que entrevistamos, una pareja coreana y otra inglesa llevaban tiempo enfrentadas. Una mañana, la pareja inglesa encontró un regalo en la puerta de su casa que había sido colocado allí por la pareja coreana. Para los coreanos, el regalo era una forma indirecta y no verbal de expresar que lamentaban su participación en el conflicto y que querían reconciliarse con la pareja inglesa. Jacob utilizó regalos para comunicar a Esaú que quería reconciliarse con él (Gn 32:13-20; 33:8-11). En el concepto teológico de propiciación, Jesús es en sí mismo un don para aplacar la ira de Dios y poder restablecer la relación con la humanidad.

En relación con la entrega de regalos, hay otras formas no verbales de expresar que te preocupas por tus compañeros de equipo y que quieres lo mejor para ellos, aunque tengas ideas diferentes sobre cómo llevar a cabo el ministerio del equipo. En los primeros meses de dirigir un equipo multicultural, un miembro español del equipo y Evelyn tuvieron una serie de fuertes desacuerdos. Discrepaban tan intensa y abiertamente que Richard pensó que el equipo se derrumbaría antes incluso de llegar a la fase de normalización y empezar a hacer un trabajo útil. Después, toda nuestra familia se puso muy enferma y no pudimos ni levantarnos de la cama durante varias semanas. Todos los días, el miembro español del equipo nos traía una comida a casa, cuidadosamente preparada con todo lo que necesitábamos. El hecho de traernos la comida nos comunicó con más fuerza que cualquier otra palabra que se preocupaba por nosotros. A partir de ese momento, no nos importó que hubiera desacuerdos sobre la forma en que debíamos abordar nuestra tarea de formar a los líderes locales. Sabíamos que podíamos superar esos desacuerdos porque, en el fondo, nuestra relación se basaba en el aprecio y el cariño mutuos. Podíamos debatir nuestros distintos puntos de vista abierta y apasionadamente, seguros de que nuestras diferencias no dañarían la confianza y el cariño fundamentales que nos teníamos mutuamente.

La narración de historias es otro método poderoso para resolver conflictos que utiliza la comunicación indirecta para preservar la cara y el honor. Cuando el profeta Natán se enfrentó a David por su adulterio con Betsabé y el asesinato de su marido, le contó una historia (2 Sam 12:1-9). En sus muchas interacciones conflictivas con los líderes religiosos judíos, Jesús solía contar historias. Cuando, por ejemplo, los fariseos y los maestros de la ley murmuraban que Jesús pasaba tiempo con "pecadores",

Jesús contó las parábolas de la oveja perdida, la moneda perdida y el hijo perdido (Lucas 15). De este modo evitaba ofender directamente, pero comunicaba claramente su mensaje. La narración de historias se sigue utilizando en muchas sociedades cuando hay conflictos. Keith Basso explica cómo los indios americanos apaches cuentan historias para hacer saber indirectamente a alguien que ha hecho algo que ofende al grupo. Una adolescente apache que contravino las normas tradicionales en un acto ceremonial al asistir a él con rulos en el pelo acudió a una fiesta dos semanas después; en la fiesta, su abuela contó a todos una historia sobre un policía apache olvidadizo que se parecía demasiado a un hombre blanco. Aunque la historia había sido contada a todo el mundo, la adolescente sabía que se refería a ella.[21]

Los equipos en conflicto también pueden recurrir a la narración de historias. En primer lugar, las partes en conflicto pueden utilizar historias para comunicar indirectamente lo que no pueden comunicar directamente. Los miembros del equipo también pueden contar historias de su propia vida para ayudar a sus compañeros a entenderles, incluidas sus necesidades y miedos, que a menudo quedan atrapados en el conflicto. Contar historias puede ayudar a rebajar la tensión y a que los miembros se comprendan mejor.

Cada miembro de un equipo multicultural tendrá uno o varios estilos preferidos de resolución de conflictos. Las líneas generales de estos estilos se aprenden culturalmente, pero también se moldean según la personalidad individual única de cada persona. Es importante que los jefes de equipo reconozcan cada uno de estos enfoques como un intento válido de resolver conflictos y que ayuden a los miembros del equipo a verlo también. Los miembros del equipo tendrán que ajustar sus estilos de gestión de conflictos para comunicarse de un modo que se entienda y que tenga menos probabilidades de dañar las relaciones. Aunque a los miembros del equipo les resulte incómodo hacer estos ajustes, es necesario para que la comunicación sea eficaz.

Hay que animar a los miembros de los equipos de culturas individualistas y de bajo contexto a que utilicen enfoques menos directos de lo que están acostumbrados cuando se dirigen a compañeros de equipo de alto contexto. Deberían intentar ayudar a sus compañeros de equipo colectivistas a

---

21 Keith Basso, "Stalking with Stories: Names, Places, and Moral Narratives among the Western Apache", en *Text, Play, and Story: The Construction and Reconstruction of Self and Society*, ed. Stuart Plattner y Edward Bruner (Washington, DC: American Ethnological Society, 1984), 40-41.

mantener la compostura no avergonzándoles en público, prestando atención al comportamiento no verbal, siendo más tentativos en el uso del lenguaje y utilizando más palabras calificativas como "tal vez" y "posiblemente". Los miembros del equipo de culturas colectivistas de alto contexto deben considerar la posibilidad de adaptar su enfoque y ser más directos en la comunicación de lo que serían con alguien de su propio entorno cultural. Este enfoque incluirá el uso de más frases con "yo" de las que utilizarían normalmente, la exposición directa de opiniones y sentimientos, y una mayor retroalimentación verbal a los individualistas de la que proporcionarían habitualmente. Los miembros del equipo tendrán que ser sensibles al grado de expresividad emocional de otros compañeros durante el conflicto y tratar de ajustar su propia expresión de la emoción en consecuencia para que se vea que se están tomando el conflicto en serio.

Todos los miembros del equipo se verán obligados a enfrentarse a los conflictos de formas que están fuera de su zona de confort. Cuando el conflicto se agrava o parece irresoluble, los miembros del equipo deben estar dispuestos a utilizar métodos de gestión de conflictos desconocidos, como mediadores y regalos para los miembros del equipo INA, como parte del proceso de restauración de la relación. También es importante que se reconozcan y traten adecuadamente las emociones. Los miembros del equipo que estén luchando con sus emociones también deben tener permiso para retirarse temporalmente, de modo que puedan resolver sus emociones con Dios y perdonar verdaderamente cualquier ofensa percibida. El perdón superficial que no trata adecuadamente con los sentimientos sólo conducirá a un conflicto continuo y enconado. Los líderes deben estar alertas a que esto ocurra en el equipo e insistir en que los miembros del equipo hagan lo necesario para manejar sus sentimientos y luego tratar el asunto que ha provocado los sentimientos.

EL PAPEL DEL JEFE DE EQUIPO EN LA GESTIÓN DE CONFLICTOS

Lo primero que puede hacer un jefe de equipo para preparar a los equipos a gestionar bien los conflictos es permitir que cada miembro del equipo comprenda su estilo preferido de resolución de conflictos y el de sus compañeros. Es útil que cada miembro del equipo conozca cada uno de los cinco estilos de resolución de conflictos descritos en la figura 15 y que averigüe qué estilo o estilos utiliza más a menudo. Una forma de hacerlo es rellenar uno de los inventarios de estilos de conflicto disponibles en Internet.[22] Los miembros del equipo también pueden utilizar la figura 16 para debatir los enfoques culturales preferidos ante los conflictos y las implicaciones para la gestión de conflictos en el equipo. Otra forma de ayudar al equipo a debatir los diferentes enfoques de la gestión de conflictos es que el equipo participe en un ejercicio de narración de historias en el que cada miembro del equipo comparta una historia sobre un conflicto y cómo se abordó en su cultura de origen. A partir de estas discusiones iniciales, el equipo puede preparar un borrador de directrices que establezcan cómo les gustaría enfocar la gestión de conflictos cuando éstos surjan en el equipo. Cuanto más específicas sean estas directrices en términos de pasos concretos que puedan dar los miembros del equipo, más útiles serán y más fácil será revisarlas después de que se haya producido el conflicto. Trabajar con un estudio de caso de un conflicto específico que haya experimentado otro equipo puede ayudar a que las cuestiones y los problemas potenciales sean más específicos y concretos.

La comunicación es la piedra angular de la resolución de conflictos. El líder del equipo debe ser un modelo de comunicación clara y ayudar a los miembros del equipo a comunicarse entre sí abierta y honestamente. El objetivo de la comunicación es restablecer las relaciones. No importa qué estilo de resolución de conflictos utilicen los miembros, siempre que implique comunicación. Los miembros de culturas de alto contexto suelen utilizar y esperar más comunicación no verbal que los miembros de culturas de bajo contexto, y es importante que los miembros del equipo aprendan el "lenguaje silencioso" de sus compañeros. Pero también es vital que la comunicación incluya un componente verbal, especialmente para los miembros de culturas de contexto bajo que dan mucho valor a las palabras. Dios se comunica con la humanidad tanto verbalmente (a través de los profetas, los ángeles y la Biblia) como no verbalmente (a través de la creación, el tabernáculo, el templo y el sistema de sacrificios; a través de milagros, su provisión para nosotros y su presencia personal). Jesús personifica la comunicación de Dios con nosotros a través de su persona y sus palabras: todo lo que es, hace y dice. Espera que sigamos su ejemplo y hagamos todo lo posible por

---

22 Un buen ejemplo de inventario gratuito de estilos de gestión de conflictos (basado en los cinco estilos) es el instrumento Thomas-Kilmann Conflict Mode Instrument, ampliamente utilizado. Otra herramienta muy similar que ayuda a las personas a evaluar su uso de los cinco estilos es el Inventario de Conflictos Organizativos de Rahim.

comunicarnos de la manera que nuestros compañeros entiendan mejor, utilizando medios verbales y no verbales.

Una vez que los miembros del equipo han comprendido sus diferentes estilos preferidos de resolución de conflictos, el líder puede ayudar al equipo a trabajar para ajustar sus formas de comunicación, de modo que sus compañeros puedan oír lo que dicen con claridad, y disminuir las interferencias de los extremos discordantes de expresión emocional y franqueza verbal. Los miembros del equipo que entrevistamos subrayaron la importancia de que los líderes y los miembros del equipo ajusten su forma de comunicarse, su comportamiento y sus expectativas a la hora de enfrentarse a los problemas.

Una de las cosas más importantes que puede hacer un líder para ayudar a un equipo a prepararse para el conflicto es establecer un clima de equipo positivo. Crear una atmósfera en la que los miembros del equipo se sientan seguros para ser ellos mismos y decir lo que piensan permite a todos compartir libremente y resolver malentendidos y sentimientos. El jefe de equipo debe crear un clima en el que los miembros se sientan emocionalmente seguros y libres de discrepar entre sí. Es mucho más probable que los miembros del equipo estén dispuestos a compartir las cosas que les molestan cuando sienten que los demás miembros del equipo, incluido el jefe, fomentan la diversidad y no les obligarán a adoptar la forma de hacer las cosas preferida por una cultura.

Otro aspecto clave de un clima positivo es la flexibilidad. Ser flexible significa suspender el juicio y estar abierto a la ambigüedad y la complejidad. Una adhesión obstinada a nuestras propias formas de pensar y comportarnos, culturalmente aprendidas, sólo empeorará los conflictos. Los jefes de equipo pueden ayudar más a los miembros del equipo a ser flexibles en su forma de ver las cosas modelando la flexibilidad mediante la suspensión del juicio y tomándose pacientemente tiempo con el equipo para considerar diferentes aspectos de las cuestiones que están discutiendo.

Una vez que el equipo conozca el estilo de resolución de conflictos preferido por cada miembro y que éstos hayan empezado a ajustar sus propios estilos para que sus compañeros comprendan mejor su comunicación, el líder debe ayudar al equipo a establecer algunas directrices acordadas en común sobre cómo abordar los conflictos. Estas directrices se basarán, al menos en parte, en los valores que el equipo haya acordado, y deberán expresarse por escrito en una sección del pacto de equipo que se centre en cómo el equipo pretende gestionar los conflictos. El proceso de tener que ponerse de acuerdo sobre lo que se escribe ayuda al equipo a articular de forma clara y específica lo que consideran importante. Un líder de nuestro estudio descubrió que dejar muy claras estas directrices acordadas ayudaba al equipo a evitar problemas relacionados con salvar las apariencias, porque todos se habían apropiado de las decisiones sobre cómo abordar el conflicto. Las directrices deben ser debatidas y acordadas por el equipo, pero pueden incluir afirmaciones como las siguientes:

> Nos comprometemos a comunicarnos de forma abierta, honesta, sencilla y clara sobre nuestros pensamientos y sentimientos, utilizando siempre que sea posible el "yo" en lugar del "tú", y empleando en la medida de lo posible un lenguaje concreto en lugar de abstracto (Jos 22).
>
> Nos comprometemos a escuchar activamente a nuestros compañeros de equipo para comprender lo que piensan y sienten, lo que necesitan y lo que temen. Daremos a cada miembro del equipo oportunidades frecuentes para que nos cuente lo que está haciendo, pensando y sintiendo (Stg 1:19).
>
> Haremos todo lo posible por confiar, respetar y pensar lo mejor de los demás (Fil 4:8,9). Esto significa que también evitaremos los comentarios divisivos y los chismes, que hablaremos de manera que eduquemos a la otra persona y que consultaremos directamente con los compañeros de equipo si hemos oído rumores sobre ellos (Ef 4:29).
>
> Cuando nos demos cuenta de que podemos tener un conflicto con un compañero, haremos lo siguiente:
> - Pedir al Señor que nos revele cualquier actitud errónea, rencor o comportamiento en nosotros mismos y tratar con ello (Mt 7:1-5);
> - Pedir al Señor que nos ayude a perdonar a la otra persona de corazón (Lucas 17:3,4; Col 3:13);
> - Acercarnos a ellos para hablar del asunto y no permitir que la relación se deteriore (Mt 18:15);
> - Afirmar a la otra persona y escucharla con atención (Stg 1:19);

- Identificar las áreas de acuerdo y desacuerdo, y explorar las opciones para resolver el conflicto (Ef 4:15);
- Comprometernos a hacer todo lo posible para reconciliarnos con ellos, incluso estar dispuestos a adoptar el estilo de gestión de conflictos preferido de su cultura. (Añada aquí los enfoques culturales específicos de los miembros del equipo ante los conflictos que se hayan identificado en las discusiones del equipo; por ejemplo, decir "lo siento" a los norteamericanos o comer con los coreanos).

Si no somos capaces de resolver el conflicto comunicándonos con nuestros compañeros de equipo, pediremos la ayuda de un mediador (cf. Hch 9,26-28). Nos comprometemos a hacerlo lo antes posible (por ejemplo, a los dos días de hablar con nuestros compañeros de equipo) para que las relaciones no tengan tiempo de deteriorarse aún más.

Como equipo, estamos de acuerdo en que restablecer las relaciones es una de las principales prioridades de nuestro equipo. Cuando se produce un conflicto, su resolución tiene prioridad sobre las actividades programadas del equipo. Esto significa que si los compañeros de equipo tienen un conflicto, es más importante que se reúnan para resolverlo que asistir a una reunión ordinaria del equipo o realizar cualquier otra actividad de equipo.

Estas directrices están orientadas a tratar los conflictos de forma constructiva, basándose en el compromiso de preservar las relaciones, reconciliarse cuando haya un conflicto y comunicarse de forma clara y abierta. Este es el énfasis del Nuevo Testamento en lo que respecta a los conflictos en las relaciones. Una vez que el equipo tiene un conjunto claro de directrices, el líder del equipo debe mantener a todos responsables de ellos a medida que trabajan a través de los conflictos.

Los jefes de equipo deben hacer todo lo posible por anticiparse a los conflictos y resolver los problemas antes de que se agraven. Deben tratar de reconocer los primeros indicios de que se está gestando un conflicto, como cuando los miembros del equipo empiezan a quejarse con más frecuencia o a oponerse a su liderazgo. El líder del equipo debe estar especialmente alerta ante un posible conflicto cuando alguien del equipo tiene graves problemas en la vida y en el ministerio, cuando se avecina un cambio importante o cuando existe un problema de larga data que no se ha resuelto. Cuando un miembro del equipo parece no estar contribuyendo al equipo o a su tarea, otros miembros del equipo pueden sentirse molestos. En esta situación, el jefe de equipo debería abordar el problema lo antes posible, yendo a hablar con el miembro del equipo en cuestión para explorar los problemas con los que puede estar luchando y tratar de ayudarle a resolverlos. Los entrevistados en nuestro estudio dijeron que es importante "intentar resolver los problemas enseguida" y que el líder tiene que "cortar las cosas de raíz". Un entrevistado dijo

> Si crees que hay algo que no va bien, probablemente lo haya, y probablemente no sepas lo que es, sobre todo si estás en un entorno poco habitual o tienes a alguien que puede no saber que está ofendiendo. Probablemente dirías: "Oh, eso se debe a la cultura. Yo no hablaría con ellos de eso. No sé cómo hacerlo". Pues tienes que encontrar la manera.

Abordar los conflictos en una fase temprana significa que cuando dos o más miembros del equipo parecen estar en conflicto, el líder del equipo debe animar a los miembros del equipo a hablar entre sí. También puede ser necesario que se reúna con los miembros en conflicto y les ayude a aclarar y resolver los problemas o malentendidos. Para ello, los jefes de equipo deben ser sensibles y tener tacto. Hacer esto puede llevar mucho tiempo, pero es una inversión clave en la salud del equipo. Los líderes también deben tener en cuenta el entorno en el que plantean las cuestiones a los miembros del equipo. Deben hacer todo lo posible para que los miembros del equipo se sientan cómodos, relajados y seguros.

Los mensajes no verbales comunicados por el lugar y el momento en que el líder habla con los miembros del equipo sobre temas delicados tienen el potencial de hacer que la persona se sienta aceptada y la tranquilice o de hacer que se sienta muy incómoda. Los miembros del equipo de Asia Oriental y Sudoriental pueden apreciar especialmente que se les invite a una comida como marco para hablar de algo difícil. Una comida transmite cariño, preocupación por la persona, respeto y el deseo de conocerla mejor, y es una oportunidad para hablar con ella de cómo le va, de su familia y de muchas otras cosas. Después de la comida es un buen momento para plantear con delicadeza la cuestión relacionada con el conflicto.

El propio comportamiento del líder del equipo en los conflictos actúa como un modelo vital que puede ayudar al equipo a manejar los conflictos. Ser accesible y acogedor con los miembros del equipo es una parte vital de este ejemplo y un poderoso estímulo para que los miembros del equipo se abran los unos a los otros. Los entrevistados en nuestro estudio destacaron el valor de la accesibilidad del jefe de equipo para permitir que los miembros del equipo planteen sus preocupaciones y hablen de sus problemas. Un miembro del equipo comparó a los líderes accesibles con los que no lo son:

> Sé que en muchos casos, cuando ha habido conflictos o problemas, si el jefe de equipo es accesible, eso marca una gran diferencia, y los miembros del equipo sienten que pueden solucionar los problemas porque saben que a su jefe de equipo no le importa que se pongan en contacto con él. Otros jefes de equipo que he visto... Sus ajetreadas vidas casi dicen: "No me molestes con nada más".

Otros aspectos clave del modelo del líder son perdonar a los miembros del equipo, pedirles perdón, morir a uno mismo y limitar su expresión de frustración. Una entrevistada admiraba a su jefe de equipo porque estaba dispuesto a pedir perdón cuando hacía daño a los demás. Si el líder del equipo es a la vez accesible e indulgente, los miembros del equipo se sentirán seguros para plantearle sus problemas y confesar comportamientos inadecuados. Un entrevistado opinó que "a menos que tengas un corazón de perdón, tendrás conflictos todo el tiempo". Los líderes también tienen que morir a sí mismos, desprendiéndose de prejuicios, ideas y valores que les impiden trabajar eficazmente con el equipo. Esto puede requerir que el líder renuncie a algo valioso de su herencia cultural, como por ejemplo que un líder norteamericano aprenda a tolerar que los miembros del equipo lleguen tarde a las reuniones. Por último, el líder debe esforzarse por controlar la expresión de sus emociones, especialmente la frustración y la ira, para que la expresión emocional incontrolada no perjudique a los miembros del equipo, cierre las puertas a la comunicación y dañe las relaciones.

La fase de tormenta de la vida de un equipo se caracteriza por conflictos más frecuentes e intensos que en otros momentos. El líder del equipo debe estar preparado para la transición desde la fase de formación, en la que los miembros suelen ser optimistas y comportarse lo mejor posible. Las tormentas suelen producirse durante el primer año de vida del equipo. Durante esta fase, los miembros del equipo suelen sentirse insatisfechos, ya que sus esperanzas y sueños se ven amenazados por la realidad, y experimentan tensiones sobre hasta qué punto deben entregarse al equipo y fusionar su identidad individual con la identidad del equipo. Hay tipos de tormenta saludables y no saludables. El objetivo del jefe de equipo en esta fase es ayudar al equipo a superar los conflictos de forma saludable, de modo que las relaciones sigan siendo buenas y se establezcan normas para la vida en equipo. Los jefes de equipo pueden ayudar a sus equipos a superar las tormentas haciendo que los miembros reconozcan que las tormentas son una parte normal del desarrollo del equipo, esperando y acogiendo a los miembros del equipo para que expresen sus expectativas sobre la vida y el trabajo en equipo, programando reuniones de equipo frecuentes con momentos para debatir ideas, haciendo que la comunicación abierta y continua sea una prioridad y organizando sesiones para "aclarar las cosas" para los miembros del equipo en conflicto.

Los jefes de equipo pueden tener que buscar un mediador cuando un conflicto no puede resolverse o cuando ellos mismos están profundamente envueltos en el conflicto. Cuando dos o más miembros del equipo están enzarzados en un conflicto y no pueden resolverlo, es importante que el jefe de equipo se ofrezca a actuar como mediador para que los que están en conflicto puedan interactuar entre sí. Si el jefe de equipo no puede resolver el problema o está personalmente implicado, puede que tenga que recurrir a una persona ajena al equipo para que actúe como mediador. Un mediador, que actúa como persona ajena al conflicto, puede aportar una perspectiva útil a los problemas, ya que los implicados no siempre ven las cuestiones con claridad.

Además de crear una comunidad de equipo sana, puede ser útil que el equipo negocie conjuntamente un pacto de equipo. El proceso de acordar el pacto puede ser tan importante o más que el propio documento. En los primeros meses de un equipo multicultural, este documento debe ser flexible, ya que no es posible que los miembros del equipo prevean todas las posibilidades de escenarios que causarán conflictos en el equipo y cómo reaccionarán. El pacto debe prepararse durante la formación del equipo y utilizarse en la retroalimentación después de resolver cada conflicto.

Como parte del proceso de preparación del pacto, los equipos deben discutir las expectativas de cada miembro respecto al equipo y al liderazgo, así como las suposiciones sobre cómo funcionará el equipo. En el apéndice 2 se incluyen preguntas para ayudar al equipo a hacerlo. El equipo también debe analizar cómo piensa trabajar conjuntamente para resolver problemas y tomar decisiones. También debe incluirse el proceso acordado por el equipo para la gestión de conflictos que haya surgido de los debates relativos a los diferentes enfoques culturales para la resolución de conflictos. En las primeras etapas de la vida del equipo, el pacto de equipo también debe revisarse después de cada incidente de conflicto de equipo para ver si es necesario modificarlo. El proceso de preparación y perfeccionamiento del pacto es una oportunidad para que el equipo siga desarrollando su capacidad de resolver conflictos y tomar decisiones conjuntamente.

CAPÍTULO 8

CUALIDADES DEL CARÁCTER QUE HAY QUE CULTIVAR

En nuestro trabajo de formación de equipos misioneros buscamos recursos para ayudar a los líderes de equipos con dificultades. Encontramos muchas herramientas útiles dirigidas a equipos monoculturales, especialmente norteamericanos, pero muy pocas diseñadas para abordar la complejidad de los equipos multiculturales. Los pocos recursos disponibles se basaban sobre todo en opiniones y no en investigaciones.

Para abordar esta necesidad, nos propusimos descubrir lo que los supervisores, líderes y miembros de equipos multiculturales consideraban las características y competencias esenciales de los líderes de equipos multiculturales. Queríamos crear un perfil de un buen jefe de equipo multicultural que pudiera utilizarse para ayudar a seleccionar y formar a jefes de equipos multiculturales, y queríamos que este perfil reflejara la experiencia real de los jefes de equipo y los miembros que trabajan en equipos multiculturales y plasmara sus opiniones.[1]

Comenzamos revisando la bibliografía sobre equipos y organizaciones multiculturales. A continuación, organizamos grupos de discusión con cincuenta miembros de equipos de organizaciones multiculturales, a los que preguntamos cuáles eran, en su opinión, las características

---

[1] Evelyn Hibbert, "Identifying Essential Characteristics and Competencies of Good Multicultural Team Leaders: A Pilot Study" (tesis doctoral, Universidad de Nueva Inglaterra, 2010).

y competencias de los buenos líderes de equipos multiculturales.[2] Esta lista de características y competencias de los grupos de discusión se comparó con un perfil de liderazgo que se había elaborado a partir de encuestas a más de cien líderes de una agencia misionera internacional[3] y con las características y competencias de la bibliografía sobre liderazgo de equipos. Esta comparación y análisis condujo a una lista compuesta de más de cincuenta características y competencias de buenos líderes de equipos multiculturales. A continuación, entrevistamos a cincuenta y un supervisores, líderes y miembros de equipos—todos los cuales habían trabajado o trabajaban actualmente en un equipo multicultural—para afinar aún más esta lista. La mayoría de nuestros entrevistados procedían de agencias misioneras cristianas,[4] pero también incluimos a algunas personas de organizaciones seculares que tenían equipos multiculturales. Los entrevistados procedían de dieciocho culturas diferentes y habían trabajado con una media de cinco culturas diferentes representadas en sus equipos. En conjunto, los entrevistados habían trabajado con personas de setenta y cinco culturas diferentes.

Se pidió a los entrevistados que clasificaran la importancia de cada uno de los elementos de la lista y que, para las cinco características que consideraban más importantes, explicaran qué entendían por esa característica y dieran ejemplos concretos de esa característica a partir de su propia experiencia. También se les pidió que añadieran cualquier otra característica de los jefes de equipo que faltara en la lista. Tras analizar sus respuestas, pudimos elaborar una lista más precisa de las características y competencias de un buen jefe de equipo multicultural. Hemos adaptado esta lista en un Inventario de Líderes de Equipos Multiculturales que puede ser utilizado por los líderes y los miembros del equipo para evaluar la actuación del líder. Se encuentra en el apéndice 3.

En este capítulo se describen las características y competencias de los buenos líderes de equipos multiculturales, utilizando en la medida de lo posible las palabras de los líderes y miembros de los equipos que entrevistamos

---

2 En estos grupos participaron miembros de tres grandes organizaciones altamente multiculturales de Australia.

3 Líderes de WEC International, una agencia misionera internacional e interdenominacional, que entonces contaba con unos 1.700 miembros de más de cincuenta países que trabajaban en más de setenta países.

4 Los entrevistados procedían de varias agencias misioneras internacionales, como SIM, World Team, OM, CMS y WEC International.

en este capítulo y en el siguiente. Este capítulo se centra en las cualidades de carácter del jefe de equipo multicultural: lo que el jefe debe ser. El capítulo 9 describe las competencias de los buenos líderes de equipos multiculturales, es decir, lo que deben ser capaces de hacer.

EN ÚLTIMA INSTANCIA, EL CARÁCTER ES MÁS IMPORTANTE QUE LA COMPETENCIA

Tanto en las respuestas de los entrevistados como en la bibliografía, las cualidades de carácter ocupan un lugar más destacado que las competencias. Las competencias siguen siendo importantes, pero el carácter es, en última instancia, fundamental. La competencia puede aprenderse en el trabajo, según sea necesario, mientras que el carácter suele tardar mucho más en desarrollarse. Una implicación clave para las organizaciones es que el carácter, más que la competencia, es el primer aspecto que hay que tener en cuenta a la hora de seleccionar personas para dirigir equipos.

El carácter se desarrolla a través de la experiencia vital, no en las aulas. El carácter tarda en desarrollarse y requiere estar expuesto a buenos modelos. El desarrollo del carácter requiere la voluntad de cambiar actitudes y enfoques de la vida profundamente arraigados, una apertura al Espíritu Santo para que nos dé una visión de otras culturas, y una apertura disciplinada para recibir la opinión de los demás sobre lo bien que nos relacionamos y respondemos ante ellos. Cuando nos encontramos en situaciones de mucho estrés, aunque hayamos aprendido a responder bien a los demás en condiciones normales, a menudo volvemos a actitudes y formas de comportarnos menos maduras. Como los equipos multiculturales suelen ser estresantes, esto significa que solemos responder peor a los demás que en una situación monocultural.[5] Por tanto, en un equipo multicultural tenemos que aprender a controlarnos cuando estamos estresados, así como a pedir perdón cuando nos comportamos de forma que causamos problemas a los demás.

Las competencias, a diferencia de las cualidades del carácter, son habilidades. Esto significa que es posible formar a las personas en ellas aunque sean complejas y difíciles. Con las cualidades de carácter adecuadas, los jefes de equipo multiculturales querrán trabajar y estarán dispuestos a

---

5 Mitchell Hammer, "Solving Problems and Resolving Conflict Using the Intercultural Conflict Style Model and Inventory", en *Contemporary Leadership and Intercultural Competence: Exploring the Cross-cultural Dynamics within Organizations*, ed. Michael Moodian (Los Ángeles: SAGE, 2009), 221.

perseverar en el desarrollo de estas competencias y serán más capaces de pedir perdón cuando cometan errores u ofendan a los miembros del equipo.

Una de las tareas más importantes del líder es desarrollar un "saldo bancario emocional" positivo en el equipo. Una cuenta bancaria emocional es "una metáfora que describe la cantidad de confianza que se ha acumulado en una relación. Es la sensación de seguridad que se tiene con otro ser humano".[6] Hacemos depósitos en una cuenta bancaria emocional con otra persona expresando cualidades como compasión, bondad, humildad, amabilidad y paciencia (Col 3:12). En un equipo, el saldo de la cuenta bancaria emocional se refiere al grado de confianza que cada miembro del equipo tiene en los demás y, especialmente, en el líder. Cuando el saldo del banco emocional de un equipo es positivo y elevado, significa que se ha invertido mucho en las relaciones. Cuando las cosas van mal o los miembros del equipo resultan heridos, les resulta más fácil perdonar porque han construido un nivel de confianza y cuidado mutuo. Este tipo de construcción de relaciones requiere buenas habilidades de comunicación, pero más que eso requiere las cualidades de carácter que permiten al líder comprometerse con los demás, preocuparse genuinamente por ellos, buscar lo mejor para ellos y construir confianza.

¿CUÁLES SON LAS CUALIDADES DE CARÁCTER DE UN BUEN JEFE DE EQUIPO MULTICULTURAL?

Dirigir un equipo multicultural es una tarea exigente, y no todo el mundo está convencido de que merezca la pena el esfuerzo. No sólo es exigente, sino que los equipos multiculturales tardan más en formarse y se enfrentan a más conflictos que los equipos monoculturales. Ante estos retos, los líderes de equipos multiculturales tienen que estar convencidos de que merece la pena el esfuerzo de intentar construir un equipo multicultural y estar lo suficientemente convencidos como para perseverar cuando las cosas se ponen difíciles. Por esta razón, la primera cualidad de carácter del Inventario de Líderes de Equipos Multiculturales es una medida de la convicción del líder del equipo de que merece la pena trabajar por los equipos multiculturales.

Las dos siguientes cualidades del carácter enumeradas en el Inventario —un amplio conocimiento de otras culturas y un conocimiento específico de las culturas representadas en el equipo—se han analizado en los capítulos 2 y 3. La cuarta cualidad del Inventario—el compromiso de resolver los

---

6 Covey, *7 Habits*, 188.

conflictos—se describe en el capítulo 7. Las demás cualidades del carácter se describen a continuación.

Actitud positiva hacia otras culturas

Las personas son muy sensibles a las actitudes negativas hacia ellas y reconocen rápidamente si los jefes de equipo tienen algún problema con su cultura o con otras culturas. Tener una actitud positiva no significa suponer ingenuamente que todo es bueno en una determinada cultura, sino tener una orientación auténtica y positiva hacia ella, que se demostrará queriendo aprender continuamente más sobre esa cultura y siendo respetuoso con las frustraciones. Varios de nuestros entrevistados opinaron que la forma en que los jefes de equipo hablaban de otras culturas era un indicador de cómo responderían esos jefes a sus culturas.

Cuando los líderes tienen una actitud positiva hacia otras culturas, buscan intencionadamente aspectos positivos en situaciones en las que las diferencias culturales están causando problemas. Un supervisor dio el ejemplo de un miembro del equipo más consultivo que incumplía sistemáticamente los plazos de la organización. El jefe del equipo reconoció los aspectos positivos del enfoque consultivo de este miembro del equipo, lo que facilitó al jefe encontrar formas de solucionar el problema.

Tener una actitud positiva no significa pretender que los líderes piensen que todo lo que ven o experimentan es bueno. Un jefe de equipo explicó:

> It doesn't mean you have to love everything about the other culture or about the other person. I think from experience that sometimes people think that naively you've got to like everything or everyone, but I don't think that's real or normal or even possible, but I do think that you can positively orient yourself towards another people's culture, and it has to be authentic. If team members think that the leader just loves everything about a certain people group and everything they do is great, that's unrealistic and people won't follow it. I think the leader has to be authentic, and having a positive attitude doesn't exclude respectfully and appropriately being real about their frustrations.

> No significa que tengas que amar todo de la otra cultura o de la otra persona. Por experiencia, creo que a veces la

gente piensa que ingenuamente tiene que gustarte todo o todos, pero no creo que eso sea real o normal o incluso posible, pero sí creo que puedes orientarte positivamente hacia la cultura de otras personas, y tiene que ser auténtico. Si los miembros del equipo creen que el líder adora todo lo relacionado con un determinado grupo de personas y que todo lo que hacen es estupendo, eso no es realista y la gente no lo seguirá. Creo que el líder tiene que ser auténtico, y tener una actitud positiva no excluye ser respetuoso y apropiado con sus frustraciones.

Sin embargo, los jefes de equipo tienen que tener cuidado con cómo hablan de otras culturas, sobre todo cuando hacen bromas. Incluso una nimiedad, como hacer un comentario sobre un acento, puede expresar lo que se percibe como una actitud negativa y dificultar mucho el funcionamiento del equipo. Un supervisor comentó,

Los miembros del equipo perciben cómo cuentas historias sobre otras culturas cuando has hecho una visita como líder. Puede ser que cuentes un chiste o algo sobre otra cultura que ni siquiera está representada en el equipo, pero la gente capta: "Ajá, así es como él o ella piensa sobre las culturas, así que nunca sabré cómo piensa sobre mi cultura".

Cuando un equipo trabaja interculturalmente, los líderes pueden esforzarse por ser positivos con la cultura de acogida, pero descuidar ser positivos con las culturas del equipo. Una forma de superarlo es comprometerse a seguir aprendiendo y encontrando aspectos que apreciar en las otras culturas del equipo.

Humilde

Los entrevistados describieron la humildad principalmente en términos de cosas que el líder humilde no hace. Los líderes humildes no se elevan por encima de los miembros ni los alienan, no creen saberlo todo, no exigen que los demás les sigan y no son "engreídos, condescendientes y arrogantes".[7] Los líderes humildes no se sienten amenazados por personas del equipo que tienen opiniones diferentes. No les asusta que la gente del equipo quiera probar cosas diferentes a la política.

---

7 No se identifica a los entrevistados para preservar su anonimato.

En el lado positivo, como no dan por sentado que lo saben todo, los líderes humildes están continuamente aprendiendo y tratando de entender a los demás. Consultan con otras personas, escuchan lo que dicen los demás y preguntan a los miembros del equipo qué creen que sería mejor hacer en distintas situaciones. Un miembro del equipo describió a un líder humilde como

> una persona [que] no tiene nada que defender ni nada que ocultar ni nada que demostrar, estará dispuesta a escuchar, a asumir las cosas y a cometer errores y, aun así, continuar y pedir perdón. ... No se trata de ponerse por delante, sino de dar cabida a muchas formas distintas de vivir y de hacer las cosas y de sacarlas adelante.

Según los miembros del equipo, parte de la humildad consiste en que los líderes se muestren vulnerables. Los líderes humildes prestan atención a las preocupaciones y se aseguran de entender lo que dicen los miembros del equipo, incluso cuando se sienten atacados. Esto significa que los líderes humildes no se sienten amenazados por las reacciones de los miembros del equipo. Los líderes humildes se relajan cuando son desafiados y son capaces de "recibir a los miembros del equipo en su corazón" sin preocuparse por sí mismos. Un líder de equipo humilde no antepone sus propios intereses, sino que, según un miembro del equipo, "está dispuesto a dejarse herir y pide nuestras ideas sobre las cosas, u opiniones, y quiere escuchar, ... [no] se defiende rápidamente, sino que [es] lo bastante paciente para esperar y preguntar y averiguar lo que queremos decir".

Los líderes humildes son capaces de trabajar con las "bases" y no siempre se codean con personas más poderosas. Sentirse cómodo trabajando con gente "de base" significa que los líderes no se consideran superiores. Varios entrevistados se apresuraron a señalar que ser humilde como líder no significa, sin embargo, que sean incapaces de enfrentarse. Un líder puede ser a la vez valiente y humilde. Los líderes humildes deben tener el valor de enfrentarse a los miembros de su equipo cuando sea necesario.

Paciente

En los equipos multiculturales, la complejidad de relacionarse con diferentes culturas e idiomas hace que se tarde más en comunicarse, garantizar la comprensión, tomar decisiones y lograr resultados. Esto requiere que el líder sea paciente. Un líder hizo hincapié en que cuando se trabaja con personas de diferentes culturas,

> La gente irá más despacio que tú. La gente se tomará su tiempo para intentar comprender la dirección que tú quieres tomar y, en algunos casos, la dirección que tú quieres tomar está reñida con su herencia cultural. Por lo tanto, las cosas o los logros que quieras alcanzar te llevarán el doble o el triple de tiempo que si fuera en tu propia cultura.

Otro dirigente dio más detalles sobre lo que implica ser paciente cuando se trabaja con personas de culturas muy diferentes:

> La paciencia es realmente necesaria en el contexto de un equipo multicultural, simplemente porque... hay muchas culturas diferentes que son muy, muy calladas por naturaleza y no les gusta hablar cuando no entienden algo, así que a veces tienes que ser muy paciente y explicar las cosas. Y si no entienden o tienen una barrera lingüística, o no entienden del todo el tono en el que se lo dices o las palabras que utilizas, tienes que mostrar mucha paciencia para asegurarte de que lo entienden.

Un supervisor explicó que hay que tener paciencia porque a veces la resolución de los problemas puede llevar años:

> Uno de los grandes problemas se prolongó durante varios años. Así que no es cosa de una semana o un mes. Puede ser un proceso largo. Dios está llevando a la gente en un viaje. Es un proceso para ellos. No se puede apresurar. La gente no esta lista para hacer ciertas cosas. Hay que esperar.

Dispuesto a escuchar y accesible

Muchos miembros y líderes de equipos destacaron la importancia de que los líderes de equipos multiculturales estén dispuestos a escuchar. Estar dispuesto a escuchar significa atraer a los demás, acercarse a los miembros del equipo, ser curioso, hacer preguntas para comprender mejor y comprobar que lo que se ha oído era lo que realmente se quería decir, así como desear realmente escuchar las respuestas. Significa esperar pacientemente a que los miembros del equipo terminen de decir lo que querían decir. Incluye escuchar los sentimientos y comprender el estado emocional de los miembros del equipo.

Escuchar implica una apertura real del líder a la posibilidad de hacer las cosas de otra manera. Significa tener el corazón abierto para escuchar de dónde vienen los miembros del equipo y qué sienten al respecto. Escuchar implica no limitarse a dejar hablar a los demás, sino hacerles hablar activamente, de manera culturalmente sensible, y asegurarse de que se está oyendo claramente lo que la otra persona intenta comunicar. Significa hacer que los miembros del equipo se sientan cómodos y relajados, no sólo con palabras sino también de forma no verbal, para que se sientan "como en casa". Significa tener una actitud que invite a hacer preguntas y exprese disponibilidad. Un miembro del equipo lo expresó así:

> En un entorno multicultural, la gente comparte, y las ideas que se expresan desde diferentes culturas siempre se expresan de diferentes maneras. Me he dado cuenta de que un buen líder multicultural es capaz de escuchar atentamente las ideas de otras culturas y de hacer que las personas de otras culturas se sientan como en casa y bienvenidas para compartir.

Estar dispuesto a escuchar no consiste sólo en prestar atención a las palabras que dice la gente. Escuchar implica un auténtico deseo de comprender a la persona, sus antecedentes, sus sentimientos, su estado emocional actual, su cultura y quién es. Implica tomarse tiempo más allá de la conversación inmediata. Se trata de transmitir respeto y valor. Los entrevistados esperaban que sus líderes demostraran curiosidad y les hicieran muchas preguntas sobre sí mismos. Una joven miembro del equipo esperaba que su jefe valorara su situación personal, su etapa vital, los problemas que tenía y cómo podían afectar a su trabajo en el equipo. Un supervisor habló de la importancia de dedicar tiempo a cada miembro del equipo "para preguntarle su historia" y conocer "su familia, sus antecedentes y quiénes son" y, a continuación, seguir construyendo esta relación. Un miembro del equipo reforzó esta idea refiriéndose al ejemplo positivo de su líder: "Me sentí respetada por mi líder porque se tomó el tiempo de escuchar mis experiencias, de escuchar mis experiencias de fondo, mis experiencias en el pasado y en el presente, y esta escucha parecía no tener fin, y por ello me sentí valorada y realmente lo aprecié".

Incluso cuando los jefes de equipo tienen más experiencia que los miembros del equipo, deben dejar de lado sus propias preferencias y escuchar las sugerencias y aportaciones de los miembros del equipo. Una jefa de equipo describió un incidente en el que tuvo que acudir a los miembros del equipo y pedirles que le ayudaran a entender lo que estaba pasando. Aunque esto no resolvió inmediatamente la cuestión, dijo: "Varias veces dijeron lo mucho que apreciaban el mero hecho de ser escuchados y que alguien intentara entender las cosas desde su punto de vista en lugar de intentar conseguir resultados."

Estar dispuesto a escuchar significa que el líder es accesible, y esto se relaciona con los modales del líder. Un líder accesible no parece demasiado ocupado y dedica su tiempo a los miembros del equipo. Los miembros del equipo deben sentir que es "fácil preguntar cualquier cosa al líder". Un supervisor explicó que ser accesible implica "cómo nos comportamos" y tener "una cara amable".

Un supervisor describió una crisis que provocó gran dolor y división, pero que se resolvió en muy poco tiempo gracias a la escucha amable y tranquila de los nuevos líderes. Gracias a su accesibilidad, el miembro del equipo en apuros que estaba en el centro de la crisis "se sintió capaz de descargarse con ellos y compartir su corazón con ellos, lo que condujo a una buena resolución". La accesibilidad del líder es esencial para resolver conflictos y solucionar problemas en el equipo. Proporciona seguridad a los miembros del equipo, ya que saben que pueden solucionar sus problemas.

Siempre aprendiendo

Un buen jefe de equipo multicultural siempre está aprendiendo hablando con la gente y leyendo. Los buenos jefes de equipo multiculturales demuestran este aprendizaje continuo haciendo preguntas y haciendo saber a los demás que las preguntas son bienvenidas. También están dispuestos a probar cosas nuevas y nuevas formas de hacer las cosas. Varios miembros del equipo afirmaron que la gente está más dispuesta a escuchar a los líderes que aprenden que a los que creen saberlo todo.

Tres supervisores destacaron la importancia de que el líder siga leyendo. Uno comentó que los buenos líderes de equipos multiculturales siempre están aprendiendo en múltiples disciplinas. Leen mucho y su amplitud de conocimientos se refleja en sus conversaciones. Un miembro del equipo observó que los líderes que él ha visto más sensibles a otras culturas son los que leen sobre otras culturas y siempre están tomando nota de ellas. Otra supervisora también opinó que es necesario seguir leyendo libros nuevos, reflexionar sobre ellos y aplicar las ideas adquiridas. Para ella, es una forma de mantener la mente abierta.

Ser un aprendiz continuo va unido a la sensación de tener mucho más que aprender, que es lo contrario de la arrogancia o la suposición de que el líder sabe más. Dos supervisores reconocieron con pesar que la experiencia y los estudios más recientes les habían ayudado a ver los errores que habían cometido en el pasado al relacionarse con personas de otras culturas. Un líder dijo que aún le quedaba mucho por aprender, incluso después de décadas en el trabajo y años de estudio. Cuanto más habían experimentado los líderes, menos creían saber.

Dispuesto a probar nuevas formas de hacer las cosas

Los líderes que triunfan en equipos multiculturales tienen una mentalidad abierta y están abiertos a nuevas experiencias. Tienen una actitud de apertura y aprecio por los valores y prácticas de los demás y una voluntad de experimentar con diferentes formas de hacer las cosas. Crean una cultura de apertura y exploración y fomentan la creatividad. Son curiosos, no juzgan, están dispuestos a asumir riesgos, son flexibles y se les da bien pensar de formas nuevas.

Un líder abierto da la impresión a los miembros del equipo de que su opinión será aceptada, y esto hace que los miembros del equipo se sientan cómodos. Un miembro del equipo explicó:

> Si creo que esto debe hacerse de esta manera y viene alguien de otra cultura que puede hacerlo de otra forma, tengo que estar dispuesto a escuchar a esa persona, aceptarla y escuchar sus razones, porque quizá lo que dice sea cierto; quizá sea una forma mejor de hacerlo.

Estar dispuesto a probar cosas nuevas requiere un contexto de equipo seguro en el que explorar nuevas ideas y estar abierto a cometer errores. Los errores son inevitables, pero se puede aprender de ellos. Un líder subrayó que cometer errores es inevitable al probar cosas nuevas, pero también es una parte esencial del crecimiento como persona. Para probar cosas nuevas, los jefes de equipo deben estar dispuestos a correr el riesgo de que el equipo cometa errores.

Cuando se suprimen las nuevas ideas o formas de hacer las cosas, es posible que los miembros del equipo no quieran seguir trabajando juntos. Es importante que los miembros del equipo "se sientan seguros, que puedan decir: 'Mira, tengo esta nueva idea' y no sientan que puede salir disparada desde el primer momento. Lo agradecemos". Un miembro del equipo habló de la sensación negativa que le producía la falta de voluntad de su jefe de equipo para probar cosas nuevas o escuchar algo nuevo. Se sometía a su liderazgo, pero quería marcharse y ya no se sentía segura para decir lo que pensaba.

Respetuoso con los demás, independientemente de su procedencia

Los buenos líderes respetan a los miembros del equipo independientemente de su origen cultural o de su papel en el equipo. Los entrevistados dijeron que esto requiere paciencia, apertura mental y flexibilidad por parte del líder. También significa que los líderes deben invertir tiempo en escuchar las historias de los miembros del equipo y aprender a comprenderlas, valorándoles intencionadamente como personas y reconociendo sus habilidades y cualificaciones profesionales. El líder también debe estar dispuesto a aprender de los miembros del equipo.

El líder que respeta a los demás, independientemente de su origen cultural, adapta su enfoque a los valores y expectativas inherentes a esos orígenes. El líder demuestra respeto estando dispuesto a adoptar diferentes formas de hacer las cosas. Aunque no es sostenible que el líder satisfaga las expectativas de todos en todo momento, sigue siendo importante que, al interactuar con los miembros del equipo, demuestre su voluntad de ser sensible a su bagaje cultural. El reto para el líder de un equipo multicultural es ser capaz de equilibrar equitativamente los ajustes para cada miembro del equipo sin comprometer las relaciones y el funcionamiento del equipo en su conjunto. Un buen jefe de equipo multicultural permite a su equipo no sólo aceptar las diferencias, sino también trabajar con ellas.

Un líder recomendó hacer una "inversión de respeto" en los miembros del equipo. Esto significa tomarse el tiempo necesario para comprender mejor a los miembros del equipo y estar dispuesto a ajustar el enfoque propio para que se adapte mejor a su formación. También significa estar dispuesto a permitir que distintos miembros del equipo hagan las mismas cosas de distintas maneras. Respeto significa honrar a los miembros del equipo, ser tolerante con ellos y paciente al interactuar con ellos.

Los miembros del equipo consideraron que los buenos líderes evitaban estereotipar a las personas según su origen cultural y reconocían que los individuos diferían dentro de los grupos culturales. Un miembro del equipo dio un ejemplo de su vida de equipo en el que el equipo tenía que trabajar con un musulmán. La gente del equipo se volvió muy paranoica basándose en sus estereotipos sobre los musulmanes. Cuando por fin se dieron cuenta de lo que estaban haciendo, hablaron de sus miedos y fueron capaces de reconocerlos y superarlos. Otro ejemplo procede de un supervisor que relató su experiencia al interactuar con coreanos de dos generaciones distintas y cómo sus suposiciones sobre los coreanos basadas en una generación no se aplicaban a la otra. Se sintió muy frustrado hasta que se dio cuenta de que el estereotipo que había creado en su mente no era el adecuado. Señaló que la forma de superar esta tendencia a estereotipar es aprender continuamente sobre otras culturas. Otro dirigente comentó que los estereotipos surgen de las expectativas basadas en experiencias anteriores y que la única forma de superarlos es tratar a cada uno individualmente. Un supervisor lo expresó de la siguiente manera:

> Una de las cosas que intentamos hacer fue no sólo reconocer las diferentes culturas, sino incluso dentro de las culturas tratar de no poner a todos los miembros juntos, como si dijéramos: "Así que ahora entiendo a todos los australianos, ahora entiendo a todos los holandeses". Cada uno aporta su propio bagaje ambiental, experiencias, estilos de personalidad, así como generalidades culturales.

Otro aspecto del respeto es la imparcialidad. Los jefes de equipo deben ser justos en sus relaciones con los miembros del equipo. Los miembros del equipo son sensibles a cualquier variación en la forma en que los líderes expresan que se preocupan o respetan a los diferentes miembros del equipo. La percepción de un trato justo depende de la sensación de que se puede confiar en los líderes, de que son imparciales en sus juicios y de que tratan a todas las personas con la dignidad y el respeto apropiados para todos los miembros del grupo. Cuando las personas reciben un trato justo, se les comunica que son importantes, que están incluidas en el grupo y que se les valora por igual.

Inclusivo

El buen jefe de equipo multicultural es capaz de ayudar a cada miembro del equipo a participar plenamente en el equipo y en sus procesos de toma de decisiones. Entre las barreras que impiden la plena participación de los miembros del equipo figuran el idioma, la timidez, la tranquilidad, la introversión y las orientaciones culturales, que impiden la participación activa en el debate de grupo. Los buenos jefes de equipo incluyen a cada miembro del equipo en el proceso de toma de decisiones, tomando una decisión basada en lo que todos han dicho.

Los entrevistados señalaron varias razones por las que se excluía a los miembros del equipo de la plena participación en el mismo: falta de dominio del idioma del equipo, choque cultural, errores que habían cometido, reacciones fuertes que habían mostrado y estar callados en las reuniones del equipo. Una persona dijo que a menudo se excluía a quienes esperaban a que se les pidiera su opinión. Sólo cuando el líder pedía específicamente a los callados que contribuyeran, obtenían valiosas percepciones que les ayudaban en la toma de decisiones. Refiriéndose a los miembros del equipo más callados o menos ruidosos, un supervisor insistió en la necesidad de "hacerles participar" continuamente y de que "se sientan parte de ello", animando a hablar a los más tímidos. Un jefe de equipo tuvo que ayudar a su equipo a adaptar el uso de la lengua y la forma de comunicarse para que los hablantes no nativos de la lengua del equipo se sintieran incluidos. Otra líder describió cómo su propia experiencia de trabajo en el extranjero le ayudó a entender por qué los nuevos miembros del equipo se sienten alienados y la llevó a ser más tolerante y a asegurarse de que su equipo no fuera "excluyente".

Incluir a todos los miembros del equipo en la toma de decisiones requiere que el líder consulte con los miembros del equipo las decisiones que afectan a su trabajo y luego tome una decisión o ayude al equipo a tomar una decisión basada en lo que todos han dicho. Esto significa que se tiene la sensación de que todo el equipo ha tomado la decisión conjuntamente. Se informó de que un jefe de equipo había hecho un esfuerzo consciente por evitar anteponer "sus propios intereses" escuchando las ideas y opiniones de los miembros del equipo. Por el contrario, otro entrevistado señaló que el jefe de su equipo tomaba decisiones por su cuenta sin preguntar a los miembros del equipo y se limitaba a anunciarlas a su equipo. Esto acabó provocando la disolución del equipo.

Autoconsciente

Ser consciente de uno mismo significa que los líderes de equipos multiculturales son honestos consigo mismos. Los líderes que son conscientes de sí mismos comprenden sus limitaciones y defectos. Una supervisora describió cómo su propia autoconciencia le afectaba como líder:

> Cuanto más en contacto esté conmigo mismo—quién soy, mis propias limitaciones, la desesperación absoluta de no poder hacerlo de otra manera—más me ayudará a ser compasivo o incluso a querer complacer o respetar a otra

persona que me diga que no puedo hacerlo de otra manera. Así que esa autoconciencia de quién soy me da autoridad para dirigir.

Un líder describió la autoconciencia como ser auténtico, lo que significa ser uno mismo y no intentar ser como los demás. También cree que es importante ser un modelo de autenticidad para los miembros del equipo. Un entrevistado describió la autoconciencia como "entender cómo te reciben los demás". Esta comprensión se desarrolla a través de los comentarios de los demás. La evaluación más precisa de los líderes de equipo procede de las personas que ven su liderazgo con mayor claridad: los miembros del equipo.

Los líderes conscientes de sí mismos aceptan su propia singularidad y cómo Dios les ha hecho. Es especialmente importante que los líderes de equipos multiculturales tengan una concepción sólida de su propia identidad, porque a menudo sentirán que sus límites personales se ven amenazados por las exigencias que los compañeros de equipo culturalmente diversos les imponen.[8] Los líderes que están seguros de su propia identidad en Cristo no sienten la necesidad de ocultar sus debilidades a los demás. Pueden ser transparentes acerca de sus motivos y comportamiento porque no temen que los miembros del equipo los vean como realmente son.

El autoconocimiento se desarrolla a través de la exigencia personal y la retroalimentación de los demás. La experiencia previa de las dificultades desarrolla la empatía y permite a los líderes comprender cómo les perciben los demás. Una supervisora describió cómo la experiencia le ayudó a crecer en autoconciencia:

> Sé más que la teoría y lo mucho que puede doler o el esfuerzo que supone conectar de verdad y comprender de verdad, así que es más que algo que podamos estudiar. Mientras nos herimos unos a otros en diferentes culturas, es bueno haber tenido una experiencia de estar fuera de mis propias profundidades, ser estirado, abrir un archivo en mi cerebro para incluso tener un sentido para cosas que no están en mi visión del mundo. He crecido gracias a ello, y eso ha ampliado lo que soy.

Las exigencias a las que se ven sometidos los líderes multiculturales pueden ser tan grandes que amenacen el propio sentido de ser del líder.

---

8 Susan Schneider y Jean-Louis Barsoux, *Managing across Cultures* (Harlow, Reino Unido: Prentice Hall, 2002), 208.

Los entrevistados esperaban que los líderes de sus equipos multiculturales fueran abiertos y vulnerables, pero que no se sintieran amenazados, ni siquiera cuando se les criticaba. Ser vulnerable y abrirse a los demás, especialmente cuando otros están molestos o quieren criticar, requiere un alto grado de autoconfianza y autoconciencia. Esto puede resultar especialmente difícil en las interacciones interculturales, en las que los límites que definen el comportamiento adecuado no están claros. Este tipo de exigencias al líder requieren estabilidad emocional.

Un líder emocionalmente estable también regula cómo expresa sus emociones. Los líderes necesitan autocontrolarse cuando interactúan con los demás. Un miembro del equipo destacó la importancia de que los líderes sean capaces de controlar sus reacciones físicas cuando sienten emociones fuertes. Por ejemplo, si los líderes están enfadados, deben ser capaces de controlar su expresión facial para no mostrarlo.

¿CÓMO SE DESARROLLAN ESTAS CUALIDADES?

El desarrollo fundamental de nuestro carácter se produce durante la infancia y la adolescencia a través de la observación y la imitación de adultos destacados en nuestras vidas. También se produce al reflexionar sobre experiencias difíciles. El carácter progresa normalmente a lo largo de la vida, por ejemplo, de la impulsividad de la adolescencia a la madurez (¡normalmente!) más comedida de los adultos mayores. El desarrollo del carácter en la edad adulta requiere intencionalidad y trabajo duro.

Según nuestra experiencia, el desarrollo intencional del carácter requiere un compromiso definitivo para cambiar una actitud o un modo de comportamiento concretos. Un ejemplo de este tipo de compromiso es cuando decidimos intencionadamente perdonar a alguien que nos ha hecho daño, y nos comprometemos a convertirnos en una persona que perdona en el futuro. Reconociendo que el cambio es imposible sin la ayuda del Espíritu Santo, empezamos a poner en práctica el nuevo comportamiento debido al cambio que Dios está produciendo en nuestro interior. Pero poner en práctica el nuevo comportamiento sólo una vez es inadecuado, porque el cambio de carácter consiste en desarrollar un hábito de actitud y comportamiento. En el caso del perdón, implica una disciplina constante de decidir perdonar, buscar la ayuda de Dios y negarse a no perdonar, incluso cuando realmente preferiríamos vengarnos.

Los modelos de conducta son clave para el desarrollo del carácter. Los cristianos más maduros que demuestran las cualidades que queremos desarrollar se convierten en un punto de referencia para examinar nuestras propias actitudes y comportamiento. El apóstol Pablo escribió a los cristianos en muchas ocasiones diciéndoles que siguieran su ejemplo y el de personas como él. Por ejemplo, dijo a la iglesia de Filipos: "Uníos, hermanos, en seguir mi ejemplo, y así como nos tenéis como modelo, fijaos en los que viven como nosotros" (Flp 3, 17). Los mejores modelos de conducta son las personas vivas que conocemos personalmente, aunque también es posible encontrar modelos de conducta en personajes históricos.

Otra forma de desarrollar las cualidades de carácter necesarias para dirigir un equipo multicultural es encontrar un mentor que te dé su opinión sobre tus actitudes y comportamiento. Es mejor tener un mentor que vea cómo vives en lugar de uno que sólo escuche tus propios informes sobre los temas que tratas. Algunos líderes piden a su equipo que les informe sobre cómo lo están haciendo. Aunque esto puede ser útil en determinadas situaciones, es importante ser consciente de que puede perturbar la confianza de algunos miembros del equipo en el líder y crear una dinámica poco útil en el equipo.

MANTENER SU BIENESTAR ESPIRITUAL, EMOCIONAL, PSICOLÓGICO Y FÍSICO

Muchos líderes son dolorosamente conscientes de su imperfección, como nos recordó un jefe de equipo cuando dijo: "Mirando los criterios que hay aquí, ¿los personifico todos? Ojalá. Si personificara aunque fuera la mitad de ellos, estaría bien, ¿no?". Aunque los líderes son personas imperfectas, Dios, que es perfecto, pone su fuerza a nuestra disposición y es capaz de perfeccionar su fuerza en nuestra debilidad y capacitarnos, por medio de Cristo, para hacer todo aquello para lo que nos ha llamado (2 Co 4:7; 12:9; Flp 4:13). Sin embargo, nombrar líderes de equipos multiculturales a personas que no reúnen las cualidades personales mencionadas, al menos de forma rudimentaria, es una receta para el desastre, no sólo para el líder, sino también para el equipo.

Una vez que los líderes son nombrados, necesitan desarrollar un sentido de dependencia de Dios a fin de encontrar la fuerza para perseverar, centrarse en el caos y sanar el dolor que experimentarán. A veces los líderes reciben comentarios no solicitados que pueden ser muy hirientes. Ser capaz de superarlo forja el carácter. Cuando el cuchillo de la crítica se ha clavado profundamente, nos resulta útil imaginar una herida abierta en nuestro corazón y ofrecérsela a Jesús para que derrame su sangre sanadora sobre ella. La capacidad de afrontar acusaciones y heridas emocionales es crucial para la supervivencia del líder de un equipo multicultural. Como ha dicho un escritor: "Sólo puedes ejercer el liderazgo en la medida en que puedes soportar el dolor".[9] Por lo tanto, los líderes de la organización deben tener cuidado de no aumentar el dolor del líder del equipo en la forma en que interactúan con él. Por el contrario, deben escuchar este tipo de dolor y pedir a Dios palabras y acciones de aliento y afirmación para el líder.

Es importante que, como líderes, no asumamos cargas que no nos corresponde llevar. Al fin y al cabo, el pueblo de Dios es suyo, incluso cuando son miembros de un equipo. Sus exigencias para con ellos son las mismas que para con nosotros. Sea cual sea el trasfondo cultural de los miembros del equipo, tienen que aprender a amar y a perdonar. El líder no tiene que arreglarlo todo, y a veces un equipo no funcionará y tendrá que disolverse. No se trata de un fracaso, sino de cómo son las cosas. Los equipos tienen que ser libres tanto para disolverse como para continuar. Como líderes, debemos cultivar la capacidad de renunciar a la necesidad de controlar y hacer que las cosas sucedan, y dejar que Dios haga su trabajo tanto en nosotros como en los demás miembros del equipo. Los equipos del ministerio multicultural trabajan para los propósitos de Dios. Tenemos que dejar que Dios lleve a cabo su propósito a su manera, y no intentar hacer lo que sólo Dios puede hacer.

Es importante identificar límites razonables que equilibren las prioridades familiares y ministeriales con lo que uno es capaz de soportar. En cualquier situación ministerial, las exigencias a las que se ven sometidos los líderes suelen ser mucho mayores de lo que pueden soportar por sí solos. Definir límites y encontrar formas prácticas de garantizar que puedes mantenerlos es muy importante para tu bienestar físico, mental y espiritual a largo plazo. Los mentores u otras personas ajenas al equipo que puedan ofrecer un punto de vista objetivo son buenas personas para ayudarle a establecer límites razonables.

Todos somos seres humanos, hechos a imagen de Dios. Los líderes de equipos multiculturales deben tener un sentido claro de su propia identidad, aceptarse a sí mismos tal y como Dios los ha hecho y no intentar ser algo que no son. Puede ser tentador intentar ser sobrehumano, pero luego uno se

---

9 Gary Corwin, "Leadership as Pain-bearing", *Evangelical Missions Quarterly* 34 (1998): 16.

quema. Permítete ser humano. Establece límites razonables (preferiblemente con la ayuda de una persona objetiva ajena a la situación). Haz lo que puedas y deja el resto a Dios. Mientras tanto, asegúrate de mantener un nivel adecuado de descanso, relajación, ejercicio, sueño, comida y tiempo con tu familia y amigos. Si estás descansado y sano y tus relaciones familiares son buenas, tendrás más fuerza y perspectivas sensatas cuando te enfrentes a las exigencias y tormentas de la vida multicultural en equipo y en el trabajo.

CAPÍTULO 9

HABILIDADES EN LAS QUE TRABAJAR

Algunas de las habilidades que necesitan los líderes de equipos multiculturales ya se han tratado en otros capítulos. El capítulo 4 profundiza en la habilidad de comunicar y permitir que el equipo se comunique bien. El capítulo 5 describe la habilidad de comunicar y aclarar la visión común. El capítulo 6 se centra en la habilidad de ayudar al equipo a comprender y equilibrar las personalidades y los papeles en el equipo, y el capítulo 7 habla de la gestión de los conflictos interculturales en el equipo. En este capítulo presentamos el resto de habilidades que los miembros del equipo, los líderes y los supervisores que entrevistamos consideraron esenciales para los buenos líderes de equipos multiculturales.

VALORAR Y MOSTRAR RESPETO POR CADA MIEMBRO DEL EQUIPO

Los buenos jefes de equipo valoran y respetan a cada uno de sus miembros. Lo demuestran afirmando las contribuciones de cada persona. Comunican cuánto valoran sus contribuciones a cada miembro del equipo personalmente, al resto del equipo y a quienes están fuera del equipo. Es útil que el líder identifique específicamente las contribuciones de cada miembro del equipo, ya que esto hace que su valor sea claro y específico en lugar de general y fácil de cuestionar.

Parte del respeto por la singularidad de cada miembro del equipo consiste en responder a sus necesidades específicas, en lugar de abordar a todos exactamente de la misma manera. Un supervisor descubrió que, en algunos casos, tuvo que animar a algunos miembros del equipo que se sentían negativamente identificados con aspectos de su propia cultura a que "así es como tenían que ser" y que el equipo "necesitaba ser positivo con los demás para ser también auténticos con nosotros mismos."

El líder debe mostrar respeto y valor incluso cuando aún no comprende bien a los miembros del equipo. Un miembro del equipo lo expresó de la siguiente manera:

> Veo que en nuestro jefe de equipo puede que no entienda realmente lo que le pasa a nuestro amigo coreano, pero en la forma en que se relaciona con él, sigue atrayéndolo. Muestra respeto y, por supuesto, la forma en que se ejerce o se expresa el respeto es culturalmente diferente y debe aprenderse.

El respeto y el valor se comunican escuchando y deleitándose con la persona y su cultura. No basta con conocer una cultura diferente, pues ello no se traduce necesariamente en aprecio por ella. El aprecio se pondrá de manifiesto en la acción. Los jefes de equipo pueden fomentar la celebración de las diferencias culturales incorporando las celebraciones culturales de todos los miembros del equipo a la vida de equipo y disfrutándolas juntos. Esto incluye afirmar las contribuciones de cada miembro del equipo y hacer hincapié en las diferencias que les permiten trabajar bien juntos. También significa reírse de las diferencias. Un miembro del equipo lo expresó así:

> Deléitate con esa persona. Deléitate de estar con esa persona. Es parecido a celebrar las diferencias, pero no es celebrar sólo las diferencias. Es celebrar a la persona y lo que es. … Creo que cuando los miembros de un equipo sienten que, incluso cuando atraviesan momentos difíciles, si saben que alguien se deleita en quiénes son, aguantarán y soportarán las asperezas.

Una forma de que los líderes de equipo muestren respeto y valoren a los miembros del equipo es darles la bienvenida a sus hogares y al ministerio del equipo. Una pareja dijo de sus líderes marido y mujer:

> Enseguida nos sentimos bienvenidos a su casa. Nos acogieron en su casa personalmente. Nos dieron la bienvenida al ministerio y nos dijeron: "Ahora sois una parte esencial de este ministerio, nos pertenecéis, pertenecéis al ministerio, os damos la bienvenida". Simplemente nos aceptaron hasta el final.

ADAPTE SU ENFOQUE A LA CULTURA DE LOS MIEMBROS DEL EQUIPO

Los jefes de equipo deben adaptar su forma de comunicarse con los miembros de un equipo procedentes de culturas diferentes. Estos ajustes incluyen variar el grado de franqueza que utilizan en la comunicación con los distintos miembros del equipo. Un líder dio un ejemplo de cómo aprendió a ajustar su estilo de comunicación a uno más indirecto con una trabajadora de Singapur después de haberla ofendido terriblemente:

> Con el tiempo aprendimos a pedirle que hiciera cosas. Había que pedírselo de forma muy indirecta. No puedes decir: "¿Quieres vaciar la basura?". Si querías que vaciara la basura le decías: "Sabes, la basura está muy llena. ¿Tienes alguna idea de cómo podemos solucionarlo?". Y entonces ella diría: "Bueno, lo haré".

Los ajustes en el estilo de comunicación que haga un líder deben ser específicos para cada cultura. Invitar a los miembros coreanos del equipo a una comida antes de abordar un tema al final del tiempo que pasan juntos es un tipo de ajuste específico que no será útil para los miembros de muchas otras culturas. Un líder explicó:

> Aprendí que con los coreanos, para tratar temas difíciles, a menudo es muy bueno hacerlo alrededor de una comida y de forma muy indirecta. Pero cuando hablaba con un miembro del equipo escocés—ella era una persona muy, muy directa—no le gustaba que le dieran palos de ciego. Si tienes algo que decir, dilo. Así que en ambos casos había que adaptarse a la forma de abordarlo.

Los jefes de equipo también deben adaptar su comunicación en las reuniones. Entre los ajustes, cabe destacar la necesidad de llamar la atención de los miembros de culturas que tienden a no hablar en los debates de grupo y de aprender a ser más expresivos en los debates con culturas más expresivas. Una jefa de equipo que trabajaba con estadounidenses, por ejemplo, descubrió que necesitaba ajustar su estilo para poder "intervenir" en las discusiones de equipo.

Los líderes hábiles son diplomáticos con algo más que palabras. Deben ser capaces de controlar sus propias emociones y reconocer y responder adecuadamente a las de los miembros de su equipo. Una comunicación no verbal adecuada, especialmente la expresión facial, es esencial para una comunicación eficaz. Los líderes cualificados también tienen que ajustar su forma de interpretar el comportamiento de los miembros del equipo. Deben darse cuenta, por ejemplo, de que los comentarios críticos de los miembros de una cultura directa son a menudo simplemente un comentario sobre un tema y no un ataque contra ellos personalmente, y que las discusiones en voz alta de los miembros de culturas emocionalmente expresivas no significan necesariamente que estén profundamente disgustados o que el equipo esté a punto de desmoronarse. Un jefe de equipo explicó cómo aprendió a entender los comentarios de otro miembro de su equipo:

> Teníamos una sueca en nuestro equipo que nos parecía, por nuestra formación, siempre crítica y cortante en sus comentarios. Finalmente alguien nos habló del carácter sueco, que es muy directo, muy franco. Y supongo que fue como si se nos encendiera la bombilla. Ese fue un verdadero momento de transición para nosotros: trabajar con ella, entenderla, comprender que su franqueza no era una crítica, sino un comentario.

CAPACITAR A LOS MIEMBROS DEL EQUIPO

Capacitar a los miembros de un equipo significa identificar su potencial y permitirles alcanzarlo. Empoderar es ayudar a las personas a sentirse seguras y capaces de realizar una tarea específica mediante la dirección, la delegación y el estímulo. En palabras de un jefe de equipo, significa desarrollar a las personas mediante "la tutoría y la ayuda, el reto y la gracia para hacerles avanzar". Implica identificar los dones de las personas y ofrecerles oportunidades para hacer aquello en lo que realmente son buenos. Un jefe de equipo describió su papel como "estar ahí para ayudar a la gente a encontrar su ministerio" y desarrollarlo de la mejor manera posible "según sus dones y circunstancias". Otro líder explicó que empoderaba a los miembros del equipo dedicándoles tiempo a escucharles, hablando con ellos sobre sus problemas, animándoles y dándoles ideas, herramientas y recursos. Se centraba en ayudarles a sentirse fructíferos y realizados en su trabajo.

Entre las actividades específicas que se llevan a cabo para capacitar a los miembros de un equipo se incluyen orientarles, ayudarles a identificar sus dones y ofrecerles oportunidades para utilizarlos, ayudándoles a encontrar aspectos del ministerio del equipo para los que sus capacidades son especialmente adecuadas. La capacitación continúa desarrollándolos en ese contexto mediante la escucha, la formulación de preguntas, el estímulo y el suministro de herramientas y recursos.

Empoderar a los demás siempre implica darles áreas de responsabilidad. Por lo tanto, los jefes de equipo tienen que "soltar lastre" y permitir que los miembros del equipo asuman áreas de la tarea del equipo de las que se hagan responsables y en las que dirijan al equipo. Los miembros del equipo deben tener libertad para cometer errores. Una vez asignada la responsabilidad, los jefes de equipo no deben socavar los esfuerzos de los miembros del equipo por cumplir esa responsabilidad. Esto funciona mejor cuando el jefe de equipo asigna las responsabilidades en función de la competencia y las dotes, ya que esto permite a los miembros del equipo hacerlo bien. Genera confianza y un sentimiento de sentirse realizado, y crea una sensación de seguridad porque cada uno conoce su papel en el equipo y se siente feliz en él. Cuando los líderes tienen experiencia en áreas específicas, como el discipulado transcultural o la negociación con líderes locales, pueden capacitar a otros en estas áreas transmitiéndoles lo que saben hasta que puedan hacerlo sin el líder del equipo.

Un miembro del equipo describió cómo su nuevo jefe preguntó a los miembros del equipo qué áreas de responsabilidad les gustarían y trató de encontrar el mejor trabajo para cada persona. Esto significaba que la gente podía "funcionar con lo que hace bien". Dar responsabilidades presupone y genera confianza y da a todos la satisfacción de sentir que pueden contribuir.

PROBLEMAS DE DIRECCIÓN

La competencia que nuestros entrevistados situaron con más frecuencia en el primer puesto de la lista de habilidades necesarias fue la capacidad de abordar problemas. Los buenos líderes identifican y abordan los problemas del equipo tratándolos adecuadamente. Si no se afrontan los problemas, el equipo se resiente. Se necesita energía emocional y compromiso para hacerlo, pero es esencial. El hecho de que el equipo sea multicultural aumenta la probabilidad de enfrentamientos, lo que significa que es vital que los líderes del equipo tengan el valor de abordar los problemas.

Abordar los problemas siempre implica hablar del problema con uno o varios miembros del equipo. Es necesario comunicar sobre el problema.

Hacerlo bien ofrece a las personas la oportunidad de aprender y crecer. Cuando los problemas se evitan, no desaparecen, sino que tienden a agrandarse y enconarse. La única manera de evitarlo es sacarlo a la luz hablando de ello.

Todos los entrevistados coincidieron en que enfrentarse a la gente es difícil, pero que el líder debe hacerlo o, de lo contrario, el equipo y su trabajo se resentirán. Uno de los entrevistados subrayó que esto requiere energía emocional y un compromiso intencionado de invertir energía en este proceso para abrir la cuestión y abordar el problema. Otro insistió en que, aunque las distintas culturas tienen formas diferentes de enfrentarse a la gente, el líder debe encontrar la manera de abordar los problemas hablando con los implicados. Otro miembro del equipo llegó a decir que si el líder tiene miedo de enfrentarse, no puede hacer su trabajo, porque hay muchos enfrentamientos en un contexto de equipo multicultural.

Para abordar los problemas, el líder primero tiene que ser capaz de identificar correctamente el origen del problema. Puede tratarse de una diferencia cultural, de un choque de personalidades o de que un miembro del equipo perjudique a los demás con su comportamiento. Los líderes de equipos multiculturales a menudo tienen que abordar problemas de comportamiento o actitud en los miembros del equipo y en las personas con las que éste interactúa. Varios entrevistados dieron ejemplos de cómo ellos o su jefe de equipo se enfrentaban a la gente. Uno de ellos tuvo que decirle a un conductor que su comportamiento era ofensivo para los demás. Otro tuvo que hablar con un cristiano local que siempre se quejaba de que los miembros del equipo no le entendían.

Otro aspecto problemático con el que tienen que lidiar los jefes de equipo multiculturales es el bajo rendimiento relacionado con las tareas laborales. Uno de los entrevistados puso el ejemplo de una compañera de equipo que insistía en predicar a pesar de que su dominio del idioma era claramente insuficiente y de que la población local consideraba que no debía predicar. Aunque explicárselo a la compañera podría perjudicarla, este miembro del equipo consideró que era vital que el jefe de equipo hablara con ella. Un supervisor habló de un jefe de equipo que asignó a una pareja una tarea ministerial que realmente querían hacer pero que no les convenía porque el jefe tenía miedo de hablar con ellos sobre su inadecuación para esta tarea. Esto tuvo importantes consecuencias para el reclutamiento de la organización en esa área. Una jefa de equipo dio un ejemplo útil de cómo abordó un problema de bajo rendimiento con un miembro del equipo:

Me dieron un miembro del equipo que no rendía, así que la llevé a un proceso de, ya sabes, cuál es la visión del equipo y cosas así, y ella tuvo que dar su opinión, y fue la primera vez que alguien dijo: "Mi problema es que hemos acordado esta visión y no estás trabajando para conseguirla... y no estamos llegando a ninguna parte. ¿Qué está pasando?"

El miembro del equipo rompió a llorar, dándose cuenta por primera vez de que había estado defraudando al equipo. Empezó a comprometerse con la visión y el trabajo del equipo y acabó convirtiéndose en su líder.

Otro tipo de problema que los jefes de equipo deben abordar es el malestar emocional de los miembros del equipo, incluso cuando no tienen ni idea de qué lo ha causado. Un miembro del equipo agradeció a su jefe que se diera cuenta de que estaba emocional o alterada. Apreció especialmente que su líder iniciara la conversación preguntándole por ello, en lugar de tener que sacarlo ella.

Los miembros del equipo elogiaron a los líderes que siempre tuvieron la voluntad y el coraje suficientes para enfrentarse a los problemas. Un supervisor subrayó lo crucial que es afrontar los problemas a tiempo, antes de que empiecen a causar daños mayores:

Si hay un elefante en la habitación, hay que enfrentarse a él. También se trata de cortar las cosas de raíz. Si crees que hay algo que no va bien, es probable que así sea, y probablemente no sepas lo que es, sobre todo si estás en un entorno poco habitual o tienes a alguien que no sabe que está ofendiendo.

Un miembro del equipo explicó que los malentendidos en su equipo eran especialmente difíciles de resolver, ya que una persona quería evitar el conflicto no diciendo nada. Pero destacó la importancia de contar con alguien que abordara el conflicto: "Como grupo teníamos a alguien que simplemente se levantaba y decía: 'No, vamos a abordar este conflicto de nuevo'. Y creo que eso nos ayudó mucho como grupo". Este miembro del equipo destacó la importancia de contar con una persona que se comprometiera a que el conflicto se resolviera a pesar de que los demás quisieran evitarlo o ignorarlo. Comentó que a veces surgían problemas en el equipo y se apresuraban a dejarlos de lado, pero que era mejor cuando se sacaban a relucir y se trataban. Cuando no se trataban, tendían a seguir haciéndose más y más grandes. Un supervisor comentó: "Si hay algo que está en curso y el jefe de equipo no está realmente dispuesto a afrontar la situación, como que se encona y se encona y se encona hasta que estalla".

Para abordar eficazmente los problemas es necesario que el jefe de equipo se comunique con claridad. Un miembro del equipo señaló que su jefe intentaba resolver los problemas, pero de forma confusa e indirecta, colocando avisos escritos en un tablón de anuncios. Los miembros del equipo no entendían quién estaba causando el problema, ni siquiera de qué se trataba. Cuando la jefa hablaba con los miembros del equipo cara a cara, actuaba como si todo fuera bien. Otro jefe de equipo fue un paso más allá y castigó a un miembro del equipo infractor sin decirle explícitamente cuál era su infracción. Este miembro del equipo subrayó la importancia de que el líder hablara con el miembro del equipo que causaba los problemas para encontrar una solución. En otro equipo, el líder nunca habló con la persona que causaba el problema, sino sólo con otros miembros del equipo, lo que causó mucho daño.

PERDONAR LOS ERRORES

Los buenos jefes de equipo multiculturales demuestran su confianza en los miembros del equipo y que los valoran dándoles responsabilidades y permitiéndoles cometer errores. Si no se da libertad a los nuevos trabajadores para probar cosas nuevas y cometer errores, no podrán aprender. Los errores son parte integrante del proceso de aprendizaje. Por lo tanto, el jefe de equipo debe perdonar fácilmente los errores. Sin este perdón, el equipo corre el riesgo de derrumbarse.

Un miembro del equipo llegó a decir que "si no hay perdón de los errores, no puede haber equipo". Su equipo se había disuelto con consecuencias perjudiciales para los miembros, y él lo atribuía a cosas que no se perdonaban. Un jefe de equipo comentó que los errores son inevitables en un equipo multicultural cuando la lengua del equipo es la segunda o tercera lengua de algunos de sus miembros: "La gente no va a entender claramente cuál puede ser la tarea o cuál es la dirección, y pueden pensar que entienden y van y hacen un trabajo que puede no ser necesariamente correcto, y así, a menos que tengas un corazón de perdón, tendrás conflictos todo el tiempo". Otro miembro del equipo dio un ejemplo personal de lo útil que fue para él y para su equipo que su jefe de equipo perdonara un error que había cometido:

Estaba cansado y necesitaba un descanso y decidí que necesitaba alejarme de la ciudad, y quería ir de excursión el domingo, pero era Domingo de Pascua, y sin decírselo a nadie me fui y me fui de excursión en este día tan, tan importante en las mentes cristianas, y cuando volví, todo el mundo estaba decepcionado conmigo. El líder estaba casi enfadado conmigo. Pero fue un error, se confesó, se olvidó y seguimos adelante.

RELACIONARSE BIEN CON LA ORGANIZACIÓN Y CON OTRAS PERSONAS AJENAS AL EQUIPO

Los líderes eficaces actúan como puente entre el equipo y el resto del mundo estableciendo relaciones entre el equipo y grupos externos.[1] Ser capaz de establecer buenas redes con la organización y con otras personas ajenas al equipo es una habilidad clave que, según los entrevistados, poseen los buenos líderes de equipos multiculturales. Todo equipo se ve afectado por las redes sociales en las que está inmerso, y especialmente por la organización a la que pertenece el equipo. Los buenos líderes se comunican con la organización en sentido amplio para buscar los recursos que el equipo necesita e influir en la organización en beneficio del equipo. Comunican la visión del equipo a otros grupos y se aseguran de que la organización respalda la visión del equipo.

Al gestionar el entorno externo del equipo, el líder del equipo lo protege de presiones externas innecesarias, protege a los miembros del equipo de críticas inútiles, se asegura de que haya comunicación con otros equipos ministeriales que trabajan en la misma área, informa a la organización de las necesidades del equipo e intenta asegurarse de que los recursos—como la formación, el desarrollo profesional o los recursos materiales—estén a disposición de los miembros del equipo. Los buenos líderes de equipo también toman la iniciativa de plantear a la dirección de la organización cuestiones relevantes para el equipo, como la necesidad de reducir los procesos administrativos que obstaculizan al equipo, o la necesidad de disminuir las demandas externas sobre los miembros del equipo, como la gestión de muchos equipos ministeriales a corto plazo, para que el equipo pueda centrarse en su tarea.

---

1 Philip Harris y Kevin Harris, "Managing Effectively through Teams", *Team Performance Management* 2, no. 3 (1996): 23–36.

Ser capaz de trabajar bien en red también significa que los líderes entienden y pueden relacionarse con la organización de la que forma parte el equipo, y por ello pueden ayudar a los miembros del equipo a adaptarse y funcionar eficazmente dentro del sistema organizativo. A los miembros de equipos multiculturales a veces les resulta muy difícil comprender y funcionar eficazmente en la cultura de la organización en general. Los jefes de equipo desempeñan un papel especial a la hora de interpretar la cultura de la organización a los miembros del equipo. A menudo se trata de una tarea difícil.

También es importante que los jefes de equipo puedan establecer contactos con otras personas ajenas al equipo y a la organización. Esto permite al líder conocer los problemas a los que se enfrentan los miembros del equipo cuando interactúan con la gente de la comunidad y cómo influyen en la forma en que el equipo aborda su tarea. Un líder de equipo explicó que es importante ser consciente de "con quién se relacionan los miembros de tu equipo en la comunidad, porque repercute en el tipo de programas que tienes que ofrecer". El trabajo en red fuera del equipo también permite al líder tener una mejor idea de los recursos que necesitan los miembros del equipo para cumplir sus tareas. Por último, el trabajo en red incluye la promoción del trabajo del equipo en la comunidad en general y ante otros grupos.

¿CÓMO DESARROLLAR ESTAS COMPETENCIAS?

Las competencias son habilidades, cosas que las personas pueden hacer. Puesto que las competencias consisten en hacer, sólo pueden aprenderse haciendo. Con demasiada frecuencia, la gente intenta enseñar habilidades hablando de ellas. Pero ser capaz de hablar sobre cómo cambiar una arandela de un grifo que gotea no significa que uno sea realmente capaz de cambiar una arandela. Elegir y saber utilizar las herramientas adecuadas, desmontar el grifo, lidiar con el agua que sale a borbotones cuando se olvida cerrar el grifo principal, averiguar el tamaño correcto de la arandela y cómo insertarla, y volver a montar el grifo para que no gotee, todo ello requiere una acción física. Las habilidades se aprenden practicándolas y recibiendo retroalimentación, ya sea de observadores o, en el caso del grifo que gotea, de otros factores como si el agua gotea o si puedes volver a colocar el grifo en su base.

Dado que las competencias son cosas que hacen las personas, pueden observarse y medirse en términos de si los componentes de la competencia se han realizado de forma competente o no. Los observadores, sobre todo los más experimentados, pueden proporcionar información específica sobre lo que hay que hacer para aumentar la competencia. Desarrollamos la competencia practicando una habilidad, recibiendo comentarios al respecto y poniéndolos en práctica. Desarrollamos aún más la competencia cuando nosotros mismos y los demás evaluamos nuestra ejecución de la habilidad y cuando seguimos practicándola a la luz de la retroalimentación de esas evaluaciones hasta que la dominamos. En el caso de habilidades muy complejas, como tocar instrumentos musicales, la competencia se desarrolla recibiendo comentarios de maestros que evalúan intuitivamente múltiples aspectos de la ejecución al mismo tiempo.[2] Independientemente de si aspiras a cambiar un grifo, convertirte en concertista de piano o ser más accesible, las habilidades se aprenden haciéndolas, no hablando de ellas.

En la formación para ser médicos, a los estudiantes se les enseña a "ver uno, hacer uno, enseñar uno". Para aprender a insertar una cánula intravenosa, por ejemplo, un médico en formación progresará viendo a un médico experimentado colocar una cánula, luego intentará colocarla él mismo y, cuando lo domine, enseñará a otro médico en formación a hacerlo. Este es un buen enfoque para el desarrollo de todas las habilidades. Es el mismo enfoque que se plasma en lo que Pablo le dijo a Timoteo que hiciera: "Me has oído enseñar cosas confirmadas por muchos testigos fidedignos. Enseña ahora estas verdades a otras personas dignas de confianza, que podrán transmitirlas a otros" (2 Tim 2:2). Le estaba diciendo a Timoteo que transmitiera las cosas que había oído decir a Pablo a otras personas, que a su vez podrían transmitirlas a otros.

El modelo de "ver uno, hacer uno, enseñar uno" implica que para aprender a hacer bien una habilidad, primero hay que ver a otra persona hacerla bien. Los entrenadores de equipo, los mentores, los líderes a los que admiras y los formadores en seminarios pueden proporcionarte modelos a los que emular. Pídeles que te enseñen cómo lo hacen. Acompáñalos y obsérveles cuando trabajen con otros. Pide a tu organización que te dé oportunidades de ver lo que tienes que hacer. A menos que puedas observar lo que tienes que hacer, te resultará difícil reproducirlo. Jesús primero modeló para sus discípulos lo que quería que hicieran, y luego los envió. Muy a menudo, los líderes de equipo son abandonados a su suerte sin que se les proporcione este paso

---

2 Schön, *The Reflective Practitioner*.

crucial de demostración, y siguen sin tener claro qué es exactamente lo que tienen que ser capaces de hacer.

Una vez que hayas visto lo que tienes que hacer, necesitas la oportunidad de practicarlo. Si bien la práctica se realiza en el contexto del equipo que está dirigiendo, es bueno poder practicar primero la habilidad en una situación más neutral, como en un seminario o con el entrenador del equipo en la sala de su casa. Otra forma es practicar en un entorno de ministerio simulado o en una situación en la que no ejercerás el ministerio en el futuro. También es bueno si la práctica es supervisada por alguien que tiene más experiencia y puede dar apoyo y retroalimentación inmediata. De nuevo, así es como Jesús entrenó a sus discípulos antes de enviarlos al mundo.

La práctica implica aprender a controlar la forma de pensar y actuar. Incluye hablar con uno mismo de forma constructiva sobre cómo y por qué se hace lo que se hace, y aprender a controlar cómo se expresan las emociones que se experimentan al trabajar una habilidad. A veces puede implicar preparar y practicar guiones específicos sobre cómo responder a determinadas situaciones que pueden darse en un equipo. Un miembro del equipo, por ejemplo, puede mostrar impaciencia constantemente cuando el equipo tiene que trabajar en pautas para cosas como la gestión de crisis o al revisar el progreso de los objetivos. Otros miembros del equipo responden a la impaciencia de su compañero con comentarios cortantes, y estas reuniones se convierten en un caos. Como líder del equipo, has contribuido al caos mostrando mucha frustración a través de tus palabras, comportamiento y expresiones no verbales. Preparar un guión que ayude a responder de forma más adecuada en esta situación implica reunir un conjunto ordenado de mejores respuestas y practicar el uso de esas respuestas en un entorno neutral, como con un entrenador o mentor o en un seminario. Los simulacros y los juegos de rol pueden recrear las experiencias estresantes que implican algunas situaciones de equipos multiculturales, de modo que pueda experimentar cómo se siente el estrés y practicar para aprender a controlar sus respuestas físicas, emocionales, verbales y de pensamiento.

Algunas habilidades, como escuchar, son relativamente sencillas de desarrollar, pero también pueden perfeccionarse si otros observan cómo las hacemos y nos dan su opinión. Podemos pensar que es fácil evaluarnos a nosotros mismos sobre si estamos hablando en vez de escuchando, pero como no siempre somos muy conscientes de lo que hacemos, podemos tener una percepción distorsionada de nuestras acciones. Por eso es bueno tener medidas más objetivas. En el caso de la escucha, otra persona puede observar nuestra interacción con los demás y medir el tiempo exacto que hablamos o escuchamos. Otra forma importante de medir la escucha es cuánto oímos realmente de lo que escuchamos. Para ello, podemos resumir al interlocutor lo que ha dicho y pedirle que nos diga hasta qué punto hemos captado los puntos principales de lo que ha dicho. Los observadores también pueden informar a los oyentes sobre su comunicación no verbal, por ejemplo, si parecen estar escuchando activamente o si parecen aburridos o impacientes. Los ejercicios de escucha también pueden filmarse para que los líderes puedan observarse a sí mismos.

Tener un modelo de conducta puede ser muy importante para las habilidades más complejas. Algunas de estas habilidades complejas están estrechamente relacionadas con las cualidades del carácter. La cualidad de estar dispuesto a escuchar y ser accesible, por ejemplo, implica habilidades que ayudan a las personas a sentirse bienvenidas. Nuestro concepto de lo que es la accesibilidad se basa en lo que hacen las personas que consideramos accesibles. Para desarrollar habilidades en este ámbito, intentamos emular lo que hacen. Si observamos que siempre tienen la puerta de la oficina abierta, es probable que nosotros también adoptemos esta práctica. Si observamos que siempre levantan la vista de lo que están haciendo y sonríen a quien les ha indicado que desea su atención, entonces intentamos hacer lo mismo. Cuanto más específicamente identifiquemos lo que hace el modelo a seguir, más capaces seremos de evaluar nuestro propio comportamiento y modificarlo para parecernos más a él.

Otra forma de desarrollar competencias es formar a los demás. Al hacerlo, nos formamos más a nosotros mismos. No tenemos que convertirnos en maestros antes de empezar a ayudar a otros a desarrollar las competencias que queremos adquirir. Cuando intentamos enseñar a otros a hacer cosas, tenemos que pensar muy específicamente en lo que implica hacer la habilidad y cómo podemos ayudar a los demás a producirla. Obligarnos a pensar en estos detalles nos ayuda a reflexionar sobre lo que nosotros mismos estamos haciendo.

Formar a otros también nos ayuda a reconocer mejor algunos de nuestros propios errores y a ser más capaces de afrontarlos. Por ejemplo, podemos formar a alguien en habilidades relacionadas con la accesibilidad.

Le explicamos que debe tener una política de puertas abiertas para que la gente se sienta bienvenida. Entonces nos damos cuenta de que, aunque el alumno recibe a la gente en la puerta, se queda de pie en el umbral, de modo que la gente siente que no puede entrar en la sala. Observamos que los visitantes potenciales se sienten felices de que se reconozca su presencia, pero no están seguros de ser realmente bienvenidos. De esto aprendemos que, para ser accesibles, debemos colocarnos a un lado de la puerta para que la entrada a nuestra habitación o casa esté abierta y los visitantes no reciban mensajes contradictorios sobre si son o no bienvenidos en nuestro espacio personal.

La mayor parte de la enseñanza cristiana en Occidente, y allí donde Occidente ha exportado su enfoque educativo, se basa en la palabra. Esto es coherente con la comunicación de bajo contexto común a las culturas occidentales, pero desgraciadamente significa que a menudo se descuida el aprendizaje de cómo hacer las cosas. Los líderes de equipos multiculturales necesitan aprender a hacer las diversas competencias esenciales para el funcionamiento eficaz de un equipo. Estas competencias se aprenden mejor observando a profesionales competentes, practicando las habilidades, recibiendo retroalimentación sobre el rendimiento, poniendo en práctica ese retroalimentación y reflexionando sobre la práctica personal. Formar a otros en estas competencias también nos ayudará a perfeccionar las nuestras.

CAPÍTULO 10

CÓMO PUEDEN LAS ORGANIZACIONES APOYAR A LOS JEFES DE EQUIPO

Los equipos no surgen de la nada. Requieren mucho trabajo y un importante apoyo externo para que puedan ser eficaces. Kenneth Harder, especialista en formación para el ministerio intercultural, resume la importancia de prestar apoyo a los equipos misioneros:

> Los equipos misioneros, por supuesto, no se desarrollan automáticamente. Al igual que las plantas, deben cultivarse durante su formación y las etapas posteriores. … Los equipos requieren una atención periódica y planificada y tiempos programados regularmente para actividades de entrenamiento y crecimiento del equipo.[1]

Los equipos multiculturales requieren más apoyo que los monoculturales y a menudo tardan más en ser eficaces, debido a la mayor complejidad de sus conflictos y a la dificultad de crear una comunidad de equipo multicultural. Este capítulo ofrece sugerencias a las organizaciones sobre la mejor manera de formar y apoyar a los líderes y a sus equipos a lo largo de cada una de las etapas de la vida de un equipo, y sobre cómo pueden seleccionar a los líderes adecuados para sus equipos. Las recomendaciones de este capítulo se han recopilado a partir de lo que los miembros de los equipos nos dijeron que sentían que necesitaban en términos de apoyo y de los factores que

---

[1] Kenneth Harder, "Introduction to Part 3: Team Development", en *Missionary Care: Counting the Cost for World Evangelization*, ed. Kelly O'Donnell (Pasadena: William Carey Library, 1992), 163.

consideraban que más obstaculizaban y ayudaban a la eficacia del equipo, así como de las ideas clave de la bibliografía sobre cómo las organizaciones pueden ayudar a los equipos.

Cada equipo es único debido al conjunto único de personas y relaciones que lo componen, pero cada equipo también refleja en cierta medida la organización de la que forma parte. En cierto sentido, cada equipo es un microcosmos de su organización matriz. Los equipos se verán favorecidos y apoyados por la cultura y el liderazgo de su organización, o perjudicados por esa cultura y ese liderazgo si van en contra de lo que el equipo intenta conseguir. Las organizaciones que deseen contar con equipos sanos y eficaces deben examinar su cultura organizativa y adaptarla para que apoye el desarrollo de equipos sanos en lugar de obstaculizarlo.

MODELE EN LA ORGANIZACIÓN LO QUE DESEA VER EN LOS EQUIPOS

Las organizaciones deben modelar las cosas que quieren ver en los equipos. En primer lugar, dado que el trabajo en equipo requiere una toma de decisiones compartida, la organización matriz debe modelar y apoyar este tipo de toma de decisiones para ayudar a los equipos a prosperar. Los líderes y miembros de los equipos que entrevistamos habían descubierto que su organización les ayudaba a tomar decisiones participativas modelando esto en los niveles superiores de liderazgo. Si la toma de decisiones colaborativa es importante en la microcultura del equipo, también debería ser evidente en la macrocultura de la organización y en las interacciones entre equipos.

Las organizaciones también deben enseñar a los jefes de equipo cómo quieren que dirijan. Los jefes de equipo deben ser capaces de ayudar a sus equipos a comprender una visión y unos valores claros y convincentes, y comunicarlos continuamente al equipo. También deben asegurarse de que los miembros del equipo entienden claramente sus funciones, y deben ser capaces de enfrentarse a los problemas en lugar de evitarlos. Una organización que quiera apoyar a sus líderes de equipo en el desempeño de cada una de estas funciones vitales debe modelarlas. Así pues, los líderes de la organización deben comunicar y actuar de acuerdo con una visión y unos valores claros y convincentes, aclarar las funciones de cada miembro de la organización y hacer frente a los problemas. Los miembros del equipo de una de las organizaciones de nuestra investigación, por ejemplo, consideraban que el hecho de que la organización no afrontara los problemas de rendimiento y no se esforzara por alcanzar la excelencia en el ministerio eran debilidades clave que obstaculizaban la eficacia de sus equipos.

Para que los equipos multiculturales prosperen en una organización, es necesario que la dirección de la misma sea un modelo de comunidad multicultural. Concentrar el poder en manos de miembros de una sola cultura suele ser fuente de problemas.[2] La mayoría de los líderes de muchas organizaciones misioneras que se iniciaron en Occidente, por ejemplo, siguen perteneciendo a culturas INA, aunque se observa un alentador aumento del número de líderes de otras culturas.

La cultura organizativa tiende a reflejar la cultura de sus fundadores y líderes.[3] Por eso, las organizaciones fundadas y dirigidas mayoritariamente por personas de culturas INA tienden a funcionar según las normas de esas culturas. Estas organizaciones harían bien en examinar la diversidad cultural de sus dirigentes con respecto a la diversidad cultural de los miembros de la organización y, si fuera necesario, contratar proactivamente a más personas de otras regiones culturales—América del Sur, Asia y África—para que ocupen puestos directivos. Para que los equipos multiculturales prosperen, las organizaciones deben trabajar por la diversidad cultural a todos los niveles y declarar explícitamente la importancia de la diversidad cultural en los documentos de misión y estrategia.[4]

Las organizaciones misioneras internacionales pueden tender a dar por sentado que lo están haciendo bien en la promoción de la diversidad sólo porque contratan y aceptan en la organización a personas de múltiples culturas. Sin embargo, al no abordar intencionadamente el reto de la diversidad, los puntos ciegos culturales de la organización no se perciben y siguen siendo puntos ciegos. La organización seguirá adoptando por defecto las prácticas del grupo cultural dominante como "la forma en que hacemos las cosas".

Las organizaciones que se tomen en serio la promoción de la diversidad cultural deben fomentar una cultura de tutoría de los líderes emergentes de diversos orígenes culturales. Las investigaciones sobre el camino que siguen las personas pertenecientes a minorías étnicas para convertirse en altos dirigentes de las organizaciones norteamericanas han revelado el papel clave

---

2 Roembke, *Building Credible Multicultural Teams*, 96.

3 Schein, *Organizational Culture and Leadership*, 22.

4 Taylor Cox, *Creating the Multicultural Organization: A Strategy for Capturing the Power of Diversity* (San Francisco: Jossey-Bass, 2001), 253–54.

que desempeñan los mentores. Los mentores invierten en los miembros de minorías, los protegen, les abren oportunidades y actúan como sus defensores. Estos mentores también interpretan las prácticas organizativas a los miembros de las minorías y les proporcionan acceso a vías de información.[5] Este tipo de tutoría requiere algo más que simplemente poner información a disposición de los futuros líderes. Significa que el mentor proporciona ayuda personal activa para guiar a su alumno sobre cómo poner en práctica la visión y los valores de la organización.

La organización también tiene un papel clave que desempeñar en la promoción y el modelado de las cualidades de carácter que necesitan los líderes de equipos multiculturales. La forma más poderosa de que la organización sea un instrumento en la formación de estas cualidades en sus líderes de equipo es que los supervisores de nivel superior, los líderes regionales y los líderes internacionales modelen estas cualidades en relaciones de tutoría con los líderes de equipo emergentes. Las cualidades del carácter se adquieren más que se enseñan.

Nuestro estudio de los líderes y miembros de los equipos multiculturales confirmó algo que ya es ampliamente conocido en la comunidad misionera: que los misioneros son personas corrientes que realizan una tarea extraordinaria. Como son personas corrientes, tienen heridas, debilidades de carácter y áreas de pecado con las que todavía están lidiando. Llevan a sus equipos problemas no resueltos de su pasado, y este "gran y variado bagaje cultural y psicológico que los misioneros llevan consigo al campo" suele salir a la superficie bajo el estrés intensificado de la vida transcultural y el trabajo en equipo.[6] Los miembros de los equipos que entrevistamos dijeron que la inseguridad, la baja autoestima y el sentimiento de rechazo eran problemas importantes que algunos de sus compañeros de equipo habían llevado consigo a sus equipos y que habían dificultado su trabajo conjunto. Marjory Foyle, psiquiatra especializada en la atención a los misioneros, señala que muchos sinsabores y fracasos personales, así como las frustraciones de los compañeros de equipo, podrían evitarse seleccionando cuidadosamente a

---

5 David Thomas, "The Truth about Mentoring Minorities: Race Matters", *Harvard Business Review* 79 (2001): 98–107.

6 Roembke, *Building Credible Multicultural Teams*, 167.

los misioneros y tratando los posibles problemas antes de que el misionero llegue al terreno.[7]

Cuando una organización tiene una cultura que refuerza la excelencia y la mejora continua, sus equipos tienen más probabilidades de ser eficaces.[8] Dado que los líderes son quienes más influyen en la formación y evolución de la cultura organizativa, son ellos quienes deben asumir la responsabilidad de configurar un clima de trabajo hacia la excelencia. Un primer paso para ello es articular una visión de la excelencia y comunicarla con palabras y acciones. En segundo lugar, los líderes deben modelar el desarrollo personal en comprensión y habilidades mediante la participación en el estudio disciplinado. En tercer lugar, deben evaluar periódicamente su propia práctica y la de su organización.

APOYAR A LOS EQUIPOS EN EL PROCESO DE FORMACIÓN

Las organizaciones pueden ayudar a los equipos a ser eficaces seleccionando a los miembros adecuados y ayudándoles en el proceso de formación. Los entrevistados expresaron una fuerte necesidad de ayuda y apoyo por parte de los líderes de la organización en el proceso de formación de equipos. En particular, los miembros de los equipos consideraban que muchos de los problemas a los que se habían enfrentado como equipos podrían haberse evitado si hubieran contado con una combinación más adecuada de personas en el equipo y si hubieran sabido qué cuestiones debían debatir y resolver al principio de la vida del equipo. Este énfasis en la importancia de la formación del equipo concuerda con la amplia investigación de Richard Hackman sobre los equipos, que demuestra que una de las intervenciones más poderosas y constructivas que puede hacer un líder es ayudar al equipo a empezar con buen pie.[9]

No hay garantías de que la "química" entre las personas funcione siempre. Designar a un entrenador de equipo para ayudar a cada equipo puede

---

7 Foyle, *Honourably Wounded*, 84.
8 Richard Hackman, "Work Teams in Organizations: An Orienting Framework", en *Groups That Work (and Those That Don't): Creating Conditions for Effective Teamwork*, ed., Richard Hackman (San Francisco: Jossey-Bass, 1990), 9–11.
9 Hackman, "More Effective Work Groups", 503.

contribuir a crear un entendimiento interpersonal e intercultural que puede compensar muchos de los problemas. Los entrenadores de equipo también pueden ayudar al equipo a resolver cuestiones que han sido siempre un problema con equipos similares, como las incompatibilidades teológicas en los equipos de plantación de iglesias. Sin embargo, debe establecerse un límite de tiempo para el proceso de formación y, si los problemas son abrumadores, debe darse permiso al equipo para disolverse sin que se considere un fracaso. De este modo, es menos probable que los miembros del equipo disuelto renuncien a la idea de trabajar en equipo y más probable que aprendan de la experiencia y estén dispuestos a intentar trabajar en un equipo con una combinación diferente de personas. En esta situación, un facilitador ajeno al equipo puede ser muy útil para trabajar en el proceso de disolución y redistribución de los miembros del equipo a nuevos equipos, ya que el líder del equipo a menudo estará demasiado involucrado en el equipo como para verlo objetivamente.

A la hora de seleccionar a los miembros de un equipo, deben tenerse en cuenta cuatro aspectos: (1) las cualidades de su carácter; (2) su personalidad en relación con la de los demás miembros del equipo; (3) sus competencias, es decir, sus aptitudes, habilidades y puntos fuertes en relación con la tarea del equipo y las aptitudes, habilidades y puntos fuertes de los demás miembros del equipo; y (4) la química de las relaciones, es decir, el grado en que los miembros del equipo sienten que se llevan bien con los demás miembros del equipo y quieren trabajar con ellos.

Los miembros del equipo que entrevistamos hicieron las siguientes cuatro recomendaciones a los líderes de sus organizaciones (líderes internacionales, regionales y sobre el terreno) para que las tuvieran en cuenta:

- Designe al líder del equipo antes de que éste se forme. De este modo se evita el problema de que el equipo tenga que resolver esta cuestión por sí solo cuando no dispone de principios o procedimientos para seleccionar a un líder. Esta recomendación cuenta con el apoyo de Lester Hirst, que estudió los equipos de plantación de iglesias urbanas y señala: "Un vacío de liderazgo tiende a fomentar la competencia por el liderazgo informal del equipo."[10]

---

10 Lester Hirst, "Urban Church Planting Missionary Teams: A Study of Member Characteristics and Experiences Related to Teamwork" (tesis doctoral, Trinity Evangelical Divinity School, 1994), 155.

- Desempeñar un papel activo para ayudar a los posibles miembros del equipo a determinar si funcionarán bien juntos. Los equipos más eficaces entrevistados contaron con la ayuda de la dirección sobre el terreno a la hora de seleccionar a sus miembros. Lianne Roembke sugiere que en este proceso se tenga en cuenta la elección de los miembros del equipo existente sobre con quién les gustaría trabajar si conocen a los miembros potenciales.[11] Hemos comprobado que las mejores situaciones son aquellas en las que la dirección sobre el terreno, el equipo existente y los miembros potenciales del equipo opinan y consultan juntos sobre si los miembros potenciales se unen o no a un equipo determinado.
- Proporcione una lista de las cosas que deben discutirse y resolverse al principio de la vida del equipo. Entre las cosas que deben discutirse figuran el propósito o la visión del equipo, los objetivos o metas de fe para los primeros meses, cómo se resolverán los conflictos, el estilo de liderazgo y cómo se tomarán las decisiones.
- Proporcionar directrices sobre cómo deben formarse los equipos. Estas directrices podrían incorporar las recomendaciones anteriores, una declaración sobre la visión y los valores de la organización que deberían reflejarse en sus equipos, el propósito general del equipo y cualquier otra recomendación específica que la organización haya considerado útil.

Estos cuatro tipos de apoyo a los equipos en formación ayudan a lograr un mejor equilibrio entre la autoridad fuera del equipo y la autoridad dentro del equipo. Mantener este equilibrio es difícil, pero el liderazgo externo al equipo debe ejercer su autoridad en términos de la dirección general del equipo y de las "restricciones del límite exterior" sobre el comportamiento del equipo, es decir, lo que deben hacer siempre o nunca.[12] En demasiados casos, se deja que los equipos se tambaleen sin suficiente dirección o apoyo del liderazgo externo. Sin una serie de directrices de la organización sobre el propósito general del equipo, las formas de medir el progreso y los límites del equipo en cuanto a sus áreas de responsabilidad y autoridad, muchos equipos se tambalean porque hay demasiada ambigüedad. La organización debe proporcionar estas directrices.

---

11 Roembke, *Building Credible Multicultural Teams*, 177.
12 Hackman, "More Effective Work Groups", 496.

Es importante que la dirección de la organización inste a los miembros de los equipos en formación a encontrar alojamiento lo suficientemente cerca unos de otros para que los miembros puedan reunirse fácilmente y visitarse fuera de las reuniones formales del equipo. Muchos de los miembros de los equipos que entrevistamos consideraban muy importante para la eficacia del equipo pasar tiempo juntos al margen del ministerio del equipo. Esto resultaba mucho más fácil cuando los miembros vivían suficientemente cerca unos de otros. Las diferencias culturales entre los miembros, y especialmente entre los de culturas individualistas y los de culturas colectivistas, hacen que vivir cerca sea aún más importante, ya que los aspectos relacionales de la formación de equipos son especialmente importantes cuando hay diversidad cultural.

IMPARTIR FORMACIÓN A LOS MIEMBROS DEL EQUIPO

Otra forma en que las organizaciones pueden apoyar a los jefes de equipo es proporcionando formación a sus miembros. Los miembros de los equipos que entrevistamos estaban convencidos de que sus equipos necesitaban formación en habilidades para el trabajo en equipo. En particular, querían formación sobre (1) cómo resolver conflictos, (2) cómo entender y apreciar las personalidades y culturas de los miembros del equipo, (3) cómo comunicarse con claridad y (4) cómo reconocer los dones de los demás. Lo ideal sería que la formación en estos ámbitos se impartiera en una fase muy temprana de la vida de un equipo, de modo que se establecieran unas buenas bases para apreciar y comprender a los demás y resolver los conflictos.

Impartir formación a los equipos en competencia intercultural—la capacidad de responder y relacionarse eficazmente con compañeros de equipo de una amplia variedad de culturas—es especialmente importante, ya que las diferencias culturales tienen un profundo impacto en la forma en que las personas se comunican y toman decisiones, y obstaculizan la eficacia del equipo si no son comprendidas y apreciadas por sus miembros. Las personas con bajos niveles de competencia intercultural tienen dificultades para formar una identidad de equipo con miembros culturalmente diferentes, y la falta de empatía y comprensión intercultural puede causar disfunciones en el equipo. La consecuencia de todo esto para los equipos multiculturales es que las directrices de contratación de miembros de equipos multiculturales deberían incluir la evaluación de la competencia intercultural, o los miembros del equipo deberían recibir una formación intencionada y específica al respecto.

Al igual que los jefes de equipo necesitan seguir desarrollándose en las cualidades del carácter cristiano, lo mismo ocurre con los miembros del equipo. No se les puede relegar únicamente al proceso de selección y a la orientación y formación previas al campo. En el campo, los misioneros necesitan continuar desarrollándose hacia la semejanza de Cristo. Las organizaciones, a nivel de agencia, campo y equipo, deben apoyar este desarrollo fomentando una verdadera comunidad, caracterizada por la sumisión mutua y el caminar en la luz, y creando un clima en el que los equipos puedan escuchar a Dios hablándoles a través de actividades como la oración colectiva y la lectura devocional de la Biblia (Gálatas 6:1; Efesios 5:21; Colosenses 3:15,16; 1 Juan 1:5-7).

La dirección de la organización debe hacer todo lo posible por mantener al personal del equipo, y especialmente a sus líderes, lo más estable posible, ya que los cambios de personal—tanto la incorporación de nuevos miembros como la salida de los ya existentes—significan que el equipo entra de nuevo en la fase de formación y experimenta una nueva oleada de choque cultural.[13] A los miembros del equipo les resultan especialmente chocantes y difíciles de adaptar los cambios de liderazgo.[14]

Las organizaciones deben hacer todo lo posible para mantener a los misioneros sobre el terreno y para que los equipos sigan funcionando. La eficacia está estrechamente relacionada tanto con la permanencia en el campo como con el tiempo que los equipos llevan funcionando. El desarrollo de una cultura organizativa que fomente la espiritualidad, la formación en habilidades relacionales y ministeriales, la atención a los miembros y las oportunidades de autoevaluación periódica ayudarán a las personas a permanecer en los campos y en los equipos.[15]

A los individualistas puede resultarles muy difícil renunciar a su independencia. También puede resultarles muy difícil enfrentarse a la mayor

---

13 Roembke, *Building Credible Multicultural Teams*, 176-77.

14 Hirst, "Missionary Teams", 155

15 William Taylor, "Challenging the Mission Stakeholders: Conclusions and Implications; Further Research", en *Too Valuable to Lose: Exploring the Causes and Cures of Missionary Attrition*, ed. William Taylor (Pasadena: Biblioteca William Carey, 1997), 359.

orientación de grupo y a las expectativas sociales de los miembros de un equipo colectivista. Muchos adoptarán por defecto un enfoque de grupo de trabajo si no se les anima específicamente a desarrollar un verdadero enfoque de equipo para trabajar juntos. Katzenbach y Smith destacan las dificultades que tienen los individualistas para entregarse plenamente a los equipos: "Debido a los valores profundamente arraigados del individualismo y a una reticencia natural a confiar el propio destino a la actuación de los demás, la elección del equipo exige un salto de fe".[16] Ante el reto que supone convertirse en un verdadero equipo, los entrenadores de equipos tendrán que animar a los miembros de equipos de culturas individualistas a asumir el riesgo de renunciar al control del trabajo y los resultados individuales y pasar a formar parte del "nosotros" que es un equipo. Por el contrario, los miembros de equipos de culturas colectivistas pueden necesitar ayuda para comprender el comportamiento de los individualistas que, especialmente al principio de la vida de un equipo, pueden parecerles distantes y desvinculados.

Los entrenadores de equipos deben leer continuamente sobre los equipos y su desarrollo y recopilar recursos que ayuden a los equipos a crecer. Deben enseñar a otros lo que aprenden y crear bibliotecas de artículos, libros y recursos que puedan prestar o dar a los equipos. De este modo, constituyen un valioso recurso para la organización, no sólo sobre cómo les va a los equipos de la organización, sino sobre las mejores prácticas para los equipos.

El papel de un entrenador de equipo es intensivo al principio de la vida del equipo, pero si los entrenadores hacen bien su trabajo a través de la formación del equipo y la tormenta, habrá menos problemas en el futuro y el entrenador podrá concentrarse en otros equipos. Los entrenadores de equipos ayudan a sus miembros a evaluar, reflexionar, sintetizar y cambiar en función de las diferentes dinámicas culturales de cualquier equipo. Los entrenadores deben comprender las diferentes maneras que tienen las distintas culturas de resolver los conflictos y de preservar el prestigio. También ayudan a los equipos a reflexionar críticamente sobre su práctica y pueden ayudar a toda la organización a aprender de la experiencia de sus equipos. De este modo, toda la organización y sus entrenadores desarrollan un corpus de experiencia que luego pueden transmitir a nuevos equipos.

---

16 Katzenbach y Smith, *The Wisdom of Teams*, 92.

SELECCIONAR E IMPARTIR FORMACIÓN A LOS JEFES DE EQUIPO

Un paso vital que precede a la formación de los líderes de equipo es la selección de los aprendices adecuados. Esto es particularmente importante en contextos de ministerio cristiano donde los recursos humanos, financieros y otros recursos materiales- suelen escasear. Seleccionar a las personas adecuadas y asegurarse de que están equipadas para el trabajo puede evitar traumas emocionales y espirituales tanto a los líderes como a sus equipos. Dado que trabajar en equipos multiculturales requiere madurez personal, y que el desarrollo del carácter es una tarea a largo plazo, es fundamental seleccionar cuidadosamente las cualidades del carácter. Las habilidades interpersonales pueden perfeccionarse mediante la formación y la experiencia, pero es importante que los líderes de equipo se seleccionen sobre la base de que ya posean buenas habilidades interpersonales. También es importante que los jefes de equipo multiculturales tengan ya cierta experiencia intercultural. Lo ideal sería que los posibles líderes de equipo que no hayan tenido experiencia intercultural realizaran prácticas en un ministerio intercultural en su país de origen o en otro contexto antes de unirse al equipo. Esto ayudará a descartar la inflexibilidad de los líderes potenciales y evitará el trauma para el equipo si no pueden hacer frente a las exigencias de las relaciones interculturales. En la medida de lo posible, es preferible elegir líderes que hayan sido previamente miembros de equipos multiculturales.

No todo el mundo puede dirigir un equipo multicultural. Incluso alguien que haya dirigido con éxito un equipo monocultural puede encontrar demasiado difícil dirigir un equipo multicultural si no tiene un nivel básico de competencia intercultural. Por desgracia, a veces se nombra para dirigir equipos multiculturales a personas que no tienen conocimientos ni formación para trabajar con personas de otras culturas. Diana Simkhovych afirma: "Una de las principales causas de fracaso o bajo rendimiento en los proyectos internacionales… es el reto de la cultura: no reconocer la omnipresente influencia de la cultura en todas las actividades y no seleccionar y formar al personal en consecuencia".[17]

---

[17] Diana Simkhovych, "The Relationship between Intercultural Effectiveness and Perceived Project Team Performance in the Context of International Development," *International Journal of Intercultural Relations* 33 (2009): 383.

Los líderes de equipos multiculturales deben estar familiarizados con otras culturas y deben ser seleccionados y/o formados específicamente en competencia intercultural. No basta con tener conocimientos sobre otras culturas, ya que las interacciones interculturales afectan tanto al comportamiento como a las emociones, y los jefes de equipo multiculturales deben tener la competencia y la autodisciplina necesarias para controlar y adaptar sus propias reacciones.

La competencia intercultural no se desarrolla en un aula. Se desarrolla en la vida real con personas reales. Es arriesgada y exigente. Los alumnos cometerán errores y se sentirán incómodos y a veces humillados, pero a través de este proceso tienen el potencial de desarrollar las habilidades y cualidades de carácter necesarias para una interacción intercultural eficaz. Cuando los programas de formación cultural se limitan a conferencias o a la transmisión de información, tienden a estereotipar a las personas de otras culturas. Los programas de formación intercultural deben centrarse en desarrollar en los alumnos la curiosidad y la motivación necesarias para explorar, experimentar y perseverar en situaciones nuevas.[18]

No hay nada que pueda sustituir a la experiencia directa y prolongada de otras culturas como parte fundamental de la formación en competencia intercultural. Uno de los entrevistados explicó que la comprensión de otras culturas "no puede aprenderse de ninguna otra manera que no sea experimentándola de verdad y sintiendo ese tipo de cosas: en el alma y en el cuerpo, en la nariz y en todas partes". Una de las razones por las que es necesario experimentar la diferencia cultural es la emoción que esta experiencia evoca. Aunque intelectualmente podemos conocer las emociones, experimentarlas puede afectarnos poderosamente, y puede ser difícil aprender a reaccionar adecuadamente cuando sentimos algo tan fuerte. Las emociones también pueden ser impredecibles, y la forma en que un líder reacciona emocionalmente cuando se enfrenta a situaciones difíciles afecta de manera crítica a las relaciones en el equipo. Es difícil desarrollar el autocontrol, especialmente el control de la expresión facial y otras expresiones no verbales, si no se es consciente de lo que hay que controlar hasta que es demasiado tarde. El aprendizaje de otras culturas debe ser intencionado y continuo.

---

18 Julia Brandl y Anne-Katrin Neyer, "Applying Cognitive Adjustment Theory to Cross-cultural Training for Global Virtual Teams", *Human Resource Management* 48 (2009): 341–53.

Tiene que ir más allá de las diferencias superficiales, como la comida y los saludos, para incluir el desarrollo de la apertura a la enorme diversidad de la experiencia humana, así como la comprensión de los posibles problemas que pueden surgir entre miembros del equipo culturalmente diferentes.

Por otra parte, exponer simplemente a los jefes de equipo en prácticas a otras culturas no les llevará necesariamente a desarrollar una competencia intercultural. Es posible vivir cerca de personas de otras culturas durante muchos años y nunca comprometerse realmente con su experiencia o su visión del mundo. Esta falta de compromiso profundo es evidente en muchos casos de tensión interétnica en el mundo actual y se da especialmente entre los miembros de la cultura mayoritaria, que tienen poco interés o comprensión de los grupos minoritarios que viven entre ellos. El desarrollo de la comprensión intercultural requiere la experiencia de relacionarse estrechamente con personas de orígenes culturales diferentes. Esta experiencia crea la incomodidad suficiente para que las personas ajusten sus marcos de significado y cambien su comportamiento de forma adecuada. Para aumentar el aprecio por otras culturas y las aptitudes interculturales, los jefes de equipo deben aprender intencionadamente sobre otras culturas. Deben estudiar y hacer preguntas, observar a personas con buenos niveles de competencia intercultural, recibir comentarios sobre su actuación y reflexionar sobre sus experiencias. La mejor manera de hacerlo es vivir en otra cultura y contar con un mentor experimentado.[19]

La tutoría de los líderes de equipo es la forma clave en que las organizaciones pueden ayudarles a desarrollar las cualidades de carácter que necesitan. La investigación ha demostrado el impacto de poder observar buenos modelos de conducta.[20] Los mentores deben ser líderes de equipo multiculturales con experiencia que interactúen regularmente con el líder. Sugieren al líder las cosas que debería hacer para crecer en su liderazgo, le ayudan a reflexionar sobre cómo lo está haciendo y le dan retroalimentación y aliento a la luz de su propia experiencia. En una situación ideal, están lo suficientemente cerca del líder del equipo como para que éste pueda ver al

---

19 Joyce Osland y Allan Bird, "Beyond Sophisticated Stereotyping: Cultural Sensemaking in Context / Executive Commentaries", *Academy of Management Executive* 14 (2000): 65–79.

20 Evan Offstein y Ronald Dufresne, "Building Strong Ethics and Promoting Positive Character Development: The Influence of HRM at the United States Military Academy at West Point", *Human Resource Management* 46 (2007): 95–114.

mentor interactuar con personas de otras culturas. El mentor también actúa como modelo para el líder en desarrollo.

El carácter y las aptitudes necesarias para dirigir eficazmente equipos multiculturales no se desarrollan en un aula, ni pueden adquirirse a través de conferencias. Requieren tanto la experiencia de relacionarse y dirigir a personas de otras culturas como una reflexión guiada sobre esa experiencia. Tardan años en desarrollarse, no horas ni semanas. Esto significa que las organizaciones comprometidas con el desarrollo de equipos multiculturales eficaces deben estar dispuestas a hacer una inversión a largo plazo en el desarrollo de sus líderes proporcionándoles mentores.

Los jefes de equipo necesitan formación en áreas específicas. Los jefes de equipo que entrevistamos sintieron especialmente la necesidad de una mayor formación para establecer y aclarar expectativas, ayudar a los miembros del equipo a clarificar sus funciones y enfrentarse a los problemas. Debido a la complejidad de la interacción multicultural, y a que cada equipo será único en función de la mezcla específica de personalidades y culturas representadas en él, esta formación se realiza mejor sobre el terreno, de modo que pueda adaptarse a las necesidades específicas de cada líder.

Un buen enfoque para impartir formación consiste en ofrecer una selección de seminarios periódicos de fácil acceso para los líderes, en los que puedan consultar y aprender de las experiencias de otros líderes y combinarlas con el apoyo continuo de un entrenador de equipo. Los seminarios exponen cuestiones clave de la dirección de equipos multiculturales y brindan la oportunidad de participar en una comunidad de aprendizaje con otros jefes de equipo que se enfrentan a problemas similares. También brindan a los líderes organizativos la oportunidad de replantearse su visión de los equipos multiculturales y de debatir cuestiones organizativas que afectan a los equipos. En estos seminarios, los líderes pueden practicar habilidades en entornos seguros examinando estudios de casos, desarrollando buenas respuestas, practicando estas respuestas en juegos de rol y recibiendo comentarios de otros líderes y formadores. Los juegos de rol son útiles porque los problemas que surgen en los equipos multiculturales suelen ser muy emotivos, y los juegos de rol permiten al líder experimentar la emoción, analizarla y comprenderla, así como preparar y practicar respuestas verbales y no verbales adecuadas.

Un entrenador de equipo puede ayudar a los jefes de equipo a resolver los problemas específicos a los que se enfrentan, proporcionarles los recursos pertinentes, impartir formación específica en habilidades cuando sea necesario y trabajar con todo el equipo cuando sea necesario. La formación puntual de los entrenadores, junto con los seminarios, equilibra las necesidades más previsibles de los equipos multiculturales con los problemas menos previsibles que puedan surgir. Por ejemplo, un seminario ofrecido antes de la formación de un equipo puede alertar al líder sobre los problemas y retos que probablemente surjan en los primeros años del equipo. A continuación, un entrenador de equipo puede ofrecer asesoramiento y ayuda específicos en el contexto del equipo. A medida que el equipo entra en la fase de tormenta, por ejemplo, un seminario sobre la gestión de conflictos podría ir seguido de comentarios y consejos específicos de un entrenador de equipo dirigidos a los conflictos concretos que experimenta el equipo. Los entrenadores de equipo pueden entonces ayudar a los líderes a aplicar los principios que han aprendido en los seminarios a las particularidades del equipo. Los adultos aprenden mejor cuando se les proporciona ayuda específica justo cuando sienten que la necesitan.[21] Esto significa que cuando surgen problemas en los equipos, la ayuda específica que aborda cada problema no sólo ayuda a resolver el problema, sino que también proporciona una lección que se recordará fácilmente en el futuro cuando surjan problemas similares.

El Inventario del jefe de equipo multicultural que figura en el apéndice 3 puede utilizarse para poner de relieve las áreas que un jefe de equipo multicultural debe conocer y en las que debe trabajar. Los jefes de equipo pueden utilizarlo como herramienta de autoevaluación, pero obtendrán una mejor visión de los aspectos en los que más necesitan trabajar si piden a los miembros de su equipo que también lo cumplimenten. Puede utilizarse para seleccionar a los jefes de equipo y evaluar su rendimiento. Cuando se utiliza como parte del proceso de selección de un líder de equipo, lo mejor es pedir a las personas que han trabajado con el líder potencial que lo rellenen, e idealmente esto incluirá a miembros de equipos en los que el líder haya participado previamente y a supervisores anteriores.

---

[21] Evelyn Hibbert, "Designing Training for Adults", en *Integral Ministry Training: Design and Evaluation*, ed. Rob Brynjolfson y Jonathan Lewis (Pasadena: Biblioteca William Carey, 2006), 57.

ANEXO 1

PREGUNTAS PARA EL DEBATE SOBRE EL LIDERAZGO[1]

ESTATUS E INFLUENCIA

¿Quiénes son las personas más influyentes de su comunidad?

¿Cuántos rangos de estatus se reconocen?

¿Cómo marca una persona la transición de un rango de estatus al siguiente?

¿Hay lucha por el estatus?

¿Puede una persona perder su estatus? ¿Puede una persona subir de estatus? ¿Cómo?

¿Qué tipos de distinciones de clase existen?

¿Se puede heredar el rango? ¿A través de qué linaje?

¿Cómo se llega a ser sabio?

¿Se considera sabia a la gente mayor? ¿Tienen autoridad los ancianos?

¿A quién pide consejo la gente?

LIDERAZGO

¿Cómo se convierten las personas en líderes?

¿Hay algún tipo de elección o elección para el liderazgo?

¿Necesitas tener poder para convertirte en una persona de valor?

¿Pueden las mujeres convertirse en líderes? ¿En qué ámbitos?

---

1 Tomado de Jacob A. Loewen, "Missionaries and Anthropologists Cooperate in Research", en *Readings in Missionary Anthropology II*, 2ª ed., ed., William A. Smalley (Pasadena: William Carey Library, 1978), 860–76.

¿Tiene la esposa de un dirigente más autoridad que una mujer corriente?

¿Cuál es la división del trabajo entre líderes y seguidores?

¿Qué se hace con los cadáveres de los dirigentes?

¿Cómo se desarrollan los líderes?

TOMA DE DECISIONES

¿Cómo toma las decisiones la familia? ¿Quién toma la iniciativa? ¿Se discute? ¿Cómo resuelve la familia las peleas? Describe algunas peleas que hayas visto o de las que te hayan hablado.

¿Qué es la unidad de decisión comunitaria? ¿Cuál es el proceso?

¿Cuánto puede participar cada miembro en la reunión? ¿En qué se basa esta decisión?

¿Hay alguna clasificación en el derecho a hablar?

REUNIONES Y ENCUENTROS

¿Por qué se reúne la gente?

¿Quién los reúne?

¿Qué hacen cuando se reúnen?

¿Quién inicia las reuniones?

¿Quién los dirige una vez reunidos?

¿Cómo se dirige el grupo reunido?

¿Cuánto puede participar cada miembro en la reunión? ¿En qué se basa esta decisión?

IGLESIA

¿Cómo está organizada la Iglesia?

¿Cuánto poder tienen los líderes de las iglesias sobre los demás cristianos?

¿Cuál es la relación entre los líderes eclesiásticos y los líderes políticos o sociales?

¿Qué poder tienen los líderes eclesiásticos en la comunidad en general?

¿Cómo se eligen y organizan los líderes cristianos?

ANEXO 2

IDENTIFICAR SUS SUPOSICIONES Y EXPECTATIVAS[1]

Una expectativa es algo que planeamos, esperamos o consideramos probable. Una suposición es algo que se da por sentado. Las expectativas son factores estabilizadores y motivadores cuando son comunicadas y comprendidas por las partes adecuadas. Son peligrosas y potencialmente mortales cuando se dan por supuestas. Las expectativas poco realistas y las suposiciones no basadas en hechos son una de las principales fuentes de estrés de los misioneros y contribuyen a una serie de problemas y malentendidos.

A continuación se presenta un ejercicio diseñado para ayudarle a identificar sus expectativas y cuáles de ellas son suposiciones potencialmente peligrosas. Si aún no está en un equipo, piense en el próximo equipo del que espera formar parte, discuta sus expectativas en parejas y luego reflexione sobre su discusión en grupo.

Trata de identificar tus expectativas para tantas de las áreas que aparecen a continuación como puedas. Escribe una breve declaración sobre lo que esperas y crees que es probable que ocurra.

Rodea con un círculo las que puedan ser suposiciones porque aún no las habéis debatido en equipo.

Comenta los puntos marcados con un círculo con tu equipo.

¿Cuáles son sus expectativas en los siguientes ámbitos?

---

[1] Creemos que estas preguntas proceden de un manual de formación de Fronteras, pero tenemos dificultades para localizar la fuente original. Por favor, infórmenos si sabe de dónde proceden.

SU VIDA PERSONAL

¿Qué esperas de tu situación vital (casa y barrio)? ¿Cómo la encontrará?

¿Cuáles serán las exigencias de la vida diaria?

¿Cómo se relajará y qué hará para divertirse? ¿En qué medida lo hará con otros miembros del equipo?

¿Cuáles cree que serán las mayores fuentes de estrés?

APRENDIZAJE DE LENGUAS Y CULTURAS

¿Cuántos idiomas tendrá que aprender?

¿Hasta qué punto debe dominar el idioma o idiomas?

¿Cómo vas a aprender?

¿Cuánta estructura u orientación habrá disponible y hasta qué punto será adecuada?

¿De cuánto tiempo dispondrá diaria o semanalmente para aprender idiomas?

¿Cuánto tardará en alcanzar su objetivo final de aprender el idioma?

¿Hasta qué punto será difícil para usted personalmente?

¿Cómo lo harán tus compañeros y cómo te afectará a ti?

¿Tienes algún temor sobre cosas que te resulten difíciles de afrontar en la cultura?

¿Cómo esperas que los demás te ayuden con esto?

FUNCIONAMIENTO DEL EQUIPO

¿Cómo tomará decisiones su equipo y sobre qué tipo de cuestiones?

¿Con qué frecuencia se reunirá todo el equipo? ¿Con qué fines?

¿Cómo dirigirá el jefe de equipo (estilo de liderazgo)? ¿Cuánta autoridad tendrá?

¿Qué hará por ti tu jefe de equipo?

¿Qué esperará de ti tu jefe de equipo?

¿Qué esperarán de ti tus compañeros de equipo?

¿Qué nivel de amistad desarrollarás en tu equipo y cuánto tiempo pasaréis juntos?

¿Qué grado y naturaleza de tensiones y conflictos interpersonales espera experimentar?

¿Cuál es su capacidad para afrontar y resolver problemas interpersonales?

¿Cómo resolverá su equipo los conflictos?

¿Qué papel desempeñará en el equipo?

¿Cómo se apoyarán y animarán mutuamente?

¿Cómo espera que sea su entorno de trabajo? ¿Cómo prefieres que esté organizado?

¿Cómo gestionará su equipo las finanzas? ¿Tendrán un fondo común?

¿Cómo van a rendirse cuentas unos a otros?

¿De cuántas vacaciones y tiempo libre dispondrás? ¿Con qué frecuencia volverás a tu país de origen?

¿Qué papel desempeñarán las esposas en el equipo?

PLANTACIÓN DE IGLESIAS

¿Cuándo y quién bautizará a los conversos?

¿Estarán abiertos los grupos a los no creyentes?

¿Cómo se utilizarán los dones espirituales, incluidas las lenguas y la profecía, en las reuniones de la iglesia?

¿Cuál será la posición sobre las mujeres en el liderazgo?

¿Cuál será la postura sobre el uso del dinero por parte de los miembros del equipo?

¿Qué tipo de gobierno eclesiástico (episcopaliano, presbiteriano, congregacional u otro) va a fomentar?

¿A qué modelo de iglesia aspirará?

SU MINISTERIO PERSONAL

¿Cuál cree que será su papel y su principal responsabilidad?

¿Qué esperarán de ti tus seguidores y tu iglesia de origen?

¿Qué aportarán el campo y sus partidarios?

¿Qué espera que el jefe de campo, los líderes internacionales o del país de origen, y/o el entrenador del equipo proporcionen a su equipo?

¿Cómo lo negociará con ellos?

¿Cuáles serán sus principales logros personales y de equipo al final de los tres primeros meses?

REFLEXIONAR Y DEBATIR

¿En qué áreas son similares las expectativas de todos los miembros del equipo?

¿En qué aspectos difieren sus expectativas?

¿Qué va a hacer en los ámbitos en los que tiene expectativas diferentes?

Redacte un borrador de memorando de entendimiento (pacto de equipo) con los valores o modos de funcionamiento que hayan acordado como resultado de este debate.

ANEXO 3

INVENTARIO DE JEFES DE EQUIPO MULTICULTURALES

Este inventario se ha elaborado a partir del perfil del buen jefe de equipo multicultural. El perfil esboza las cosas que un líder de un equipo multicultural debe saber, ser y hacer (personalmente y en términos de construcción de la comunidad del equipo); se derivó de las respuestas al cuestionario y las entrevistas de cincuenta y un miembros de equipos multiculturales, líderes y supervisores que representaban dieciocho culturas y que trabajaban en equipos con personas de setenta y cinco culturas.

Instrucciones para utilizar este inventario:

Realice usted mismo el inventario.

Pida a cada miembro que rellene el inventario de forma anónima y se lo devuelva. Para cada elemento del inventario, sume todos los números asignados por los miembros del equipo y, a continuación, divida el total por el número de miembros del equipo. Así obtendrá la media de la valoración de su equipo para cada elemento.

Compare la media del equipo con su propia evaluación. En particular, busque áreas en las que haya discrepancias importantes entre usted y lo que piensa su equipo.

Pida a su supervisor o al entrenador de su equipo que rellenen el inventario como evaluación suya.

Utiliza los resultados para reflexionar sobre qué áreas necesitas desarrollar especialmente. Prepara un plan para desarrollar intencionadamente estas áreas. Si no estás seguro de cómo mejorar en determinadas áreas, comenta las opciones con tu supervisor o entrenador de equipo.

Inventario de jefes de equipo multiculturales

Encierra en un círculo el número que mejor indique lo bien que crees que lo está haciendo tu líder.	Necesita trabajo		Bien		Excelente
El jefe de equipo tiene:					
Una profunda convicción del valor de los equipos multiculturales	1	2	3	4	5
Con respecto a otras culturas, el jefe de equipo tiene:					
Amplio conocimiento de otras culturas	1	2	3	4	5
Conocimiento específico de las culturas representadas en el equipo	1	2	3	4	5
Una actitud positiva hacia las diferentes culturas	1	2	3	4	5
En cuanto a las cualidades personales, el jefe de equipo es:					
Humilde	1	2	3	4	5
Paciente	1	2	3	4	5
Dispuesto a escuchar y accesible	1	2	3	4	5
Siempre aprendiendo	1	2	3	4	5
Dispuesto a probar nuevas formas de hacer las cosas	1	2	3	4	5
Respetuoso con los demás, independientemente de su procedencia	1	2	3	4	5
Inclusivo	1	2	3	4	5
Se compromete a trabajar para resolver los conflictos	1	2	3	4	5
Autoconsciente	1	2	3	4	5
En cuanto a las competencias, el jefe de equipo					
Clarifica y comunica la visión común	1	2	3	4	5
Comunica y ayuda al equipo a comunicar bien	1	2	3	4	5
Valora y muestra respeto por cada miembro del equipo	1	2	3	4	5
Adapta su enfoque a la cultura de los miembros del equipo.	1	2	3	4	5
Ayuda al equipo a comprender y equilibrar las personalidades y funciones del equipo.	1	2	3	4	5
Capacita a los miembros del equipo	1	2	3	4	5
Aborda los problemas	1	2	3	4	5
Perdona los errores	1	2	3	4	5
Gestiona los conflictos interculturales en el equipo	1	2	3	4	5
Redes con la organización y otras personas ajenas al equipo	1	2	3	4	5

© Evelyn y Richard Hibbert 2013 Este perfil puede copiarse libremente y utilizarse con fines ministeriales o sin ánimo de lucro siempre que se reconozca la autoría de Evelyn y Richard del Inventario de Líderes de Equipos Multiculturales.

BIBLIOGRAFÍA

Abdalla, Ikhlas, and Moudi Al-Homoud. "Exploring the Implicit Leadership Theory in the Arabian Gulf States." *Applied Psychology: An International Review* 50 (2001): 506–31.

Augsburger, David. *Caring Enough to Confront*. Glendale, CA: Regal Books, 1973.

Augsburger, David. *Conflict Mediation across Cultures: Pathways and Patterns*. Louisville: Westminster / John Knox, 1992.

Barth, Fredrik, ed. *Ethnic Groups and Boundaries: The Social Organization of Culture Difference*. Long Grove, IL: Waveland, 1969.

Basso, Keith. "Stalking with Stories: Names, Places, and Moral Narratives among the Western Apache." In *Text, Play, and Story: The Construction and Reconstruction of Self and Society*, edited by Stuart Plattner and Edward Bruner, 37–70. Washington, DC: American Ethnological Society, 1984).

Bates, Gerald. "Missions and Cross-cultural Conflict." *Missiology: An International Review* 5 (1980): 93–98.

Belbin, Meredith. *Management Teams: Why They Succeed or Fail*. Oxford: Butterworth-Heinemann, 2010.

Belbin, Meredith. *Team Roles at Work*. Oxford: Butterworth-Heinemann, 2010.

Bennett, Janet. "Transformative Training: Designing Programs for Culture Learning." In *Contemporary Leadership and Intercultural Competence: Exploring the Cross-cultural Dynamics within Organizations*, edited by Michael Moodian, 95–110. Los Angeles: SAGE, 2009.

Bhabha, Homi. "The Third Space: Interview with Homi Bhabha." In *Identity: Community, Culture, Difference*, edited by Jonathan Rutherford, 207–31. London: Routledge, 1990.

Bond, Charles, Adnan Omar, Adnar Mahmoud, and Richard Bonser. "Lie Detection across Cultures." *Journal of Nonverbal Behavior* 14, no. 3 (1990): 189–204.

Brandl, Julia, and Anne-Katrin Neyer. "Applying Cognitive Adjustment Theory to Cross-cultural Training for Global Virtual Teams." *Human Resource Management* 48 (2009): 341–53.

Cacioppe, Ron. "An Integrated Model and Approach for the Design of Effective Leadership Development Programs." *Leadership and Organization Development Journal* 19 (1998): 44–53.

Campion, Michael, Ellen Papper, and Catherine Higgs. "Relations between Work Team Characteristics and Effectiveness: Implications for Designing Effective Work Groups." *Personnel Psychology* 46 (1993): 823–50.

Canen, Alberto, and Ana Canen. "Multicultural Leadership: The Costs of Its Absence in Organizational Conflict Management." *International Journal of Conflict Management* 19 (2008): 4–19.

Chan, Frank. "Biblical Materials for a Theology of Cultural Diversity: A Proposal." In *Understanding Diversity: Theological Views on Diversity*, 140–41. Dubuque, IA: Kendall Hunt, 2005.

Chen, Stephen, Ronald Geluykens, and Chong Ju Choi. "The Importance of Language in Global Teams: A Linguistic Perspective." *Management International Review* 46 (2006): 679–96.

Cortes, Carlos, and Louise Wilkinson. "Developing and Implementing a Multicultural Vision." In *Contemporary Leadership and Intercultural Competence: Exploring the Cross-cultural Dynamics within Organizations*, edited by Michael Moodian, 17–31. Los Angeles: SAGE, 2009.

Corwin, Gary. "Leadership as Pain-bearing." *Evangelical Missions Quarterly* 34 (1998): 16–17.

Covey, Stephen. *The 7 Habits of Highly Effective People*. New York: Free Press, 1989.

Cox, Taylor. *Creating the Multicultural Organization: A Strategy for Capturing the Power of Diversity*. San Francisco: Jossey-Bass, 2001.

Dierck, Lorraine. "Teams That Work: Leadership, Power, and Decision-making in Multicultural Teams in Thailand." DMiss diss., Biola University, 2007.

Dodd, Carley. *Dynamics of Intercultural Communication*. 5th ed. Boston: Abilene Christian University, 1998.

Dorfman, Peter, Paul Hanges, and Felix Brodbeck. "Leadership and Cultural Variation: The Identification of Culturally Endorsed Leadership Profiles." In *Culture, Leadership, and Organizations: The GLOBE Study of 62 Societies*, edited by Robert House, Paul Hanges, Mansour Javidan, Peter Dorfman, and Vipin Gupta, 669–719. Thousand Oaks, CA: SAGE, 2004.

Douglas, Mary. *Purity and Danger*. London: Routledge, 1966.

Earley, Christopher, and Elaine Mosakowski. "Creating Hybrid Team Cultures: An Empirical Test of Transnational Team Functioning." *Academy of Management Journal* 43 (2000): 26–49.

Elmer, Duane. *Cross-cultural Conflict: Building Relationships for Effective Ministry*. Downers Grove, IL: InterVarsity Press, 1993.

Elmer, Duane. *Cross-cultural Connections: Stepping Out and Fitting In around the World*. Downers Grove, IL: InterVarsity Press, 2002.

Elmer, Duane. *Cross-cultural Servanthood: Serving the World in Christlike Humility*. Downers Grove, IL: IVP Books, 2006.

Farhadian, Charles. "Comparing Conversions among the Dani of Irian Jaya." In *The Anthropology of Religious Conversion*, edited by Andrew Buckser and Stephen Glazier, 55–68. Oxford: Rowman & Littlefield, 2003.

Flanders, Christopher. *About Face: Rethinking Face for 21st Century Mission*. Eugene, OR: Pickwick, 2011.

Foyle, Marjory. *Honourably Wounded: Stress among Christian Workers*. London: Monarch Books, 2001.

Gibson, Cristina, and Mary Zellmer-Bruhn. "Metaphors and Meaning: An Intercultural Analysis of the Concept of Teamwork." *Administrative Science Quarterly* 46, no. 2 (2001): 274–303.

Goetz, David, and Marshall Shelley. "Standing in the Crossfire: Interview with Bill Hybels." *Leadership: A Practical Journal for Church Leaders* (Winter 1993): 14–25.

Greenlee, David. *One Cross, One Way, Many Journeys: Thinking Again about Conversion.* Tyrone, GA: Authentic, 2007.

Gudykunst, William. "Applying Anxiety/Uncertainty Management (AUM) Theory to Intercultural Adjustment Training." *International Journal of Intercultural Relations* 22, no. 2 (1998): 227–50.

Gudykunst, William. *Bridging Differences: Effective Intergroup Communication.* London: SAGE, 2004.

Hackman, Richard. "Creating More Effective Work Groups in Organizations." In *Groups That Work (and Those That Don't): Creating Conditions for Effective Teamwork*, edited by Richard Hackman, 479–504. San Francisco: Jossey-Bass, 1989.

Hackman, Richard. "Work Teams in Organizations: An Orienting Framework." In *Groups That Work (and Those That Don't): Creating Conditions for Effective Teamwork*, edited by Richard Hackman, 9–11. San Francisco: Jossey-Bass, 1990.

Hall, Edward. *Beyond Culture.* New York: Anchor, 1976.

Halverson, Claire. "Group Process and Meetings." In *Effective Multicultural Teams: Theory and Practice*, edited by Claire Halverson and Aqeel Tirmizi, 111–33. Dordrecht, The Netherlands: Springer, 2008.

Hammer, Mitchell. "The Intercultural Conflict Style Inventory: A Conceptual Framework and Measure of Intercultural Conflict Resolution Approaches." *International Journal of Intercultural Relations* 29 (2005): 675–95.

Hammer, Mitchell. "Solving Problems and Resolving Conflict Using the Intercultural Conflict Style Model and Inventory." In *Contemporary Leadership and Intercultural Competence: Exploring the Cross-cultural Dynamics within Organizations*, edited by Michael Moodian, 219–32. Los Angeles: SAGE, 2009.

Harder, Kenneth. "Introduction to Part 3: Team Development." In *Missionary Care: Counting the Cost for World Evangelization*, edited by Kelly O'Donnell, 163–65. Pasadena: William Carey Library, 1992.

Harris, Philip, and Kevin Harris. "Managing Effectively through Teams." *Team Performance Management* 2, no. 3 (1996): 23–36.

Hibbert, Evelyn. "Designing Training for Adults." In *Integral Ministry Training: Design and Evaluation*, edited by Rob Brynjolfson and Jonathan Lewis, 51–64. Pasadena: William Carey Library, 2006.

Hibbert, Evelyn. "Identifying Essential Characteristics and Competencies of Good Multicultural Team Leaders: A Pilot Study." EdD diss., University of New England, 2010.

Hibbert, Richard. "Enhancing WEC Church Planting Teams: A Study of the Factors Influencing Their Effectiveness." DMin diss., Columbia International University, 2002.

Hibbert, Richard, and Evelyn Hibbert. "Contextualizing Sin for Cross-cultural Evangelism." Unpublished manuscript, 2012.

Hiebert, Paul. *Anthropological Reflections on Missiological Issues*. Grand Rapids: Baker Books, 1994.

Hiebert, Paul. *The Gospel in Human Contexts: Anthropological Explorations for Contemporary Missions*. Grand Rapids: Baker Academic, 2009.

Hiebert, Paul. *Transforming Worldviews: An Anthropological Understanding of How People Change*. Grand Rapids: Baker Academic, 2008.

Hiebert, Paul. "Western Images of Others and Otherness." In *This Side of Heaven: Race, Ethnicity, and Christian Faith*, edited by Robert Priest and Alvaro Nieves, 97–110. Oxford: Oxford University Press, 2007.

Hirst, Lester. "Urban Church Planting Missionary Teams: A Study of Member Characteristics and Experiences Related to Teamwork." PhD diss., Trinity Evangelical Divinity School, 1994.

Hofstede, Geert. Foreword to *Leadership in a Diverse and Multicultural Environment: Developing Awareness, Knowledge, and Skills*, edited by Mary L. Connerley and Paul Pedersen, ix. Thousand Oaks, CA: SAGE, 2005.

Hofstede, Geert, Gert Jan Hofstede, and Michael Minkov. *Cultures and Organizations: Software of the Mind*. New York: McGraw-Hill, 2010.

House, Robert, Paul Hanges, Mansour Javidan, Peter Dorfman, and Vipin Gupta. *Culture, Leadership, and Organizations: The Globe Study of 62 Societies*. Thousand Oaks, CA: SAGE, 2004.

Hughes, Dewi. *Ethnic Identity from the Margins: A Christian Perspective*. Pasadena: William Carey Library, 2011.

Jarvenpaa, Sirkka L., and Dorothy E. Leidner. "Communication and Trust in Global Virtual Teams." *Journal of Computer-mediated Communication* 3, no. 4 (1998): 0.

Jehn, Karen A., Gregory Northcraft, and Margaret Neale. "Why Differences Make a Difference: A Field Study of Diversity, Conflict, and Performance in Workgroups." *Administrative Science Quarterly* 44, no. 4 (1999): 741–63.

Johnson, David, and Jeff VanVonderen. *The Subtle Power of Spiritual Abuse: Recognizing and Escaping Spiritual Manipulation and False Spiritual Authority within the Church*. Minneapolis: Bethany House, 1991.

Jones, Gordon, and Rosemary Jones. *Teamwork: How to Build Relationships*. Bletchley, UK: Scripture Union, 2003.

Katzenbach, Jon. *Teams at the Top: Unleashing the Potential of Both Teams and Individual Leaders*. Boston: Harvard Business School Press, 1998.

Katzenbach, Jon, and Douglas Smith. *The Wisdom of Teams: Creating the High-performance Organization*. New York: HarperCollins, 1999.

Keirsey, David. *Please Understand Me II: Temperament, Character, Intelligence.* Del Mar, CA: Prometheus Nemesis, 1998.

Kim, Dongsoo. "The Healing of Han in Korean Pentecostalism." *Journal of Pentecostal Theology* 15 (1999): 125–26.

Kroeger, Otto, Janet Thuesen, and Hile Rutledge. *Type Talk at Work: How the 16 Personality Types Determine Your Success at Work.* New York: Dell, 2002.

Kummerow, Jean, Nancy Barger, and Linda Kirby. *Work Types.* New York: Warner Books, 1997.

Lanier, Sarah. *Foreign to Familiar: A Guide to Understanding Hot- and Cold-climate Cultures.* Hagerstown, MD: McDougal, 2000.

Larson, Carl, and Frank LaFasto. *Teamwork: What Must Go Right / What Can Go Wrong.* Thousand Oaks, CA: SAGE, 2001.

Loewen, Jacob A. *Culture and Human Values: Christian Intervention in Anthropological Perspective.* Pasadena: William Carey Library, 1975.

Loewen, William. "Participation and Decision-making in a Changing Workforce." In *Cultural Diversity and Employee Ownership*, edited by Margaret Showers, Cathy Ivancic, William Loewen, Anthony Mathews, and Pamela Stout, 59–74. Oakland: National Center for Employee Ownership, 2002.

Matsumoto, David. *Culture and Psychology: People around the World.* London: Wadsworth, 2000.

Maznevski, Martha, and Mark Peterson. "Societal Values, Social Interpretation, and Multinational Teams." In *Cross-cultural Work Groups*, edited by Cherlyn Granrose and Stuart Oskamp, 61–89. London: SAGE, 1997.

Mellahi, Kamel. "The Teaching of Leadership on UK MBA Programmes: A Critical Analysis from an International Perspective." *Journal of Management Development* 19 (2000): 297–308.

Mezirow, Jack. "How Critical Reflection Triggers Transformative Learning." In *Fostering Critical Reflection in Adulthood*, edited by Jack Mezirow, 1–20. San Francisco: Jossey-Bass, 1991.

Myers, Isabel. *Gifts Differing: Understanding Personality Type.* Mountain View, CA: Davies-Black, 1995.

Myers, Isabel, Mary H. McCaulley, Naomi L. Quenk, and Allen L. Hammer. *MBTI Manual*, 3rd ed. Mountain View, CA: Consulting Psychologists Press, 1998.

Nkomo, Stella. "The Emperor Has No Clothes: Rewriting 'Race in Organizations.'" *Academy of Management Review* 17 (1992): 487–513.

Nykodym, Nick, Sonny Ariss, Jack Simonetti, and Jean Plotner. "Empowerment for the Year 2000 and Beyond." *Empowerment in Organizations* 3, no. 4 (1995): 36–42.

O'Dea, Thomas. "Five Dilemmas in the Institutionalization of Religion." *Journal for the Scientific Study of Religion* 1 (1961): 30–39.

Offstein, Evan, and Ronald Dufresne. "Building Strong Ethics and Promoting Positive Character Development: The Influence of HRM at the United States Military Academy at West Point." *Human Resource Management* 46 (2007): 95–114.

Osland, Joyce, and Allan Bird. "Beyond Sophisticated Stereotyping: Cultural Sensemaking in Context / Executive Commentaries." *Academy of Management Executive* 14 (2000): 65–79.

Palmer, Donald. *Managing Conflict Creatively: A Guide for Missionaries and Christian Workers*. Pasadena: William Carey Library, 1990.

Pasa, Selda, Hayat Kabasakal, and Muzaffer Bodur. "Society, Organisations, and Leadership in Turkey." *Applied Psychology: An International Review* 50 (2001): 559–89.

Peck, Scott. *The Different Drum*. London: Arrow Books, 1987.

Priest, Kersten, and Robert Priest. "Divergent Worship Practices." In *This Side of Heaven: Race, Ethnicity, and Christian Faith*, edited by Robert Priest and Alvaro Nieves, 275–91. Oxford: Oxford University Press, 2007.

Pruitt, Dean, and Sung Hee Kim. *Social Conflict: Escalation, Stalemate, and Settlement*. Boston: McGraw-Hill, 2004.

Rahim, Afzalur. "A Measure of Styles of Handling Interpersonal Conflict." *Academy of Management Journal* 26 (1983): 368–76.

Roembke, Lianne. *Building Credible Multicultural Teams*. Pasadena: William Carey Library, 2000.

Rosenberg, Noah, Jonathan Pritchard, James Weber, Howard Cann, Kenneth Kidd, Lev Zhivotovsky, and Marcus Feldman. "Genetic Structure of Human Populations." *Science* 298 (2002): 2381–85.

Said, Edward. *Orientalism*. London: Penguin, 1995.

Schein, Edgar. *Organizational Culture and Leadership*. 4th ed. San Francisco: Jossey-Bass, 2010.

Schneider, Susan, and Jean-Louis Barsoux. *Managing across Cultures*. Harlow, UK: Prentice-Hall, 2002.

Schön, Donald. *The Reflective Practitioner: How Professionals Think in Action*. Aldershot, England: Arena, 1995.

Senge, Peter. *The Fifth Discipline: The Art and Practice of the Learning Organization*. New York: Doubleday, 1990.

Shapiro, Debra, Blair Sheppard, and Lisa Cheraskin. "Business on a Handshake." *Negotiation Journal* 8, no. 4 (1992): 365–77.

Simkhovych, Diana. "The Relationship between Intercultural Effectiveness and Perceived Project Team Performance in the Context of International Development." *International Journal of Intercultural Relations* 33 (2009): 383–90.

Sinclair, Amanda. *Leadership for the Disillusioned: Moving Beyond Myths and Heroes to Leading That Liberates*. Crows Nest, Australia: Allen & Unwin, 2007.

Solansky, Stephanie. "Leadership Style and Team Processes in Self-managed Teams." *Journal of Leadership and Organizational Studies* 14 (2008): 332–41.

Span, John. "God Saves … Go in Peace: Wholeness Affirmed or Promotion Piece?" *St. Francis Magazine* 6 (2010): 218–36.

Taylor, William. "Challenging the Mission Stakeholders: Conclusions and Implications; Further Research." In *Too Valuable to Lose: Exploring the Causes and Cures of Missionary Attrition*, edited by William Taylor, 341–60. Pasadena: William Carey Library, 1997.

Thomas, David. "The Truth about Mentoring Minorities: Race Matters." *Harvard Business Review* 79 (2001): 98–107.

Thomas, Kenneth. "Conflict and Conflict Management." In *Handbook of Industrial and Organizational Psychology*, edited by Marvin Dunette, 889–935. Chicago: Rand-McNally, 1976.

Tillett, Gregory, and Brendan French. *Resolving Conflict*. Melbourne: Oxford University Press, 2010.

Ting-Toomey, Stella. "The Matrix of Face: An Updated Face-negotiation Theory." In *Theorizing about Intercultural Communication*, edited by William Gudykunst, 71–92. Thousand Oaks, CA: SAGE, 2005.

Triandis, Harry. *Individualism and Collectivism: New Directions in Social Psychology*. Boulder, CO: Westview, 1995.

Tuckman, Bruce. "Developmental Sequence in Small Groups." *Psychological Bulletin* 63 (1965): 384–99.

Turkle, Sherry. *Alone Together: Why We Expect More from Technology and Less from Each Other*. New York: Basic Books, 2011.

Turner, Victor, and Edith Turner. *Image and Pilgrimage in Christian Culture: Anthropological Perspectives*. New York: Columbia University Press, 1996.

Ungerleider, John. "Conflict." In *Effective Multicultural Teams: Theory and Practice*, edited by Claire Halverson and Aqeel Tirmizi, 211–38. Dordrecht, The Netherlands: Springer, 2008.

Van Gennep, Arnold. *The Rites of Passage*. London: Routledge & Kegan Paul, 1960.

Volf, Miroslav. *Exclusion and Embrace: A Theological Exploration of Identity, Otherness, and Reconciliation*. Nashville: Abingdon, 1996.

Walls, Andrew. *The Missionary Movement in Christian History: Studies in the Transmission of Faith*. Maryknoll, NY: Orbis, 1996.

Wu, Jenai, and David Laws. "Trust and Other-anxiety in Negotiations: Dynamics across Boundaries of Self and Culture." *Negotiation Journal* 19, no. 4 (2003): 329–67.

Yip, Jeffrey. "Leading through Paradox." In *Leading across Differences: Cases and Perspectives*, edited by Kelly Hannum, Belinda McFeeters, and Lize Booysen, 171–79. San Francisco: Pfeiffer, 2010.

También disponible en español

Camino Junto a Mi

¿Alguna vez se ha preguntado: "¿Esto es todo lo que hay en la vida y el ministerio con el Señor?" "¿Por qué estoy tan cansado todo el tiempo?" "¿Cómo puedo crecer en mi intimidad con Dios de maneras prácticas?" "¿Estoy tan ocupado haciendo cosas que me he olvidado de cómo estar con Dios?" *Camino Junto a Mi* ilustra que el ministerio es el resultado del desbordamiento de nuestra relación con Dios, en lugar de lo contrario. Al explorar más de quince antiguas gracias espirituales, como la Lectio Divina, la regla de vida, el silencio y la soledad, y la oración del Examen, Herbert F. Lamp, Jr. nos invita a priorizar el cuidado del alma, en lugar de tratar el ministerio como un reemplazo de la intimidad.

Paperback $16.99 | eBook $9.99

Artes Comunitarias Para los Propósitos de Dios

Las personas se comunican hablando más de 7.000 idiomas a nivel mundial. También cantan, bailan, pintan, dramatizan y diseñan una comunicación que anima el corazón, el alma y la mente. Dios dio a cada comunidad dones únicos de expresión artística para permitir a sus miembros proclamar la Verdad y llevar sanación, esperanza y alegría a otros en el mundo caído. *Community Arts for God's Purpose* destaca el método CALT (Creating Local Arts Together), un proceso de siete pasos que inspira la creatividad artística y la colaboración con músicos, bailarines, narradores de cuentos, actores y artistas visuales locales. En este manual, las artes se tratan como tipos especiales de sistemas de comunicación, conectados a tiempos, lugares y contextos sociales específicos. Este libro ayuda a las comunidades a motivar a las personas pintando una imagen vívida de un futuro mejor: el Reino de los Cielos.

Paperback $12.99 | eBook $7.99

Únete a nosotras en **missionbooks.org**

www.ingramcontent.com/pod-product-compliance
Lightning Source LLC
Chambersburg PA
CBHW052136070526
44585CB00017B/1853